대한민국 최고 권력자들의

부의 지도

대한민국 최고 권력자들의
부의 지도

초판 1쇄 발행 2021년 3월 1일

지은이 온국민
펴낸이 장길수
펴낸곳 지식과감성#
출판등록 제2012-000081호

디자인 박예은
편집 박예은
검수 김혜련, 윤혜성
교정 오현석
마케팅 고은빛, 정연우

주소 서울시 금천구 벚꽃로298 대륭포스트타워6차 1212호
전화 070-4651-3730~4
팩스 070-4325-7006
이메일 ksbookup@naver.com
홈페이지 www.knsbookup.com

ISBN 979-11-6552-701-3(03320)
값 19,000원

- 이 책의 판권은 지은이와 지식과감성#에 있습니다.
- 이 책 내용의 전부 또는 일부를 재사용하려면 반드시 양측의 서면 동의를 받아야 합니다.
- 잘못된 책은 구입하신 곳에서 바꾸어 드립니다.

지식과감성#
홈페이지 바로가기

권력자로부터 부의 길을 찾다

대한민국 최고 권력자들의
부의 지도

온국민 지음

- 국회의원, 고위법관, 고위공무원 총 2,351명 재산 전수분석
- 최고 권력자 아파트, 토지, 주식 수익률 분석 & 자산 자료 수록
- 자산 규모별 최고 권력자 투자 방법 따라하기 수록

프롤로그

영국의 사회운동가인 '마이클 영(Michael Young)'은 1958년 출간한 그의 저서 『능력주의의 부상(The Rise of the Meritocracy)』에서 '능력주의'를 신봉하는 2034년 미래의 영국에서 사회 계급이 고착화되고 이로 인해 잦은 폭동이 일상화되는 암울한 사회를 묘사했다. 개인들이 가진 능력과 노력에 따라 지위(地位)가 결정되고, 부를 일궈내는 것이 어찌 보면 당연한 귀결일진대 그는 오래전부터 '능력주의'가 초래할 문제에 대해 예견했던 모양이다.

그가 염려했던 것처럼 능력에 바탕을 둔 '능력주의'는 이제 능력을 가진 집단에게 그들의 성취는 당연히 누려야 할 전리품(戰利品)이 되었고, 그 성취에 따른 보상과 그렇지 못한 집단에 대해 우월감을 갖는 것은 당연한 것으로 여기는 문화를 만들어 버렸다. 반면, 능력을 갖지 못하여 성취하지 못한 집단은 불평등의 정당화를 수용하여야 하고, 이는 누구의 탓도 아닌 본인 스스로의 부족함으로부터 기인(基因)된 가혹한 현실이라는 것을 받아들여야만 하는 것으로 만들어 버렸다.

우리 사회에 '정의' 열풍을 일으켰던 마이클 샌델 교수가 2020년에 출간한 『공정하다는 착각』에서, 그는 소위 '아메리칸드림(The American

Dream)'이라 칭송되며 능력주의를 신봉하는 이들에게 새로운 기회가 열려 있는 곳으로 인식되던 미국 역시 '능력주의'에 기반한 문화로 인해 불평등이 심화되고, 계층의 이동성은 현저히 떨어졌으며 부의 편중은 이제 바로잡을 수 없을 정도로 견고(堅固)해졌다고 진단했다.

우리 사회는 어떠한가? 마이클 영이 그렸던 2034년의 영국, 마이클 샌델이 진단했던 미국 사회의 모습과 별반 다르지 않은 게 현실이다. 이제 더 이상 '개천에서 용 났다' 식의 이야기들은 교과서에서나 찾을 수 있는 이야기가 되어가고 있다. 그렇다면 '능력주의'를 신봉하는 작금(昨今)의 현실은 공정한 것인가? 표면적으로는 그보다 공정할 수 없다. 우리는 능력을 측정하기 위해 살아가면서 수많은 시험을 치른다. 대학을 가기 위해 수학능력시험을 치르고, 취업을 하기 위해 입사 시험이며 공무원 시험을 치른다. 그리고 시험 결과에 따라 인생의 성패가 달라진다. 수학능력시험을 잘 치른 사람은 명문대학에 진학하여 판검사가 되기도 하고, 의사가 되기도 하고 좋은 회사에 들어가기 위한 훨씬 유리한 고지를 점령하기도 한다. 각종 입사 시험은 이보다 더 가혹하게 살거나 죽거나 둘 중 하나다. '능력'에 따라 결과가 결정되는 탓에 승자는 쾌재를 부르고, 패자는 열패감(劣敗感)에 사로잡힌다. 그런데 '신줏단지' 모시듯 대하는 '능력'이란 게 과연 개인의 순수한 노력만으로 이뤄지는 공정한 것인가? 절대 그렇지 않다.

국내외 수많은 연구 결과들이 이를 입증하고 있다. 의사 집안에서 의사가 나오고, 판검사 집안에서 판검사가 나오는 게 당연해지는 사회가 되어가고 있다. 인생 성패를 가르는 첫 단추인 대학은 어떠한가? 국내 최고의 지성이 모여 있다는 서울대학교에 소위 말하는 '강남 3구' 출신 편중 현상이 날이 갈수록 심해지고 있다는 언론 보도는 이제 식상할 지경이다. 교육 당국은 지역 간, 계층 간 교육 불균형을 줄이기 위해 수시 확대와 정시 확대를 두고 저울추에 달아보지만 어디로 해도 당국이 꿈꾸는 불균형 해소는 요원(遙遠)해 보이는 게 현실이다. 능력을 가진 자들이 그들의 후손에게 능력을 대물림하고자 하는 노력은 집요하고 지칠 줄 모르기 때문이다. 능력을 갖지 못한 부모들은 그들의 무능함을 아이들에게 물려줘야 하는 현실에 가슴이 미어진다.

능력의 결괏값인 '부'는 어떠한가? 부자들은 이미 목 좋은 곳에 땅이며 건물을 마련해놓고 가난한 이들이 지나갈 때마다 부를 취하고 있다.

소위 말하는 '지대 추구(地代 追求)'를 하고 있는 것이다. 프랑스 경제학자 토마 피케티는 『21세기 자본』에서 지난 300여 년간의 역사를 통해 이를 입증해 냈다. 이는 한국 사회에서도 예외일 리 없다. 부자는 힘겹게 일하지 않아도 더욱 부자가 된다. 가난한 사람은 힘들게 일해도 형편이 나아지기는커녕 점점 나락으로 떨어져 내린다. 시장에서 창출된 가치의 배분이 공정하지 못하다는 방증이다.

필자는 한때 열등감으로 가득했던 삶을 살았었다. 필자에게 주어졌던 결핍 때문이었다. 결핍을 통해 안정된 삶에 대한 욕구를 키워냈었고, 부자가 되길 갈망했었다. 알아주는 분들이 있을는지 모르겠지만, 배우지 못하여 작은 문제에도 고개 숙여야 하고, 가진 게 없어 먼 길로 돌아가야 하는 분들을 민원업무의 최일선 현장에서 지켜보며 힘들어하는 주권자인 국민 모두가 부자가 되었으면 좋겠다는 나름의 소명 의식을 가졌던 기억이 있다. 본 저(著)는 필자의 갈망과 소명 의식의 결과물이다.

'권력자들의 부로부터 부자가 되기 위해 뭔가 배울만한 게 있지 않을까' 하는 생각을 공직 초임 시절에 했었다. 그 당시 사고의 근간에는 지금 생각해 보면 조금 우습지만 권력자들이 입었던 윤이 나는 양복과

신었던 윤이 나는 구두가 자리 잡고 있다. 명품이 뭔지도 모르던 깡촌 출신 사회 초년병 시절 어딘지 모르게 '권력자들은 부자인가 보구나' 하는 생각을 하게 만들었던 기억들이다.

사람의 행색은 그들의 인생을 묻어나게 하고, 그의 경제적 수준을 가늠할 수 있게 해준다. 사회 초년병 시절 막연하게나마 품었던 생각이 본 저를 준비하며 막연한 생각이 아니었음을 깨닫게 되었다. 권력자들이 가진 부는 국민 소득을 5분위로 나눴을 때 소득 최상위 그룹인 5분위에 속해 있었다. 더욱 놀라운 것은 그들의 '부의 증가 속도'였다. 권력자들의 '부의 증가 속도'는 일반 국민의 2배를 상회하고 있었고 같은 소득 상위 5분위 그룹과 비교해서도 월등히 앞서는 것으로 나타났다. 이러한 수치는 그들이 권력자가 아니라고 하더라도 부자가 되고 싶은 일반인들이 참고하기에 좋은 롤 모델(role model)이 될 것임에 틀림없다는 확신을 갖게 되었다.

「대한민국 헌법」에 모든 권력은 국민으로부터 나오고, 공무원은 국민에 대한 봉사자라고 규정하고 있다. 본 저에서 입법부 국회의원, 사법부 고위법관, 행정부 고위공무원 등을 통칭하고 있는 '권력자'들의 지위는 사실 국민이 위임해줬기 때문에 그들이 가질 수 있었던 것이다. 그들의 권력은 국민을 위해 사용되어야 하고, 국민을 이롭게 해야 하는 것이 우리 헌법의 정신이다. 그들이 가진 지식, 정보를 국민과 나누는 게 어찌 보면 당연한 도리일 것이다.

사실 필자는 본 저를 세상에 내놓으며 두려움을 갖는다. 선의를 가지고 출간하지만, 필자 역시 이제는 자그마한 사업을 하는 서민에 불과하다. 혹시나 권력자들의 심기를 건드려 자그마한 사업마저 어려움에 처하는 것은 아닌지 그냥 바짝 엎드려 지낼 것을 하며 후회하게 되는 것은 아닌지 지금 이 순간도 확신이 서질 않는다. 다만, 온 국민 모두가 부자가 되었으면 좋겠다는 생각을 한다. 권력자들이 그려낸 '부의 지도'가 그들만의 능력으로 그려낸 것은 아니기에 권력을 위임해 준 우리 국민에게도 이를 공유하는 것이 공복(公僕)의 도리라 생각하기 때문이다. 온 국민 모두가 권력자들의 '부의 지도'를 통해 부자가 될 수 있는 자신만의 '부의 지도'를 그려나가는 데 본 저가 조금이라도 도움이 된다면 더없이 행복할 것이다.

화물 트럭 기사를 하며 일주일에 한두 번 집에 들어올까 말까 하는 홀아버지와 어린 남동생 둘을 돌보며 세간살이 몇 칸 되지도 않는 가난한 집안이지만 살림을 책임져야 했던 초등학생 여자아이가 있다. 타고난 손재주가 좋았던 그 어린 여자아이는 그림 그리기를 좋아했다. 그림에 재능도 있어서 학창 시절 국내 유명 신문사에서 주최한 그림 그리기 대회에서 대상을 받을 정도로 그 아이의 그림 실력은 뛰어났다. 그 아이는 화가가 되고 싶었다. 그림을 그리면 엄마 없는 막막하기만 한 현실을 잊을 수 있었다. 그런데 그 아이는 그림을 계속 그릴 수가 없었다. 한가로이 대학에 가서 공부할 형편도 못 되었다. 그래서 그 아이는 꿈을 접어야 했다. 그 뒤 고깃집 식당에서 눌어붙은 철판을 고되게 닦아야 하는 식당 직원이 되기도 했고, 해운대 바닷가에서 좌판을 펴 놓고 뭇 남성들 팔뚝에 그림을 그려주는 삶을 살아야 하기도 했다.

그 아이가 좋은 집안에서 태어나 미술 학원에도 다니고 미대에도 들어갔으면 어땠을까 하는 생각을 하곤 한다. 지금은 필자 옆에서 사랑스러운 아이들을 키워내는 행복한 가정의 안주인이 되었지만 이따금 아이들과 그림을 그리며 행복해하는 모습을 보면 어느새 눈시울이 뜨거워짐을 느낀다.

나이가 들어가며 눈물이 많아짐을 느낀다. 특히나, 가족 생각을 떠올릴 때면 더욱 그렇게 되는 것 같다. 꿈조차 꾸지 못한 힘든 시절을 살아내다 고인이 되신 우리 어머니 '선옥(善玉) 여사' 단 하루만이라도 보고 싶습니다. 사랑합니다. 사랑합니다. 하루하루 이승과 저승의 경계선에서 싸우고 계신 우리 아버지 존경합니다. 당신 덕분에 여기까지 왔습니다. 감사합니다. 사랑합니다. 그리고 나의 아내. 이제 행복한 시간만 있길 응원해. 우리 사랑의 결실인 아이들 잘 키워내자. 그리고 사랑스러운 나의 아이들 사랑한다. 사랑한다. 부족한 아빠한테 와줘서 너무너무 고맙다. 건강하게 행복하게 자라길.

  '인생이란 가까이서 보면 비극이고, 멀리서 보면 희극이다'라는 찰리 채플린의 명언처럼, 본 저를 준비했던 시간을 돌이켜 보면 어느새 중년이 다 되어 침침해진 눈으로 엑셀 시트에 데이터 하나하나를 입력했던 시간들이 고통스럽기도 했지만, 한편으론 이 책을 읽고 조금이라도 도움을 얻어갈 독자분들을 생각하면 행복했던 시간이었던 것 같다.

  필자가 느끼는 감사함, 행복감은 누군지 모를 독자 여러분 덕분이다. 마지막으로 독자 여러분들도 인생에서 행복만이 가득하길 염원해본다.

목 차

프롤로그 4

CHAPTER 1 계층의 이동성은 둔화되고 부의 대물림은 계속된다

01장 가난은 모질게도 또 가난을 낳는다   16
02장 부는 치밀하게 대물림된다   26
03장 20 vs 80의 사회, 계층 간의 벽은 더욱 견고해진다   41
04장 헨리 조지의 바람은 실현될 수 있을까?   52

CHAPTER 2 부는 어떻게 형성되는 것인가?

05장 『21세기 자본』을 통해 바라본 부의 방정식   62
06장 부자가 되기 위한 추월차선이 있긴 한 걸까?   73
07장 먼저 부자가 된 사람들을 보면 답이 보인다   83

CHAPTER 3 왜 권력자들의 부에 관심을 가져야 하는가?

08장 국가는 어떻게 운영되는 것인가? 94
09장 권력자 모두가 금수저 출신은 아니다 102
10장 최고 권력자들은 어떤 권한과 정보를 가지고 있을까? 110
11장 우리는 권력자들이 가진 부(富)를 볼 수 있게 되었다 117
12장 권력자의 자산증가 속도는 시장 평균을 상회한다 128

CHAPTER 4 권력자들의 자산

13장 권력자들의 자산 포트폴리오 136
14장 권력자들의 주택 145
15장 권력자들의 토지 156
16장 권력자들의 주식 167

CHAPTER 5 자산 규모별 권력자 투자 따라 해보기

17장 범(虎) 가는 데 바람 가는 법. 권력자 등에 올라타야 안전하다 176
18장 5억 미만 자산 그룹 182
19장 5억 이상 10억 미만 자산 그룹 188
20장 10억 이상 30억 미만 자산 그룹 194
21장 30억 이상 50억 미만 자산 그룹 210
22장 50억 이상 자산 그룹 217

별지1 권력자 자산 목록 일람표

01장 공동 주택(아파트) 226
    ① 서울특별시 226
    ② 경기도, 인천 241
    ③ 강원도 250
    ④ 대전, 세종, 충청 251
    ⑤ 광주, 전라, 제주 254
    ⑥ 부산, 경남 256
    ⑦ 대구, 경북 258

02장 토지 260
    ① 서울특별시 260
    ② 경기도, 인천 261
    ③ 강원도 268
    ④ 대전, 세종, 충청 271
    ⑤ 광주, 전라, 제주 277
    ⑥ 부산, 경남 285
    ⑦ 대구, 경북 290

03장 주식(상장 종목) 295

별지2 행복한 동행, 온 국민 부자 만들기

01장 온 국민 부자연구소 302

CHAPTER 1

계층의 이동성은 둔화되고
부의 대물림은 계속된다

01장
가난은 모질게도 또 가난을 낳는다

비극적인 사건의 반복 그리고 대책의 반복

2020년 9월 인천 한 다세대주택에서 부모가 집을 비운 사이 초등학생 형제가 라면을 끓이려다 불을 내 온몸에 화상을 입어 위중한 상태에 처했다는 기사가 온 국민의 마음을 아프게 했다. 언론에 발표된 조사 결과에 따르면, 이들 형제는 기초생활수급 대상 가정에서 어머니로부터 학대를 받아 가며 어렵게 생활해온 것으로 전해졌다.

이 사건 이후, 정부는 또 다른 '라면 형제' 사례가 발생하지 않도록 보건복지부와 법무부를 중심으로 아동 학대 전담 공무원을 배치하고 공공 아동 보호 체계를 가동하여 보호가 필요한 아동이 발생하면 각 지자체 아동복지심의위원회에서 해당 아동에 대한 가정 위탁과 시설 입소 등의 보호 조치를 결정하는 등 정부와 지자체가 실질적인 아동 보호의 주체로서 역할과 책임을 다할 계획이라며 관련 사실을 언론에 알렸다.

정부 조치와 바람대로 또 다른 '라면 형제' 사건이 재발하여 눈물짓는 사람들이 발생하지 않았으면 한다. 그럼에도 유사한 사건이 발생하지 않을 것이라 단정하기 어려운 것이 사실이다. 2014년에는 서울 송파구 석촌동 단독주택 지하 1층에서 살던 세 모녀가 큰딸의 만성 질환과 어머니의 실직으로 생활고에 시달리다 '정말 죄송합니다'라는 메모를 남기고 전 재산인 현금 70만 원을 집세와 공과금으로 놔두고 번개탄을 피워 스스로 목숨을 끊은 사건이 발생했었다. '라면 형제'의 사고 소식을 전해 들으며, 많은 사람들이 '송파 세 모녀 사건'을 데자뷔(deja vu)처럼 떠올렸다.

'송파 세 모녀 사건' 당시에도 정부와 지자체는 기초생활보장법 등을 개정하는 등 복지 제도를 정비하여 또 다른 유사 사건이 발생하지 않도록 각고의 노력을 기울였었다. 현 정부의 정책 기조도 '사람답게 살 수 있는 삶'의 기본 목표로 복지 부분을 정책의 최우선 순위에 두고 있다. 2021년 정부 예산안을 살펴보면 정부 전체 예산 총 555조 8천억 원 중 보건복지부 예산은 전년 대비 총 9.2% 증가한 총 90조 원[1]에 이른다. 이는 정부 총지출의 16.2%에 해당되는 것으로, 2021년 전체 예산 증가율 8.5%를 훨씬 상회하는 수치이다.

정부 예산안에 반영된 의지의 바람대로 복지의 온기가 고르게 퍼져 '라면 형제', '송파 세 모녀' 사건 같은 비극의 악순환 고리를 끊어낼 수 있을까? 그 답은 가난의 역사를 통해 짐작할 수 있을 것이라 생각된다.

가난에 대한 스물다섯 해의 기록

필자가 고등학교 시절까지 살았던 집의 주소는 '구석리 ○○○번지'로 끝이 난다. '구석'은 모퉁이의 안쪽이나, 잘 드러나지 않는 치우친 곳을 이르는 말이다. 70~80년대 유년 시절의 대부분을 보냈던 '구석

---

[1] 정부는 2020년 9월 1일 국무회의 의결을 거쳐 보건복지부 총지출 예산을 전년 대비 9.2% 증가한 90조 1,536억 원으로 확정했다.

리'는 지명(地名)이 주는 뉘앙스(nuance) 그대로 깡촌 그 자체였다. 관공서, 학교 이외에는 변변한 콘크리트 건물조차 찾아보기 어려웠고, 문화 시설, 사설 학원 등은 언감생심 기대하기도 어려웠다.

필자의 기억 속에 자리 잡고 있는 당시 마을 사람들의 주거 모습을 떠올려보면, 문 앞 출입구 쪽에 세면장과 부엌을 겸한 한 평 남짓의 자그마한 공간이 있었고, 그 뒤로 두 뼘 정도의 툇마루를 올라가 방 한 칸에 온 가족이 의지하며 사는 사람들의 모습이 당시 주거의 표준이었다. 화장실이라는 것도 조금 여유가 있었던 집은 단독으로 사용했고 그렇지 않은 집은 여러 세대가 같은 화장실을 이용했었다. 물론 재래식 화장실이었고, 마을에 수세식 화장실이 있었다고 들어본 기억은 없었다.

마을 사람들의 열악한 주거 환경만큼이나 마을에는 변변한 회사라고 불릴만한 것은 없어, 대부분의 사람들이 부재지주(不在地主)의 소작농으로 농사를 짓거나 인근 도시로 자그만 트럭 화물칸에 몸을 의지한 채 덜컹거리는 비포장도로의 고단함을 온몸으로 받아내며, 하루하루 품삯을 받기 위해 고되게 일하며 생계를 유지해 나갔다.

어른들은 배움이 부족했었고, 본인 삶의 고단함으로 그 고단함을 대물림하고 싶지 않아 자식을 교육하고 싶었지만 하루하루 삶을 살아내기가 버거웠고 어떻게 가르쳐야 하는지 알지 못했다.

그 시절 그곳에서 유년 시절을 보낸 이들은 지금 어떤 모습으로 살아가고 있을까? 도심 중심 인구 증대의 가속화[2]에 따른 지방 소멸이라

---

2 통계청 2020. 「최근 20년간 수도권 인구(인동)이동과 향후 인구전망」에 따르면, '1970년 수도권 인구 913만 명, 비수도권 인구 2,312만 명에서 2020년에는 수도권 2,596만 명, 비수도권 2,582만 명으로 수도권 인구가 비수도권 인구를 처음으로 추월'하는 것으로 나타났다. 〈출처: 2020년 통계청 KOSIS 기준〉

는 시대 흐름에는 아랑곳하지 않는 것인지 혹은 이를 바라보는 혜안(慧眼)이 부족한 것인지 오지 않은 손님을 기다리며 애먼 '파리'만 살생하며 쇠락해가는 시골의 모습을 한탄하며 지내는 쇠락해가는 사람, 시장(市場)의 수요 공급 논리에 따라 결정되는 재화의 가치에 대한 경제학적 고찰이라는 사업의 기본 명제에 대한 개념조차 알고 싶지도, 알 수 있는 능력도 없이 선대(先代)에 물려준 업(業)을 천직이라 생각하며 산과 들에서 또 건설 현장에서 타는 듯한 태양의 맹렬한 위세와 살이 에이는 추위를 감내하며 살아가는 이들이 아직도 그곳에는 있다.

그곳을 떠나지 못한 사람들의 현재 모습이, 그 시절 그곳에 살았던 사람들의 30~40년 후 삶의 평균 모습으로 일반화하기에는 공신력 있는 통계적 자료가 없긴 하나 상당수의 사람들이 과거의 모습과 별반 다르지 않은 계층적 지위를 유지해가며 살아가고 있음을 목도(目睹)해야만 하는 것도 부인할 수 없는 현실이다.

동국대 사회학과 교수로 재직했던 조은 교수의 역작(力作)인 『사당동 더하기 25』는 우리 사회에 빈곤의 악순환이라는 측면에서 시사하는 바가 크다. 저자는 25년이라는 긴 시간 동안 재개발 이전의 서울 사당동 달동네에서 거주하였던 도시 빈민들을 추적하여 그들의 주거, 이동, 직업, 문화, 가치관, 사랑 그리고 그들의 삶을 기록하였고, 그들의 평균적인 삶을 실증(實證)해냈다. 그들의 평균적인 삶을 추론해내는 것은 어려워 보이지 않았다. 마치 정해진 수학 공식마냥 유사한 환경이 주어졌고, 그로부터 산출된 결과인 현재의 모습도 하나같이 비슷한 모습이었다. 대부분의 사람들이 더 나아질 것도 없는 예상되는 삶을 살아내고 있었다. 사는 지역이 조금 달라졌을 뿐, 가족 구성원 수가 몇 명 차이가 날 뿐 그들은 그렇게 데칼코마니(decalcomanie)³ 같은 삶을 어디선가 살아가고 있었다. 가족의 해체(解體)가 빈번하였고, 전과자로 살아가는 사람들도 있었다. 그들의 자녀들은 삶은 나아졌을까?

그리스의 역사가였던 투키디데스(Thukydides)가 그의 저서 『펠레폰네소스 전쟁사』⁴에서 '역사는 반복된다'며 다음과 같이 기록했다.

> 과거사 그리고 **인간의 본성에 따라 언젠가는 비슷한 형태로 반복될 미래사**에 관해 명확한 진실을 알고 싶어하는 사람은 내 역사 기술을 유용하게 여길 것이다.⁵

투키디데스를 비롯한 수많은 역사의 현인(賢人)들이 시대를 관통(貫通)하여 역사는 반복된다고 말했던 것처럼 그들 자녀들의 삶도, 그들 자녀가 낳은 자녀들의 삶도 모질고도 질기게 반복되었다. 조은 교수의 '사당동'은 필자의 '구석리 ○○○번지'로, 또 다른 '사당동 2', 또 다른 '사당동 3'은 또 다른 '구석리 ○○○번지'로 반복되고 있었다.

가난의 대물림에 대한 실증 연구(實證 硏究)

필자는 본 저를 준비하며 가난의 대물림에 대한 학계의 실증적인 연

---

3 데칼코마니(decalcomanie): 종이 한 면에 두껍게 물감 등으로 채색을 한 뒤 반으로 접어 반대면에 똑같은 그림이 반대 방향으로 나타나게 만드는 회화 기법이다.
4 투키디데스(Thukydides)는 실증적인 역사를 개척한 그리스의 역사가로, 그가 기록한 『펠로폰네소스 전쟁사』는 헤로도토스(Herodotos)가 기록한 『역사』와 함께 고대 그리스 역사의 두 산맥으로 평가받는다.
5 투키디데스, 『펠로폰네소스 전쟁사』, 천병희 옮김, 숲, 2011, 제1권 22장
  유시민, 『역사의 역사』, 돌베개, 2018 제1장

구 자료를 찾으며 부의 대물림, 가난의 대물림이라는 주제의 수많은 논문을 확인할 수 있었다. 거대담론(巨大談論, metadiscourse)이 주는 무게감, 풀리지 않는 난제가 우리 사회학계를 짓누르고 있음을 확인할 수 있었다. 국내 연구진들의 논문에 인용된 외국의 저명한 저널(journal)에 게재된 외국 교수들의 연구들 또한 가난의 대물림이 국내 문제로 국한되는 것이 아니라 전 세계적인 현상임이 어렵지 않게 확인되었다.

20세기의 '사당동'은, 전 세계 70억 인구가 거주하는 21세기에도 세계 자본주의의 본산이라는 미국의 뉴욕에서도 영국의 런던, 인도 뭄바이에서도 반복해서 발생하고 있다.

가톨릭대학교 강지나 박사의 「빈곤 청소년의 빈곤대물림 경험과 진로전망」(2015) 논문에는 다음과 같이 분석하였다.

부모세대 중 일부는 유년 시절 가난한 부모 밑에서 성장하며 제대로 된 보살핌과 교육을 받지 못하였고, 그들이 성인이 되어서도 불완전한 노동 시장을 전전해왔다. 그러한 부모 아래서 태어나고 성장한 청소년 세대는 빈곤의 대물림을 경험하며 욕구를 통제하고 이를 조절하는 힘을 길렀다. 이러한 힘을 바탕으로 진로 탐색을 전략적으로 했으나, 정보의 부족과 부실, 인적 자원의 결핍, 지지 체계의 결핍 등으로 부모 세대와 같은 불완전 노동 시장에 진입할 가능성이 큰 것으로 분석되었다.[6]

빈곤의 대물림을 경험해온 그들이 불안정한 삶을 탈피하기 위해 안간힘을 써가며 안정성을 추구하지만 결국은 다시 불안정한 곳으로 그들의 삶이 진입하게 되는 것 같아 씁쓸함을 안겨준다.

---

[6] 강지나, 「빈곤 청소년의 빈곤대물림 경험과 진로전망」, 통권 31호, 학교사회복지, 253~279쪽

서울시정개발연구원[7] 윤형호, 경북대학교 김성준은 「부의 대물림 가계소득과 사교육이 자녀소득에 미치는 영향」(2009) 논문에서 부유층 자녀의 사교육이 사회적인 성공과 직결되며 이는 사회적 통념이 되어 가고 있다고 지적했다. 또, 2005년 2월과 8월에 조사한 대졸자들을 대상으로 2006년 10~11월 취업 및 노동 시장 활동에 대해 한국 고용 정보원에서 실시한 대졸자 직업 이동 경로 조사 자료를 이용하여 분석한 결과 고소득층 자녀들의 대졸 초임이 상대적으로 높은 것으로 나타나 부모들의 사교육에 대한 투자가 긍정적인 영향을 미치고 있으며, 계량적으로는 가계 소득이 5백만 원 차이가 날 경우 자녀의 대졸 초임은 10% 정도 차이가 있는 것으로 나타나는 것으로 밝혀졌다고 분석하였다.[8]

이 외 수많은 국내외 연구에서 가난의 대물림은 입증되었고, 또 가난의 대물림은 각국 정부 및 국제기구, 시민단체 등의 각고의 노력에서 불구하고 '뫼비우스의 띠'처럼 그 끝을 알 수 없이 계속되고 있다.

꿈조차 꾸지 못했던 나의 어머니, 선옥(善玉) 여사

지금껏 살면서 가장 손쉽게 감성과 눈물샘을 자극하는 단어를 하나 꼽는다면 '어머니'라는 단어다. 이제는 시골 모처의 추모 공원에서 자

---

7 '서울시정개발연구원'은, 복잡하고 다양한 서울의 도시문제를 효율적으로 해결하기 위해 주요 시책과제를 체계적·전문적으로 조사 분석하며, 시정 주요 당면 과제에 대한 연구 및 학술 활동을 수행하기 위해 1992년 설립된 연구기관으로 현재 '서울연구원'이라는 현 기관명으로 2012년부터 변경되었다.

8 윤형호·김성준, 「부의 대물림 가계소득과 사교육이 자녀소득에 미치는 영향」, 한국행정논집 21권 1호, 2009, 49~67쪽

그마한 상자 크기의 공간을 차지하며 영면(永眠)하고 계신다.

죽음은 가진 자나 못 가진 자를 가리지 않고 모두에게 예외 없이 찾아오지만 죽음 이후에도 가진 자는 양지바른 너른 공간에 모셔지고, 못 가진 자는 추모 공원의 납골함에 허리 깊이 숙여야 볼 수 있는 낮은 자리나 고개를 치켜세워야 납골함 밑단이라도 볼 수 있는 천장과 맞닿은 자리에 모셔진다.

어머니의 유골함을 막고 있는 투명 유리 안쪽에 붙어 있는 어머님 사진이라도 쓰다듬으려면 깊이 허리를 숙여 불편한 숨을 내쉬어야 한다. 허리를 깊이 숙여야 하는 부자연스러움은 불효의 죄스러움, 그리움, 세월의 무게감과 함께 눈시울을 요동치게 한다.

필자는 봉직(奉職) 초임 시절, 서울 용산구 해방촌 아래 열 평 남짓 조그마한 관사(官舍)에서 신혼 생활을 시작했다. 당시 우리 모든 어머님의 삶과 사랑을 절절하고 아름답게 그려낸 역작으로 선풍적인 인기를 끌었던 신경숙 작가의 장편 소설 『엄마를 부탁해』[9]는 소설의 주 무대가 서울역, 해방촌 등이어서 여느 소설과는 다른 결로 필자에게 다가왔던 기억이 생생하다. 특히, 한 번도 묻지 않았던 어머니의 꿈, 어머님이 견뎌낸 역경이 뒤늦게 궁금했다.

모처럼 아들 집에 손주들을 보러 올라오신 어머님과 대화를 나누게 되었다.

"엄마, 내가 뭔 책을 읽었는디, 거기서 엄마가 자식 보러 서울 왔다가 길을 잃어버려, 엄마도 서울은 정신없는 곳잉게, 길 안 잃어버리게 어

---

[9] 『엄마를 부탁해』(신경숙 지음, 창비, 2008): 서울역에서 자식의 집에 가려다 남편을 놓쳐 실종된 어머니를 찾는 가족들의 이야기로 어머니의 삶을 기억해내고 어머니를 그리워하는 과정을 그린 소설로, 미국 등 20여 개국에서 출판되기도 했다.

디 갈라믄 나한테 꼭 말허고 가야혀.”

“염병, 그놈의 여편네는 오지를 말지 뭐더러 서울을 와 가지고 길을 잃어버리고 난리라냐?”

“엄마, 아들 집에 앞으로 자주 올라면 아프다고 누워만 있지 말고, 운동도 하고 혀! 알았지?”

“아, 운동혀 누가 안 헌다냐, 우리 막둥이가 컸는가? 엄마한테 잔소리를 왜 이렇게 많이 헌다냐! 듣기 싫어 죽겠네.”

어머니는 듣기 싫다고 하시면서도 싫지 않은 눈치셨다. 아들이 공무원 시험에 합격한 뒤 어느 누구보다 자랑스러워하셨고, 아들이 결혼하고 딸만 낳아 서운해하시긴 했지만 이제 나는 죽어도 걱정 없다며 무탈하게 각자의 위치에서 살아가는 삼 남매를 보며 안도하셨고, 홀가분해하셨었다.

“엄마, 근데 엄마는 꿈이 뭐였어?”

“야가 오늘 왜 그런다냐, 꿈은 무슨 놈의 꿈이여.”

“하루하루 먹고살기도 힘들었구만, 니네 외할머니가 좀 독허냐… 학교를 보내주기를 혔어, 맨날 시장에서 장사시키고 똑바로 못한다고 욕하고, 지독한 할망구 그렇게 독허게 살았어. 니네 누나 낳고 얼마 있다가 니네 형이 생겨서 젖이 안 나와서 얼마나 고생을 했는디… 염병, 꿈은 뭔 놈의 꿈이여.”

가슴이 무너져 내렸다. 우리 엄마는 꿈조차 꿀 수 없는 꿈이 뭔지도 모르는 삶을 견뎌내셨고, 그렇게 꿈꾸지 못한 채 영원한 꿈을 꾸러 떠나셨다. 다시 만날 때까지 그곳에서 판검사도 꿈꿔보시고 깍쟁이 여교수가 되는 꿈도 그리고 살아생전 그리 멋들어지게 불렀던 노랫가락의 주인공처럼 이미자 같은 유명한 가수도 되시길 간절히 바라본다.

좋은 부모 밑에서 다시 태어나 교복 입고 학교 가는 친구들이 부러워 담 너머로 흘겨보지 말고, 못해본 공부도 원 없이 해보고 못 먹어본 음식도 먹기 싫다고 투정 부려가며 호사스럽게 살아가시길 바라본다.

02장
부는 치밀하게 대물림된다

출발점이 다른 경주(競走)의 시작

1970년대 후반 두 사내아이가 태어났다. 한 아이의 출산은 미국의 어느 한적한 도시의 병원에서 산부인과 의사의 주도 아래 순조롭게 진행되었다. 아이의 부모는 임신과 육아에 대해 충분히 공부했고, 출산과 임신 과정에서도 전문가들의 조력을 받았던 터라 별다른 어려움 없이 친인척들의 큰 축복 속에서 사랑스러운 아이를 얻을 수 있었다. 아이는 그렇게 미국과 한국의 이중 국적[10]을 가지고 삶을 시작하게 되었다.

그 아이의 아버지는 당시 미국 유수(有數)의 경영대학원에서 수학(受學)하고 있었고, 훗날 서울 유명 사립대학의 부총장, 금융통화위원[11] 그

---

10 「국적법」(법률 제16851호, 2019. 12. 31.) 제12조에 따르면, 만 20세가 되기 전에 복수국적자가 된 자는 만 22세가 되기 전까지 국적을 선택하여야 한다. 〈출처: 법제처 국가법령정보센터〉

미국 수정헌법 제14조에 따르면, 부모의 국적에 상관없이 미국땅에서 태어난 아이에게는 자동적으로 시민권이 부여된다.

「THE BILL OF RIGHTS」 Amendment 14, section 1. "All persons born or naturalized in the United States, and subject to the jurisdiction there of, are citizens of the United States and of the state wherein they reside"

11 금융통화위원(金融通貨委員, Monetary Board): 통화신용정책을 수립하고 한국은행의 운영에 관한 주요 사항을 결정하는 통화정책의 최고 의사결정기구로, 총 7인의 위원으로 구성된다.

리고 국회의원이 된다. 그의 어머니도 대한민국 최고 대학의 단과대학의 장(將)에까지 오르시게 되고, 대한민국 최고의 지성들이 모여 있는 곳에서 치열하게 연구하며 후학 양성에 힘쓰시는 존경받는 교수가 되신다. 그 아이는 자라면서 공부를 잘했다. 그 아이 부모님 두 분 모두 대한민국 최고 대학을 나오셨다. 부모님 모두 머리도 좋으셨을 것이고 학창 시절 공부도 열심히 하셨을 것이다. 부모님이 주신 선천적으로 똑똑한 머리 그리고 공부하는 집안의 분위기가 자연스럽게 그 아이의 몸에 체화(體化)되었을 것이다.

그 아이는 부모님과 함께 외국에서 여러 해를 생활했던지라 한국어 영어 모두를 모국어처럼 사용할 수 있었다. 진정한 이중 언어 사용자(bilingual)로 외국어 고등학교에 진학하고, 그의 부모님이 졸업하신 대학의 경영학과에 입학한다. 그리고 대학을 졸업하기 전 공인회계사[12] 시험에 합격한다.

그 아이 대학 동문들은 하나둘 국방의 의무를 수행하기 위해 군에 입대를 한다. 그 아이도 고민했을 것이다. 이중 국적자였기 때문에 국방의 의무를 이행하지 않을 수도 있었을 테다. 그 아이는 입대를 결정한다. 회계사 장교로 군에 입대하였고 서울 용산에 있는 국방부 예하의 모 기관에서 장교로서 국방의 의무를 이행한다. 그리고 언론은 그 아이의 입대 사실을 보도한다. 미국 국적의 그 아이는 진정한 노블레스 오블리주(nobless oblige)[13]를 실천한 사회 지도층의 자제로 귀감이 되

---

12 공인회계사(公認會計士, certified public accountant): 공인회계사 법에 의하여 공인된 국가시험에 합격한 후, 회계와 세무대리 업무를 주업으로 하는 사람을 일컫는다.

13 노블레스 오블리주(noblesse oblige): 사회적 신분에 상응하는 도덕적 의무를 뜻하는 말로, 로마시대에 귀족 등 높은 신분을 가진 사람들이 보여준 도덕의식과 솔선수범하는 모습에서 비롯되었다.

는 좋은 본보기라며 칭송된다.

당시의 사회 분위기는 유력한 대선 후보가 아들의 병역 문제로 대선에서 고전을 하는 등 병역 문제는 국민의 역린(逆鱗)이었다. 그 아이는 현명하고 사려 깊었다. 자신의 병역 문제가 자신과 자신 부모의 미래에 부담이 되어서는 안 된다고 생각했을 것이다.

또 다른 한 아이의 출산은 '구석리 ○○○번지' 허름한 단칸방에서 배움이 길 것 같지도 않은 조산사(助産師)의 도움으로 진행되었다. 사실 그 조산사의 자격증을 확인해 본 사람은 없었을 것이다. 그 아이의 아버지는 불안했다. 그 아이의 외삼촌은 자신의 누이가 걱정되어 연신 따뜻한 물을 길어 날랐다. 허름한 단칸방은 열악했다. 단칸방 천장에 있는 베니어합판[14]을 경계로 위층은 쥐들이 살았고, 아래층은 다섯 식구가 한 방에서 오밀조밀 생활한 공간이었다. 아래층의 공간은 때론 식당이 되기도 하고, 공부방이 되기도 하고 가족들이 담소를 나누며 TV를 볼 수 있는 거실이 되기도 했다. 겨울이 되면 아랫목[15]은 따뜻했고 윗목은 얼음장처럼 차가웠다. 그마저도 방바닥의 수평이 맞지 않아 자고 일어나면 온몸이 뻐근하기 일쑤였다. 밤이면 위층에서는 운동회라도 열리는지 소란스러운 날이 많았다. 위층 집은 아래층에 사는 사람들처럼 마당 한편에 마련된 재래식 화장실이 없었는지 바닥에 마른 배설물이 가득함을 운동회가 열리는 날이면 아래층 사람들이 여실히 느낄 수 있게 해주었다.

그 아이 아버지의 부모님은 일찍 돌아가셨다. 그 아이의 아버지는 자

---

14 베니어합판(veneer合板): 얇게 켠 나무 널빤지를 나뭇결이 서로 엇갈리게 여러 겹을 붙여 만든 널빤지(「베니어합판」, 표준국어대사전, 국립국어원, 2008년 10월 9일)

15 아랫목: 온돌방에서 아궁이 가까운 쪽의 방바닥

신의 아버지가 노름꾼이었고, 유년 시절 노름판에서 돈을 잃고 온 날이면 집 마당에 자신 어머니의 선혈(鮮血)이 낭자했다고 하셨다. 그 아버지의 아버지는 속이 상했을 것이다. 없는 살림에 7남매를 키워내기가 버거우셨을 것이다. 그래서 도박을 했을 것이다. 현실이 싫었을 것이고, 벗어나고 싶으셨을 것이다. 그래서 자기 부인을 그렇게 때렸을 것이다. 후회했을 것이다. 비참했을 것이다. 자신이 더 아팠을 것이다. 그래서 집을 나가서 오랫동안 들어오기 싫었을 것이다.

그 아이의 아버지는 노름꾼 아버지가 싫었다. 자신의 어머니가 불쌍했다. 학창 시절 어머님을 졸라 어려운 형편에 학교에서 가는 여행에 다녀왔던 걸 후회하셨다. 그까짓 여행 안 갔으면 학교에 돈을 안 내도 되었을 텐데, 그 돈 안 썼으면 우리 엄마 그렇게 일하지 않아도 되었을 텐데, 일 안 했으면 아파서 빨리 돌아가시지도 않았을 텐데…. 그 이야기를 하시면 금세 목이 메어 말을 잇지 못하셨다. 지금은 그 아이 아버지의 기억이 매일 혼탁(混濁)해지고 있다. 불편해진 걸음걸이만큼이나 그 아이 아버지의 의식의 흐름은 주변을 불편하게 하고 그를 바라보는 자식들의 억장을 무너지게 한다. 그렇게 한 번도 비상(飛上)해보지 못하고 아래로 아래로 곤두박질만 치며 이승과 저승의 경계선에서 하루하루를 살아가고 계신다.

그 아이 아버지는 자신의 아내를 끔찍이 사랑했다. 부모님을 일찍 여읜 장남으로 어린 동생들도 건사해야 했고 가진 것이 많지도 달리 학교를 길게 다닌 것도 아니었지만 어디서 용기가 났었는지 숫기 없는 총각이 용기를 내 맘에 드는 처자를 아내로 맞이했다. 그 아이 아버지는 자신의 아내가 건강한 아이를 출산했으면 했다. 그 아이 아버지는 책 보는 것을 좋아했다. 그런데 책을 마음껏 살 돈이 없었다고 했다.

동네 어른들로부터 들은 이야기, 어디서 들었는지 모른 산모에 좋다는 것들을 자신의 아내에게 먹였다. 그 아이는 산모의 배 속에서 지나치게 크게 자랐다.

그 아이의 출산은 순조롭지 않았다. 지나치게 배 속에서 커져 버린 아이는 그 아이 엄마를 죽일 듯 힘들게 했다. 출혈이 심했고 생사를 오고 가는 고통을 안겼다. 그렇게 그 아이는 허름한 단칸방에서 우여곡절 끝에 태어났다.

그 아이는 부모를 통해 세상을 보았다. 행복했지만 답답했다. 타고난 욕심이 많아 현실을 벗어나려 발버둥 치고 싶었지만 어떻게 해야 될지 알지 못했다. 우물 안 개구리와 다르지 않았다. 그 아이가 모르는 것은 그 아이의 부모님도 알지 못했다. 물어보고 싶었고 대답을 듣고 싶었다. 대답을 듣지 못했다. 그들도 알지 못했고, 그건 그 아이에게 주어진 일이었다. 포기하고 싶지 않았었다. 형이 입던 해진 옷을 입고 싶지 않았다. 도시의 학원을 다니고 싶었다. 피아노를 배워보고 싶었다. 과외라는 걸 받아보고 싶었다. 아픈 곳이 있으면 이름 모를 약초를 달인 물이 아니라 병원에서 진료를 받아보고 싶었다. 서울에 있는 대학에 가고 싶었다. 미국에 그림 같은 교정이 있는 명문대학에서 깊이 사유(思惟)하며 공부하고 싶었다. 그런데 그 아이는 포기했다. 그런 욕망은 뻔한 집안 사정을 좋은 도피처 삼아 스스로 거세(去勢)해 버렸다. 그 아이는 지방에 수업료가 저렴한 나라에서 세운 대학에 진학했다. 그 아이는 내 점수면 서울에 있는 대학에 갈 수 있었을 텐데 하며 세상을 책망(責望)했다. 누구 하나 콧방귀조차 뀌지 않았다. 그 아이 친구들의 팔 할은 그의 형편과 같았다. 그렇게 시간은 흘러갔고 국방의 의무를 이행하기 위해 군에 입대했다.

강원도 인제의 칼바람은 옷깃 속으로 매섭게 들어왔다. 추웠다. 미국에서 태어난 또 다른 아이가 따뜻한 사무실에서 펜대 잡아가며 노블레스 오블리주라는 칭송을 받아가며 국방의 의무를 이행할 때 그 아이는 어금니 딱딱 부딪히며 최전방 철책에서 추위를 견뎌냈다. 서러웠다. 정말 추웠다. 언론은 그 아이의 군 생활을 칭송해주지 않았다. 아니 존재 자체를 몰랐을 것이다. 알고 싶지도 않았을 것이다. 그렇게 별다른 의미 없는 존재로 살아가야 하는 것이 서러웠다. 군대의 이름 모를 선임병은 총구를 자신의 목에 겨누웠고 그렇게 짧은 생을 마감했다. 비교적 안면이 있던 후임병은 전방에서 탈영을 했다 잡혀 왔다. 그 아이는 그 아이 스스로가 인생의 주인공인데 그렇게 조연으로의 삶을 살아야 하는 숙명이 모질게 느껴졌다. 부모님이 미치도록 보고 싶었고 또 미치도록 원망스러웠다.

 그 아이는 전역을 하였고, 취업을 준비해야 했다. 어떻게 해야 할지 몰랐다. 어디서부터 무얼 준비해야 할지 막막했다. 누구에게도 미래에 대한 조언을 구할 수 없었다. 대학 졸업까지 주어진 3년이라는 시간은 재깍재깍 흘러만 갔다. 주변에 잘된 대학 선배도 없었다. 안정되게 살고 싶었다. 사람들에게 무시당하고 싶지 않았다. 공무원 시험이 눈에 들어왔다. 어쩌면 그 시험이 그 아이를 유토피아로 이끌어줄 수 있을 것 같았다. 달리 대안도 없었다. 열심히 공부했다. 기왕에 공부하는 거 시험 소개 책자에 소개된 중견 간부로 일을 시작할 수 있다는 '○○급 공무원'을 준비하기로 했다.

 주변에서 '9급 공무원이나 준비할 것이지, 주제도 모르고 ○○급 공무원을 준비한다'며 비웃었다. 불안했다. 수험기간은 2년을 훌쩍 넘겨 버렸고 백수 신세로 전락할까 봐 하루하루가 불안했다. 그 아이는 드디어

○○급 공무원 시험에 합격했다. 그 아이와 그의 부모님은 뛸 듯이 기뻤다. 그 아이는 서울로 올라와 청파동에 반지하 단칸방을 얻었다. 그리고 2004년 국방부 예하의 모 기관에서 공직 생활을 시작하게 되었다.

미국 출생의 아이와 '구석리 ○○○번지' 출생의 아이가 만나다

1970년대 후반에 미국에서 태어난 아이(이하 '미국 아이'라 한다)와 '구석리 ○○○번지'(이하 '시골 아이'라 한다)에서 태어난 아이는 다른 삶을 살아가다가 같은 공간에서 서로 조우(遭遇)하게 되었다. 시골 아이는 칼 세이건(Carl Edward Sagan)의 역작(力作) 『코스모스』[16] 서문에 나오는 표현처럼 '공간의 광막함과 시간의 영겁에서 행성 하나와 찰나의 순간'을 미국 아이와 잠깐이나마 공유할 수 있었다.

미국 아이는 회계사 장교로서 국내 방산 업체로부터 도입하는 무기체계의 원가가 과다계상(過多計上)되지 않았는지 확인을 하는 원가심사관 업무를 수행했고, 시골 아이는 공무원으로서 외국정부 또는 외국 방산업체로부터 무기체계 도입 시 국고 낭비를 방지하고자 정해진 협상의 기준가인 목표가격(Target price)이 적정히 산정되었는지를 심사하는 역할을 맡았다.

시골 아이는 미국 아이처럼 영어가 능통하지 않았다. 시골 아이는 속

---

16 『코스모스』(칼세이건 지음, 홍승수 옮김, 사이언스북스, 2006): 칼 세이건은 천체생물학에서 독보적 업적을 쌓은 미국의 천문학자이다. 그의 저서 『코스모스』는 천문학의 세계를 쉽게 설명한 과학서적으로 유명한 베스트셀러이다.

도가 더뎠지만 그건 그 아이의 사정일 뿐, 일은 정해진 시간[17]에 해내야만 했다. 매일 영어 서류들과 씨름해야 했다. 미국 아이는 시골 아이를 도와줬다. 외국에 전화를 해야 할 일이 있으면 전화도 대신해줬다. 시골 아이 생각에 미국 아이는 자신의 부족함을 이해하지 못하는 것 같았다. 왠지 자신을 무시하고 있는 것은 아닐까 생각했다. 열등감에 사로잡혔다. 누군가 두 아이를 비교하는 것만 같았다. 시골 아이는 미국 아이를 미워하고 싶었다. 그런데 그렇게 하지 못했다. 미국 아이는 신사였고, 감정을 거슬리게 하지 않는 사려 깊은 매너가 몸에 배어 있었다. 미움마저 허락하지 않았다. 도둑맞은 가난[18] 같았다.

시골 아이는 그의 모친이 담장 너머로 교복 입고 학교 가는 친구들을 몰래 바라보듯 미국 아이를 바라보았다. 그는 화려했다. 스포츠카를 타고 다녔고, 듣지도 보지도 못한 브랜드의 옷을 입었고, 유난히 반짝거리는 시계를 차고 다녔다. 여배우와 사귄다는 소문도 돌았다. 이따금씩 걸려오는 전화에 자연스러운 영어로 통화하는 모습을 보면 열패감(劣敗感)이 몰려왔다. 큰마음 먹고 고심하며 샀던 중고로 산 똥차를 처박아 버리고 싶었다. 촌스러운 행색이 부끄러웠다. 공무원만 되면 모든 게 끝날 줄 알았는데 모두가 우러러볼 줄 알았는데 달라진 건 별로 없었다. 오만이었고 착각이었다.

---

17 우리 군(軍)은 무기체계의 전력화 시기를 정해놓고, '도입, 운영, 폐기, 새로운 무기 체계 도입 등'의 순서로 톱니바퀴 맞물리듯 무기체계 도입 절차를 정해놓고, 안보 공백이 발생하지 않도록 하고 있다.

18 『도둑맞은 가난』(박완서 지음, 민음사, 2005): 주인공은 가난을 소명(召命)으로 생각하며 살아가다 부자 대학생 상훈으로부터 가난을 희롱받는다. 주인공은 가난마저 훔쳐가는 부잣집 대학생 상훈을 보며 절망한다.

생애 주기에 걸쳐 이어지는 부의 대물림

2015년 모 제약회사 회장은 손자들에게 주식을 증여하였고, 그 주식의 시장 가치가 800억 원대에 이른다는 언론의 보도[19]는 서민들의 마음을 씁쓸하게 했다.

국세청은 2020년 7월 부의 대물림이라는 관점에서 시사하는 바가 큰 「2020년 국세통계 1차 조기 공개」[20]라는 제목의 기획통계를 배포하였고 주요 내용은 다음과 같다.

상속세 증여세	상속·증여세의 신고 건수와 재산가액은 지속적으로 증가 추세입니다

○ **(상속세) 신고 건수**는 **9.6천 건**('18년 대비 13.1%↑)이며,
   재산가액은 **21.5조 원**('18년 대비 4.7%↑)입니다.

○ **(증여세) 신고 건수**는 **151.4천 건**('18년 대비 4.3%↑)이며,
   재산가액은 **28.3조 원**('18년 대비 3.1%↑)입니다.

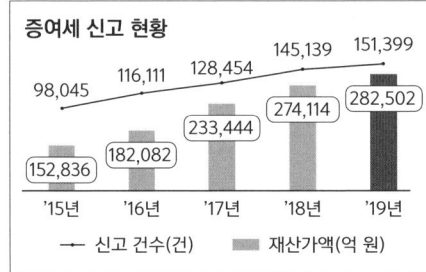

증여세 신고 건수와 재산가액은 매년 지속적으로 증가 추세

- **(신고 건수)** 151,399건으로 '18년(145,139건) 대비 4.3% 증가
- **(재산가액)** 28조 2,502억 원으로 '18년(27조 4,114억 원) 대비 3.1% 증가

---

19 "5세 미만, 금수저 아기들의 예금액 5500억원 돌파", TV조선, 2015년 10월 5일
20 「2020년 국세통계 1차 조기공개」, 국세청, 국세통계, 2020년 7월 17일

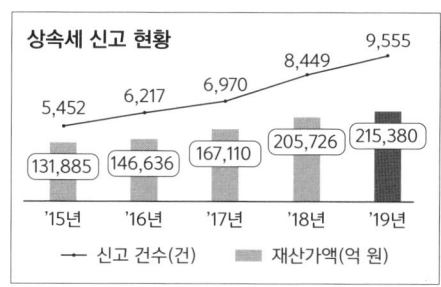

대한민국 헌법 제38조에는 '모든 국민은 법률이 정하는 바에 의하여 납세의 의무를 진다'라고 규정하고 있다. 소득이 있는 곳에 세금이 부과되는 것은 조세(租稅)의 기본 원리이다.

정부는 납세자의 편의와 누수 없는 세금징수를 위해 '국세청 홈텍스'를 비롯한 국세 시스템을 마련하여 운영 중에 있다. 탈세 방지 등 촘촘한 제도 운용을 위해 시스템을 발전시키고 개선해나가고 있다.

국세 통계에서 볼 수 있듯이 상속세[21], 증여세[22]의 신고 건수는 지속적으로 증가하고 있고 이는 부의 대물림이라는 측면에서 보면 그 가속화가 점점 빨라지고 있음을 의미하는 명징(明澄)한 증거라 할 수 있다.

부자들은 왜 사회적 물의를 일으켜가며 어린 자손들에게 부를 서둘러 대물림하는 것일까? 특별히 자손들을 사랑해서 도저히 일찍 부를 대물림하지 않을 수 없어서일까? 왜 자기 자식에게 부를 바로 대물림하지 않고 손주에게 바로 징검다리 대물림을 하는 것일까? 자식보다 손주가 더 사랑스러워서일까? 그 답은 부자들의 넘치는 사랑이 아니라 세금 관련 법률에서 찾을 수 있다.

---

21 상속세(相續稅, inheritance tax): 사망에 따라 무상으로 이전되는 재산에 대하여 부과되는 세금을 일컫는다.

22 증여세(贈與稅, gift tax): 증여에 의하여 무상으로 이전되는 재산에 대하여 부과되는 세금을 일컫는다.

「상속세 및 증여세법」(법률 제16568호, 2019. 8. 27.)

제27조(세대를 건너뛴 상속에 대한 할증과세) 상속인이나 수유자가 피상속인의 자녀를 제외한 직계비속인 경우에는 제26조에 따른 상속세산출세액에 상속재산(제13조에 따라 상속재산에 가산한 증여재산 중 상속인이나 수유자가 받은 증여재산을 포함한다) 중 그 상속인 또는 수유자가 받았거나 받을 재산이 차지하는 비율을 곱하여 계산한 금액의 **100분의 30**(피상속인의 자녀를 제외한 직계비속이면서 미성년자에 해당하는 상속인 또는 수유자가 받았거나 받을 상속재산의 가액이 20억원을 초과하는 경우에는 100분의40)에 **상당하는 금액을 가산**한다. 다만, 「민법」제1001조에 따른 대습상속의 경우에는 그러하지 아니하다.

제53조(증여재산 공제) 거주자가 다음 각 호의 어느 하나에 해당하는 사람으로부터 증여를 받은 경우에는 다음 각 호의 구분에 따른 금액을 증여세 과세가액에서 공제한다. 이 경우 수증자를 기준으로 그 증여를 받기 전 **10년 이내**에 공제받는 금액과 해당 증여가액에서 공제받을 합친 금액이 다음 각호의 구분에 따른 금액을 초과하는 경우에는 그 초과하는 부분을 공제하지 아니한다.

배우자로부터 증여를 받은 경우: 6억원
직계존속[수증자의 직계존속과 혼인(사실혼은 제외한다.)중인 배우자를 포함한다]으로부터 증여를 받은 경우: 5천만원. 다만, 미성년자가 직계존속으로부터 증여를 받은 경우에는 2천만원으로 한다.
직계비속(수증자와 혼인 중인 배우자의 직계비속을 포함한다)으로부터 증여를 받은 경우: 5천만원
제2호 및 제3호의 경우 외에 6촌 이내의 혈족, 4촌 이내의 인척으로부터 증여를 받은 경우: 1천만원

※ **10년을 주기로 미리 증여한다.**

　　증여세법 제53조 등에 따라 10년을 주기로 자손들에게 서둘러 증여하는 것이 절세의 효과가 크다. 국내 최대 기업인 삼성전자의 주식 가

격을 기준으로 확인해보면 다음과 같다.

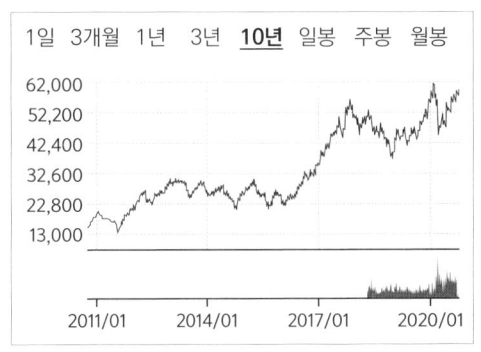

〈대상 종목: 삼성전자(005930)〉

2011년 1월 주가 수준: 13,000원
2020년 1월 주가 수준: 62,000원

삼성전자 주식을 보유한 A씨와 B씨가 있다고 가정해보자. 두 사람은 자녀가 나중에 주택 구입 자금 등으로 활용할 수 있도록 삼성전자 주식을 10,000주씩 자신들의 **미성년자녀에게** 각각 증여하기로 결정한다.

A씨와 B씨는 요즘은 미리 서둘러 자녀에게 주식으로 재산을 증여한다는 이야기를 뉴스와 주변으로부터 자주 듣는다. 두 사람은 미성년자녀의 주식 계좌에 필요한 서류와 절차[23]를 확인해본다.

평소 재테크에 관심이 많고 절세의 기술을 활용하는 것이 꼭 필요하다고 공감하는 두 사람이지만 B씨는 생업에 바빠 증권사에 방문할 시간이 없이 시간만 흘러간다. A씨는 시간을 내어 미성년자녀의 주식 계좌를 개설하고 서둘러 주식을 증여한다. 그리고 10년이 가까운 세월이 흘러간다. 두 사람이 각각의 자녀에게 삼성전자 주식 10,000주를 증여하며 내게 되는 세금은 다음과 같은 차이를 보이게 된다.

---

23 미성년자녀의 주식 계좌 개설을 위해서는 부모 신분증, 가족 관계 증명서(상세), 자녀 기본 증명서(상세), 자녀 도장(또는, 부모 도장)을 가지고 증권사에 방문하여야 한다.

〈증여세 적용세율〉[24]

과세 표준	세율	공제액
1억 원 이하	(과세 표준×10%)	-
1억 원 초과 5억 원 이하	(과세 표준×20%)	1천만 원
5억 원 초과 10억 원 이하	(과세 표준×30%)	6천만 원
10억 원 초과 30억 원 이하	(과세 표준×40%)	1억 6천만 원
30억 원 초과	(과세 표준×50%)	4억 6천만 원

〈A씨의 경우〉

증여 시기: 2011년 1월 증여(증여세 납부 시기[25]: 2011년 4월 말)
증여 액수: 13,000만 원(삼성전자 주식 10,000주×13,000원)

증여세액 산정 계산

13,000만 원(증여세 과세 가액) - 2,000만 원(증여 재산 공제)
= 11,000만 원(증여세 과세 표준)

11,000만 원(증여세 과세 표준) - 1,000만 원(증여세율 누진 공제)
= 1,200만 원(산출 세액)

1,200만 원(산출 세액) - 36만 원(신고 납부 세액 공제)
= **1,164만 원 (납부할 증여세액)**

---

24 소득세법, 법인세법, 증여세법 등 주요 세법은 정책 여건의 변화, 세수(稅收)의 상황 등에 따라 거의 매년 개정되므로 증여 당시 세법을 반드시 확인해야 한다. 본문의 세율은 2020년 기준에 따라 작성하였다.
25 증여세 신고 납부 기한: 재산을 증여받은 날이 속하는 달의 말일부터 3월 이내 완료

⟨B씨의 경우⟩

증여 시기: 2020년 1월 증여(증여세 납부 시기: 2020년 4월 말)
증여 액수: 62,000만 원(삼성전자 주식 10,000주×62,000원)

증여세액 산정 계산

62,000만 원(증여세 과세 가액) - 2,000만 원(증여 재산 공제)
= 60,000만 원(증여세 과세 표준)

60,000만 원(증여세 과세 표준) - 6,000만 원(증여세율 누진 공제)
= 12,000만 원(산출 세액)

12,000만 원(산출 세액) - 360만 원(신고 납부 세액 공제)
= **11,640만 원 (납부할 증여세액)**

⟨B씨와 A씨의 납부세액의 차이⟩

11,640만 원(B씨 납부 세액) - 1,164만 원(A씨 납부 세액)
= **10,476만 원**

※ 세대생략증여를 활용한다.

자녀에게 재산을 직접 물려주지 않고, 세대를 건너뛰어 손자녀에게 재산을 증여하는 것을 세대생략증여라고 한다. 손자녀에게 증여하는 경우, 자녀에게 직접 증여하는 경우보다 할증된 세율이 적용된다. 예를 들어 부모가 자녀에게 천만 원을 증여한다면 증여세는 100만 원(증여세율 10%)이 된다. 이를 자식 세대를 생략하고 손자에게 세대생략증여를 하면 30% 할증된 증여세율(13%)이 적용돼 증여세는 130만 원이 된다. 자녀에게 바로 증여하는 것보다 증여세가 더 많이 발생하게 된다. 하지만 부모가 자신의 자녀에게, 또 그 자녀가 다시 그 자녀에게 증여하는 경우의 증여세 총액(200만 원)과 비교하면 **세대생략증여가 세금 측면에서 유리하다.**

정부의 완전한 전자정부(電子政府)[26] 실현 의지로 정부 행정 시스템은 해를 거듭할수록 고도화되고 정교해지고 있다. 그 변화의 속도 또한 민간의 변화속도 만큼이나 가속화되고 있는 것이 현실이다. 출가(出家)하는 자녀들에게 전세 자금이라도 하라며 증여세 한 푼 내지 않고 목돈을 주던 시대는 종말을 고하고 있다. 과거에 행정력이 미치지 않아 과세되지 못했던 과세의 사각지대 또한 추억 속의 이야기가 될 것이다. 무심코 납부하지 않았던 세금이 시간이 흘러 가산세까지 더해져 눈덩이처럼 커져 무겁게 짓누를 날이 올 수도 있다. 부자들, 배운 사람들은 이미 이를 간파(看破)했을 것이다. 국민의 편익 증진이라는 측면에서 바람직한 현상이다. 공정한 세상을 위해서 우리가 나아가야 할 방향임에는 틀림없다.

---

26 전자정부(electronic government): 정부 조직에서 취급하는 지식과 정보를 전자적으로 구조화하여 정부 조직을 효율적으로 관리하고 국민들에게 신속한 행정 서비스를 제공하는 정부를 일컫는다.

03장
20 vs 80의 사회[27],
계층 간의 벽은 더욱 견고해진다

부자는 단순히 돈만 대물림하지 않는다

1990년대 후반, 지역의 도청이 소재한 곳에 위치한 고등학교를 함께 졸업한 두 아이가 있다. 한 아이는 서울 명문대에 입학(이하 '서울로 대학 간 아이'라 한다)을 하고, 한 아이는 지방의 국립대에 입학(이하 '지방으로 대학 간 아이'라 한다) 한다.

서울로 대학 간 아이는 평범한 회사에 다니며 성실하고 검소하게 생활하는 아버지 밑에서 열심히 공부하며 자랐다. 반에서 1등을 도맡아 했고, 학교 전체에서도 수위(首位)를 놓치지 않았다. 급우(級友)들은 그 아이를 우러러보았다. 그 아이의 부모님도 일은 고되지만 그 아이를 바라보며 더욱 열심히 일했다.

그 아이는 지방 국립대학의 의과대학과 서울 신촌에 있는 명문 사학(私學)의 공과대학에 동시에 합격한다. 서울 관악구에 있는 대학에 가고 싶었지만 지나치게 경쟁률이 높아져 근소한 차이로 낙방한다. 다행히 신촌에 있는 대학에는 과 수석(科 首席)으로 합격하게 된다. 큰 세상

---

27   리처드 리브스, 『20 vs 80의 사회』, 김승진 옮김, 민음사, 2019

을 꿈꿨던 그 아이는 병원에서 아픈 사람들 돌보며 지내는 것보다 학계(學界)에 남아 더 의미 있는 일을 해보자 결심하여 신촌에 있는 대학에 진학하기로 결정한다. 마침 과 수석을 했던지라 비싼 사립대학 학비의 부담도 덜 수 있었다. 지방에 사셨던 부모님도 아들이 의사가 되어 편하게 사는 것이 좋겠단 생각도 했지만, 아들의 선택을 존중해주기로 한다.

재료공학(材料工學)을 전공했던 그 아이는 학부 과정을 마치고 미국으로 유학을 떠나고 싶었다. 하지만 집안 형편이 여의치 않았다. 장남이었던 그 아이는 동생도 얼마 후 대학에 진학했던지라 부모님의 경제적 사정을 고려하지 않을 수 없었다. 마침 학부 교수님께서 대학원 학비며 생활비까지 지원해주겠다며 모교에서 석박사 과정을 하는 게 좋지 않겠냐며 제안을 했다. 뿌리치기 힘들었다. 생각해보면 신촌에 있는 학교를 나와도 얼마든지 교수의 꿈을 이룰 수 있을 것 같았다.

그 아이는 제안을 해주신 교수님 실험실에 소속되어 학업을 이어갔다. 교수님이 따온 정부 연구용역과제, 민간기업 연구용역과제 등 각종 연구과제에 연구보조원으로 화학약품 냄새가 코를 찌르는 실험실에서 20대 청춘의 대부분을 바쳐가며 하루하루를 보냈다. 하지만 그 아이가 원했던 교수의 꿈은 실험실 한 구석 실험 도구 위에 뿌옇게 쌓인 먼지처럼, 화학약품이 내뱉는 자욱한 연기가 어느새 사라지는 것처럼 아득했던 꿈으로 점점 멀어져 가기만 했다. 그 아이가 의사를 포기하며 꿈꿨던 그 청운(靑雲)의 꿈은 거기에 없었다. 아니 있었지만 그것은 그 아이의 것이 아니었다. 그 아이는 이미 틀렸었다는 걸 너무 늦게 알아버렸다.

지금 그 아이는 전남 광양에 있는 철(鐵)을 만드는 기업의 연구소에서 일을 하고 있다. 1등을 하던 그 아이는 그의 아버지처럼 하루하루에 충실한 생활인이 되었다. 집을 장만하기 위해 아등바등 생활하며 열심히 저축도 하고, 자신의 전철(前轍)을 본인 자식이 밟지 않도록 최선을 다해 가르치며 살아가고 있다.

꿈이 많았던 아이였을 것이다. 사랑하는 가족과 함께 너무 바쁘지 않은 삶을 살면서 소소한 일상을 공유할 수 있어서 지금이 행복하다고 말하는 아이다. 의대에 갔으면 어땠을까? 교수가 되었으면 더 좋지 않았을까? 하얗게 새어버린 그 아이의 머리카락만큼이나 세월은 그 아이의 꿈도 열정도 퇴색시켜 버렸다.

또 다른 한 아이인 지방으로 대학 간 아이는, 고등학교 시절 썩 공부를 잘하는 편은 아니었다. 시험을 보면 반에서 중간 정도의 등수가 나왔다. 그 아이는 잡기(雜技)에 능했다. 테니스도 제법 잘 쳤고, 피아노 연주는 수준급이었다. 당시 몇몇 학교에 원어민 영어 강사가 배치되었었는데 그 아이가 다니던 학교에도 일주일에 한두 번 정도는 원어민 강사와의 수업이 있었다. 그 아이는 원어민과 자연스럽게 영어로 대화를 했다. 그렇다고 그 아이가 영어시험에서 점수가 좋았던 것은 아니었다. 그 아이는 아버지가 교수로 재직하고 계신 지방 국립대의 물리학과에 진학한다. 그 아이가 취득한 대입 수학능력시험 점수와 고등학교 내신 성적에 맞는 대학이었다.

그 아이의 아버지는 그 아이와 같은 단과대학인 자연과학대학 소속 수학과의 교수였다. 그 아이의 아버지는 단과대학의 학장이 된다. 그리고 그 아이는 그 학교 물리학과에서 석박사 과정을 수료한다. 그 아이는 미국에서 포닥[28] 과정이 끝날 무렵 그 아이의 세부 전공 분야에서

---

28 포닥: 정확한 영어 명칭은 'Postdoctoral reseacher'로 한국에서는 이를 줄여서 포스터 닥터(Post Doctor) 혹은 '포닥'이라고 부른다. 일반적으로 '박사 후 과정'을 일컫는다.

모교 물리학과에 교수 자리 공고가 난 것을 확인한다. 그리고 그는 그렇게 지방 국립대의 교수가 된다.

1등을 하던 서울로 대학 간 아이는 그의 아버지처럼 어느 회사의 봉급쟁이가 되고, 반에서 공부를 중간 정도 하던 지방으로 대학 간 아이는 그의 아버지처럼 국립대학의 교수가 된다. 그렇게 그들의 **지위(地位)는 대물림**되었다.

부자는 3대를 못 간다? 이제는 3대 이상을 간다!

서양에는 '셔츠 바람으로 시작해서 3대 만에 도로 셔츠 바람이다(Shirtsleeves to shirtsleeves in three generation)'라는 속담이 있다.

동양의 '부불삼대(富不三代)'와 함께 부자는 3대를 못 간다는 의미로 주로 인용되는 문구이다. 과거 부자 3대 몰락은 대체적으로 다음과 같은 경로로 진행되었다. 다음 이야기는 필자가 실제 목격한 이야기로 자식 세대인 2대(二代)를 중심 화자(話者)로 각색한 내용이다.

> 우리 부모님은 내가 어린 시절부터 경기도 남부 지역에 위치한 시골에서 식당을 운영하셨다. 우리 집 식당은 돼지고기 두루치기와 소고기를 팔았다. 우리 집 주변은 산(山)도 많고 경치가 좋은 곳이었다. 서울에서 멀지 않은 탓인지 골프장도 여러 개가 생겼고, 지금은 한국에서 제일 큰 기업이 된 회사의 공장도 내가 고등학생이 될 무렵부터 생기기 시작했다.
> 우리 동네에 있는 다른 식당은 규모도 작았고, 서울 사람들이 많이 찾는 소고기 같은 메뉴도 없었다. 우리 집 식당의 매출은 우리 동네에 불어나는 인구 증가의 속도만큼이나 폭발적으로 늘어나기 시작했다. 부모님은 예전에는 나와 함께 보내주시는 시간이 제법 많으셨고 학교 공부도 봐주

시곤 했었는데, 식당에 손님이 너무 많아 바빠지신 탓에 어느 순간부터 그렇게 하질 못하셨다. 심심하다고 칭얼대면 친구들하고 나가서 놀으라며 용돈을 쥐어 주시곤 하셨다.

난 부모님이 주신 돈을 가지고 동네 구멍가게에 있는 오락 기계에서 오락도 해보고 친구들과 군것질거리도 사 먹어가며 지내봤지만 친구들은 어느새 집으로 돌아가야 할 시간이 되어버렸다. 그래서 난 또 외로워졌다. 부모님이 일하시는 식당으로 돌아와 손님들 신발도 정리해보고 심부름도 해보지만 집에 들어가서 텔레비전이나 보든지 하지 걸리적거리게 여기서 뭐 하냐는 핀잔을 부모님께 듣는다. 속상했다. 심심하기도 해서 부모님을 도와주려 한 것인데, 남몰래 눈물이 두 빰으로 또르르 흘러내린다. 손님들이 싫어진다. 나는 그렇게 주로 집에서 게임을 하며 부모님이 준비해 놓고 가신 차가워진 음식을 먹으며 하루하루를 보냈다.

우리 집 식당은 점점 장사가 잘되었다. 나라에서 높은 자리에 계신 분이 왔다 갔다는 소문이 돌기 시작을 하고 그 소문이 또 많은 손님들을 우리 집에 오게 만들었다. 우리 집 식당은 그야말로 문전성시(門前成市)를 이뤘다. 부모님 두 분이서 꾸려가던 식당은 어느새 규모가 확장되어 열 분이 넘는 이모님들이 함께 일하시게 되었다.

우리 할아버지 세대는 지금 우리가 살고 있는 지역에서 농사를 지으셨다고 한다. 농사의 규모가 크지 않아서 우리 아버지는 할아버지의 벌이가 시원치 않은 탓에 어린 시절 항상 배고팠다고 하셨다. 그래서인지 우리 아버지는 땅에 대한 애착이 크신 것 같다. 식당에서 돈을 벌어 목돈이 모일 때마다 우리 식당 주변에 땅을 사시는 걸 큰 위안과 기쁨을 느끼시는 것 같다. 돈을 많이 벌게 되었다고 부모님 본인들 스스로를 위해 쓰시는 법은 없으시다. 해어진 소맷단의 옷은 언제부터 입으셨던 옷인지 기억조차 나질 않는다.

어느 날 텔레비전을 보니 뉴스에서 우리 동네가 2기 신도시로 지정되어 본격적으로 개발이 시작될 것이라고 보도된다. 뉴스를 보고 난 후, 우리 부모님이 사놓은 땅을 나라에서 사가게 되었다고 부모님께서 말씀하신다. 그리고 우리 집이 엄청나게 부자가 되게 되었다며 기뻐하신다. 부모님께서 사놓으셨던 땅값이 천정부지로 치솟게 된 모양이다. 우리 집 식당이 있던 자리는 아파트가 즐비한 곳으로 바뀌었다. 어릴 때 뛰놀던 우리 동네는 고색창연한 건물이 즐비한 도심으로 탈바꿈된다. 그야말로 상전벽해(桑田碧海)다.

부모님은 골프를 치러 우리 동네에 왔다가 우리 식당에서 식사를 하던 사람들이 팔자가 부럽다며 고되게 일하시는 본인들의 생활에 푸념을 늘어놓곤 하셨다. 그래서일까 부모님께서는 초록 그물망이 길고 넓게 드리워진 골프 연습장을 내 이름으로 인수하신다. 부자들은 주유소를 한다는 말씀을 많이 들으셨던지 보상받은 돈으로 주유소 몇 개를 인수하시고, 주유소 사업에 노하우가 생기신 뒤로 또 다른 주유소 오픈을 위해 목 좋은 곳의 토지를 구매하여 그렇게 또 몇 개의 주유소를 지으시고 운영하신다. 동네에 대기업에 다니는 소득 수준이 높은 사람들이 많이 거주하게 된 탓에 골프 연습장이며 주유소 사업도 제법 많은 소득을 가져다준다. 부모님은 잘되는 상권에 위치한 상가 여러 개를 추가적으로 인수하신다.

난 공부를 열심히 할 필요가 없다는 걸 어느새 깨닫게 되었다. 외아들인 탓에 어차피 부모님이 일구신 재산은 다 내가 물려받아야 한다는 걸 말해주시지 않아도 안다. 다른 친구들처럼 회사에 취직하기 위해 노력할 필요도 없다. 부모님이 시키시는 골프 연습장, 주유소, 상가 관리만 잘하면 된다. 그렇다고 그것들을 관리하는 데 많은 시간이 필요한 건 아니다. 책임감 있는 직원들을 여럿 둔 탓에 특별히 손이 가는 건 없다. 유년 시절을 함께 보냈던 다른 친구들은 나의 이런 삶을 몹시 부러워한다. 함께 놀다 어느새 집으로 돌아가 버렸던 친구들은 이제 먹고사느라 바빠 어느새 삶의 현장으로 돌아가 버린다. 이제 난 결혼을 하고 세 명의 자녀를 낳아 기르는 가장이 되었고, 누구나 부러워하는 부자가 되었지만 여전히 외롭다. 그 외로움을 달래보기 위해 고급 수입차도 여러 대 사보고 어릴 적에는 입지 못했던 명품 옷도 입어보지만 어쩐지 공허(空虛)함이 풀리질 않는다.

우리 아이들은 나와는 달리 태어날 때부터 부잣집에서 태어난 시쳇말로 금수저들이다. 내가 보기에도 이 녀석들은 아쉬운 게 없다. 도무지 공부란 걸 하지를 않는다. 어느 날 말썽만 부리는 큰 녀석을 보고 있자니 하도 답답해서 큰 녀석에게 넌 꿈이 뭐냐고 물었더니 "할아버지 주유소 몇 개 물려받아서 그거 운영하는 게 꿈이에요!"라고 대답한다. 그 동생들도 마찬가지다. 매일 컴퓨터 게임 아니면 핸드폰만 만지작거리며 지낸다. 내 아이들 미래가 걱정인데 그렇다고 내가 모범을 보이기도 귀찮다. 무기력한 내 모습을 보며 우리 아이들도 무기력하게 살아가는 것 같다. 그래 어차피 우리 아이들 다 물려주면 된다는 생각도 든다. 아이들은 자라면서 나와 달리 많은 문제를 일으키기 시작한다. 친구들과 싸워 합의금을 물어줘야 하는 일도 생기고 학교 선생님에게 입에 담기도 어려운 폭언을 해서 학교폭력위원회에 올라 징계를 받기도 한다. 좋은 대학에 가면 좋으련만 이제 틀린 것 같다. 그냥 더 문제 안 일으키고 건강하게만 자랐으면 좋겠다.

위 사연 집안의 몰락 과정을 세금 측면에서 도식화하면 다음과 같다.

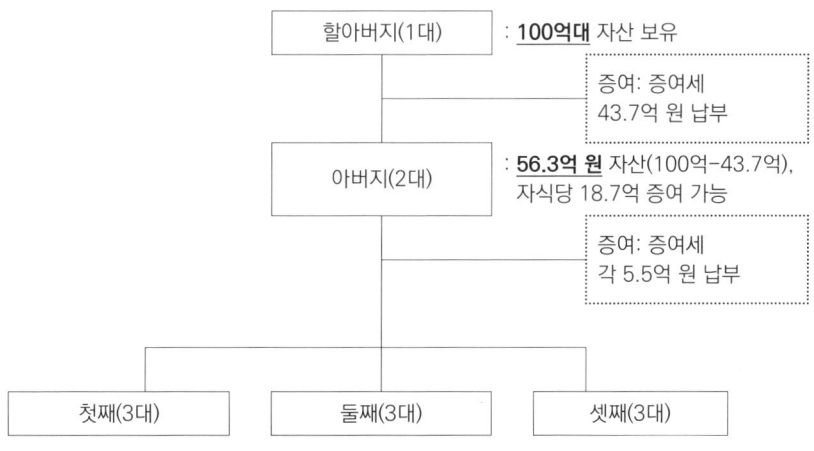

※ 3대째는 **각 13.2억 원** 자산 보유(18.7억-5.5억)

위 도식화한 사례가 후(後)세대에는 자산 증가가 없다는 전제하에 극단적으로 작성된 예로 받아들여질 수도 있지만, 현실에서는 선(先)대에 물려준 재산을 탕진하는 경우도 허다하므로, 위 도식은 자산의 증여 과정 중 불가피하게 손실되는 측면에 중점을 뒀다는 데 의미가 있다. 일반적으로 부의 대물림 과정 중 각고의 노력이 없으면 다음과 같은 경로로 동서양의 격언(格言)들의 위용은, 그 찬란한 빛이 쉬이 발하지 않음을 어렵지 않게 깨달을 수 있다.

1대(재산형성): 부단한 노력을 통해 부를 일군다. 부를 일구는 과정 중에 생활에 여유가 없어 자녀에 대한 관심은 소홀하다. 자녀 교육에 관심을 가지지 못한다. 스스로 힘들게 부를 일군지라 근면 성실하고 근검 절약이 몸에 배어 있다. 자녀도 자신처럼 성장해주길 기대한다.

2대(현상유지): 바쁜 부모 밑에서 방치되다시피 유년기를 보낸다. 돈을 많이 벌게 되신 부모님은 '관심과 교육' 대신에 용돈을 주시는 날들이 많으시다. 외로움과 보육의 공백을 돈을 쓰는 것으로 메워간다. 후세대에게 가르쳐줄 철학, 올바른 가치관에 대해 배워보지도 알고 싶지도 않다.

3대(탕진): 태어나보니 엄청난 부자다. 조부모와 부모는 열심히 공부하라고 강요하지만 당장 불편한 게 없어 동기부여가 되지 않는다. 그렇다고 미래에 대해 걱정이 되는 것도 아니다. 자신의 부모는 별달리 열심히 사는 것 같지 않으면서 자신에게만 공부를 하라고 강요하는 것이 못마땅하다. 돈은 조부모가 마련해둔 화수분[29]에서 계속 나올 것만 같다. 인생을 즐긴다. 끝없이 줄 것 같았던 화수분은 사라지고 만다. 늦었음을 깨달았지만 그땐 이미 돌이킬 수 없다.

---

29 화수분: 재물이 계속 나오는 보물단지. 그 안에 온갖 물건을 담아 두면 끝없이 새끼를 쳐 그 내용물이 줄어들지 않는다는 설화상의 단지를 이른다. (「화수분」, 표준국어대사전, 국립국어원. 2008년 10월 9일)

위와 같은 부자 3대 쇠락(衰落) 공식은 지금도 유효할까?

프린스턴 대학과 콜롬비아 법대를 졸업하고 6대째 법률 자문을 해 온 변호사인 제임스 E. 휴즈 주니어(James E. Hughes Jr.)는 그의 저서 『부의 대물림(미국 명문가에서 배우는)』[30]에서 명문가는 부를 대물림하며 금융 재산으로 한정 지어 부를 대물림하지 않는다고 이야기한다. 그는 가문의 자산은 인적 자산, 지적 자산, 금융 자산으로 세 가지로 구성되며 이 세 가지 자산을 고루 대물림하는 것이 중요하다고 강조한다.

부의 대물림을 위한 양동이가 있다고 가정해보자. 그 양동이는 인적(人的) 재산, 지적(知的) 재산, 금융(金融) 재산을 세 개의 가림막으로 하여 만들어진 양동이다.

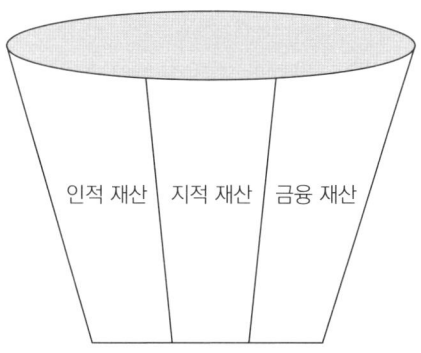

온전한 대물림을 위해서는 세 가림막 모두가 견고해야 더 많은 부를 담을 수가 있는 것이다. 지금의 부자들은 이를 명확히 이해하고 이를 부의 확실한 대물림 수단으로 인식하여 균형감 있게 각 부분 모두를

---

30 제임스 E. 휴즈 주니어 『부의 대물림(미국명문가에서 배우는)』, 김고명 옮김, 21세기 북스, 2008

견고하게 만들어 나가고 있다.

각종 사교 클럽, 공부 모임 등을 통해 인적 네트워크를 구축해 나가고 그들의 자녀들이 그 인맥을 통해 우대받을 수 있도록 인적 재산을 자연스럽게 마련해준다.

강남 유명 일타강사 사교육과 각종 고액 과외 등을 통해 지식을 대물림뿐 아니라 평생 학습의 중요성을 집안에서부터 대물림하여 지속 가능한 발전이 이뤄질 수 있도록 지적 노력의 중요성을 일깨워준다.

아파트, 상가 건물, 사업체, 사업 자금 등 고액의 금융 자산을 대물림하여 또 다른 부를 창출할 수 있는 마중물이 될 수 있는 재산을 마련해준다. 이러한 세 개의 가림막은 부자가 더욱 부자가 되게 하는 촉매가 되기도 하고, 쉬이 쇠락하지 않게 하는 방어막이 되어 주기도 한다. 앞에서 예시로 들었던 경기도 남부 지방 부자의 3대 쇠락은 인적 재산, 지적 재산의 대물림이 원활하게 이뤄지지 않았기 때문에 선(先)대에 물려준 부를 양동이에 담을 수 없었던 것이다.

계층 간의 벽은 더욱 공고해진다

『20 vs 80의 사회』[31]라는 책이 2017년에 발간되고, 전 세계 보수 진영과 진보 진영 간 그리고 우리 사회에서도 상위 20%와 하위 80%를 주제로 한 논쟁이 치열하게 전개되었다. 1969년 영국에서 태어나 옥스

---

31 『20 vs 80의 사회』(리처드 리브스 지음, 김승진 옮김, 민음사, 2019): 세계적인 싱크 탱크인 브루킹스 연구소에서 2017년 발간된 책으로, 한국에는 2019년에 번역본으로 발간되었다.

퍼드대학을 졸업하고, 미국의 세계적인 싱크탱크인 브루킹스 연구소[32]에서 연구원으로 일하는 저자 리처드 리브스(Richard Reevees)는 그의 저서에서 어떻게 상위 20%가 불평등을 유지하는가를 통렬히 비판했다.

그는 불평등한 고등교육시스템, 그린벨트 같은 배타적인 토지용도 규제, 불공정한 대학 입학제도, 인맥과 연줄이 더 중요한 인턴제도 같은 기회 사재기 전략 등을 통해 불평등이 유지된다고 분석했다. 또, 그는 상위 20%의 가구가 평균적으로 소유한 부는 1983년에서 2013년 사이에 83%가 증가한 반면, 나머지 계층의 사람들의 부의 증가폭은 훨씬 미미했고 부가 줄어들기도 했다고 주장했다.

그는 불평등 해소를 위해서 계획되지 않은 임신과 출산을 줄이고, 대학 학자금 조달 기회를 공정히 하고, 배타적인 토지용도 규제를 줄이자는 등의 제안을 우리 사회에 제시했다.

그의 제안이 불평등 완화를 위한 초석(礎石)이 될 것임에는 틀림이 없을 테지만, 불평등을 일거에 해소할 수 있는 전가(傳家)의 보도(寶刀)가 될 수 있을지는 확신할 수 없다.

---

32 브루킹스 연구소(Brooking Institution): 1927년 미국에 설립된 사회과학연구소이다. 정치, 경제, 외교에 관련된 연구 및 미 연방정부의 예산, 도시, 교육 등에 관한 연구를 진행하고 있다.

04장
헨리 조지의 바람은 실현될 수 있을까?

기울어진 운동장 바로잡기

둥근 공을 가지고 경기를 치르는 축구는 바닥이 평평한 운동장에서 치러져야 한다. 타고난 생물학적인 재능은 차치(且置)하고, 최선을 다해 훈련했는지, 전략과 전술은 적절했는지, 컨디션 관리는 잘했는지 등 선수 본인 노력 여부에 따라 결과는 정해져야 한다. 선수 개인 변수 외에 어느 일방에만 유리한 규칙, 편파 판정을 하는 심판이 있는 경우 등처럼 외생 변수(外生 變數)가 경기의 결과를 좌우하게 되는 경우, 이는 공정한 경쟁이라고 할 수 없다.

이처럼 공정한 경쟁이 불가능한 상태를 비유적으로 이르는 말로 우리는 흔히 '기울어진 운동장(uneven playing field)'이라는 표현을 사용한다. 어느 한쪽에 일방적으로 유리한 제도나 질서가 있을 때, 상대방은 기울어진 운동장 아래편에서 축구 경기를 하는 것처럼 경기에서 이기기는 힘든 것이다.

부의 측면에서 바라본 우리 현실의 경기장은 어떨까? 각 개인들의 노력이 현실의 경기장에서 공정하게 평가받고 있을까? 애석하게도 기울어진 운동장은 사회 곳곳에서 어렵지 않게 목격된다. 그 분야는 정치, 사회, 경제, 문화 등 분야를 막론하고 거의 대부분의 분야에서 예외가 없는 듯해 보인다. 후세를 위해 부(富)와 지위(地位)를 대물림하고 싶은 인간의 기본적인 욕구로 인해 기울어진 운동장의 경사도는 더 높아져만 간다.

일찍이 영국의 정치 경제학자이자 도덕 철학자였던 애덤 스미스(Adam Smith)는 그의 저서 『국부론』[33]에서 이기적인 개인이나 각각의 경제 주체들이 자신의 이익을 위하여 합리적인 경제 활동을 수행하면 경제는 가격의 자동조절 기능인 '보이지 않는 손(invisible hand)'에 의해서 조화를 이루고 발전한다고 주장했다.

애덤 스미스의 철학은 현대 경제학의 근간을 이루고 있지만, 그가 주장했던 '보이지 않는 손'에 의한 조화로운 경제 발전은 어딘지 모르게 잘 작동하고 있지 않아 보인다. 전 세계 각국 정부의 정책 당국자들은 잘 작동하지 않는 '보이지 않는 손'의 문제를 비롯한 '시장실패[34]'의 문제를 해결하기 위해 많은 정책적인 노력을 기울인다. 또 이러한 정부의 개입은 때론 '정부실패[35]'를 불러일으키기도 한다. 이러한 실패는 괘종시계(掛鐘時計)의 진자처럼 정부 개입 때론 시장 방임이라는 정책적 패러다임 변혁(變革)의 반복을 거듭하게 한다.

특히, 이러한 실패가 계속되는 경우 우리 사회에 가진 자와 못 가진

---

33 국부론(國富論): 1776년에 간행된 애덤 스미스의 저서로, 고전 경제학의 대표적인 작품이다. 애덤 스미스는 자본주의를 분석하며 중상주의를 비판하였고, 각 개인의 자유방임을 통한 경제적 판단이 국부를 증진시킬 수 있다고 주장하였다.

34 시장실패(市場失敗, market failure): 사적시장(private market)에서 시장 스스로가 정보의 불완전성, 외부효과, 공공재 등이 요인이 되어 자원을 적정하게 분배하지 못하는 상태를 일컫는다.

35 정부실패(政府失敗, government failure): 시장에 대한 정부의 개입이 자원의 효율적 배분 등 본래 의도한 결과를 가져오지 못하여 기존의 상태를 오히려 더욱 악화시키는 경우를 일컫는다.

자의 차이, 즉 양극화는 정점으로 치닫게 된다. 이는 사회 통합의 측면 뿐 아니라 지속 가능한 발전이라는 측면에서도 큰 해악이 아닐 수 없다. 이런 사회는 희망을 갖기가 어렵다. 이를 방지하고자, 또 사회 계층의 하단부에 있는 소외 계층에게도 기회의 사다리를 제공하고자 각국 정부는 다양한 복지정책과 누진적 조세 체계(누진세)[36] 운영 등의 정책적 수단을 활용하고 있다.

하단의 표[37]에서 보는 것처럼 우리 사회는 실효적인 복지 정책 시행을 위해 **예산의 규모적인 측면**에서 다음과 같이 예산을 편성하고 있다.

〈전체 사회복지예산의 연도별 추이〉

년도	예산액 (억 원)	전년 대비 변동률(%)	년도	예산액 (억 원)	전년 대비 변동률(%)
평균	111,995	19.44	2006	71,212	17.20
1993	4,858	9.56	2007	87,772	23.25
1994	4,736	-2.51	2008	115,268	31.33
1995	5,653	19.36	2009	128,116	11.15
1996	6,766	19.69	2010	137,502	7.33
1997	8,580	26.81	2011	147,222	7.07
1998	10,098	17.69	2012	159,767	8.52
1999	24,428	141.91	2013	182,678	14.34
2000	30,606	25.29	2014	219,352	20.08
2001	40,231	31.45	2015	256,493	16.93
2002	43,319	7.68	2016	259,253	1.08
2003	45,931	6.03	2017	272,031	4.93
2004	52,404	14.09	2018	293,986	8.07
2005	60,761	15.95	2019	354,848	20.70

---

36 누진세(累進稅, progressive tax): 소득 금액이 커질수록 높은 세율을 적용하도록 정한 세금으로, 과세 대상의 수량이나 화폐액이 증가함에 따라 점차 높은 세율이 적용되는 세금을 일컫는다.

37 이규선, 「사회복지예산의 변동 요인에 관한 연구」, 공주대학교, 2020, 57쪽

연구자 분석에 따르면, 사회복지예산의 전년 대비 평균 증가액은 111,995억 원으로 나타났다. 2008년 이후부터는 평균 증가액을 상회하는 예산 변동이 나타나기 시작하며, 특히 1998년 10,098억 원에서 1999년 24,428억 원으로 141.91%의 급격한 변동[38]이 나타난다. 전체적인 규모도 1993년 대비 2019년에는 73.04배 증가하여 규모적으로도 큰 성장이 있었음을 확인할 수 있다.

정부예산에서 사회복지예산이 차지하는 비중에 있어서도 의미 있는 변화가 지속되었다. 국회 예산정책처에서 발간한 최병호 한국보건사회연구원[39]장의 논문 「우리나라 복지정책의 변천과 과제」[40]에서 다음과 같이 복지예산 비중의 변동추이를 확인해볼 수 있다.

---

38 제15대 대통령인 김대중 대통령의 임기는 1998년 2월부터 2003년 2월까지로, 통상 예산은 전년도 8월말 기준 정부 예산안이 확정된 후, 그해 10월 정기 국회 회기 중에 확정된다.
39 한국보건사회연구원: '한국보건사회연구원'은 국민 보건의료, 국민연금, 건강보험, 사회복지 및 사회정책과 관련된 제 부분의 정책과제를 현실적이고 체계적으로 연구, 분석하고 주요 정책과제에 대한 국민의 의견수렴과 이해증진을 위한 활동을 수행하기 위해 1971년에 설립된 연구기관으로, 현재의 기관명은 1989년부터 사용되어지고 있다.
40 최병호,「우리나라 복지정책의 변천과 과제」, 예산정책연구 제3권 제1호 국회예산정책처, 2017, 88~129쪽

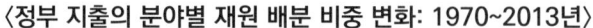
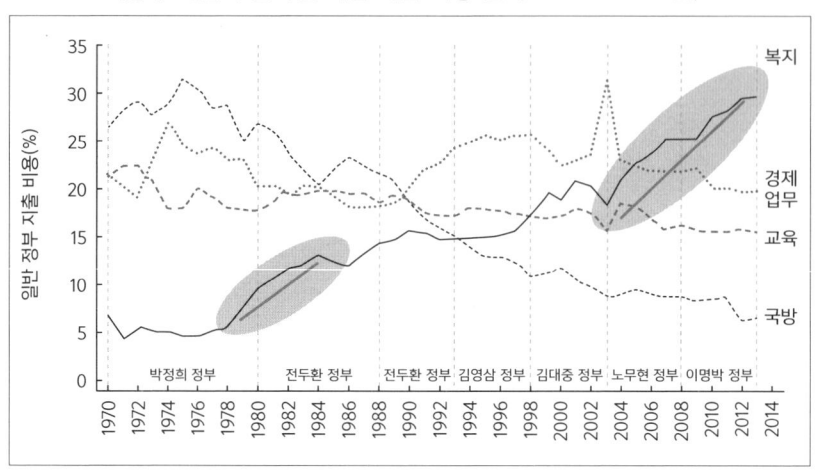

주: 1. 국민계정통계(SNA)에 따른 일반 정부 지출 대비비중.
2. 10대 기능별 지출 중 해당 분야 기준(단, 복지는 보건과 사회보호의 합).
3. 2003년 경제 업무 비중 급증은 동년부터 공적 자금 원금과 이자 지출이 정부 재정에 반영(2006년까지)된 데 따름.

자료: 통계청, 〈http://www.kosis.kr 검색일: 2014. 1. 15.〉

연구자는 논문에서 1차 복지 지출 확대기, 1970년에서 1978년까지는 생활 보호제도와 국가보훈 등의 전통적으로 국가의 사무에 속하는 사업과 가족계획 사업 시행 등이 주를 이뤘고, 이후 1979년부터 1987년까지의 기간은 복지 투자가 본격적으로 이루어진 시기로 건강보험 제도 확대 및 국민연금 도입 기반이 마련되는 등 복지지출 비중이 10.7~13.0% 수준을 기록하여 타 분야 지출 비중과의 격차가 줄어들게 된 것으로 분석하였다.

또, 2차 복지 지출 확대기, 복지 지출 비중은 꾸준히 성장하였고, 특히 노무현 정부에서는 저출산과 인구 고령화에 대한 논의가 본격화되면서 복지의 보편성이 촉발된 후, 일반 정부 복지 지출 비중은 2003년 18.4%에서 2007년 25.2%까지 급격하게 증가하였다고 분석하였다.

확장적 재정 지출을 통해 다양한 복지 정책들이 시행되고 있지만, 빈익빈 부익부 현상은 더욱 가속화되고 있다. 복지를 통한 기회의 사다리 제공으로 기울어진 운동장 바로잡기는 아직 요원(遙遠)해 보인다.

지대 추구 행위에 철퇴를 가하라?

흔히 별다른 노력 없이 일정한 이득을 얻기 위하여 비생산적이고 활동에 경쟁적으로 자원을 소비하는 행위 또는 그러한 현상을 지대추구(地代追求, rent seeking) 행위라 한다.

미국의 저명한 경제학자인 헨리 조지[41]는 그의 저서 『진보와 빈곤(Progress and Poverty)』[42]에서 토지의 독점적 소유자들이 시장에서 발생하는 편익(便益)의 대부분을 가져가게 됨으로써 빈부의 격차가 점차 누적, 증대되는 불공정한 현상이 반복된다고 비판하였다. 그는 불공정한 현상의 반복을 막기 위해 토지 공유의 필요성을 강조하고 그 방법으로 지대추구를 통해 발생하는 모든 불로소득(不勞所得)에 조세를 징수하여 사회 복지 등 재정지출에 충당해야 한다고 주장했다. 아울러, 이 세수(稅收)를 통해 전체 재정지출을 충당하고도 남으므로 다른 조세를 철폐할 것을 주장하였다. 그의 주장은 전 세계 이상주의자, 진보 진

41　헨리 조지(Henry George, 1839년 9월~1897년 10월): 미국의 경제학자로 단일토지세를 주장하며 『진보와 빈곤』을 출간하였다. 19세기 말 영국 사회주의 운동에 막대한 영향을 끼쳤다.

42　『진보와 빈곤』(헨리 조지 지음, 김윤상 옮김, 비봉출판사, 2016)

영 등에 커다란 울림으로 작용하였고, 열렬한 지지를 받았다.

우리 사회에서도 헨리 조지의 경제 철학을 따르는 이들을 어렵지 않게 만날 수 있다. 소위 '조지스트'[43]라 칭해지며 그의 경제 철학의 명맥을 이어가고 있고, 현실 경제에 그의 철학이 녹아내어질 수 있도록 정책적 연구를 게을리하지 않고 있다.

통상, 헨리 조지의 경제 철학은 정확하게 일치하는 것은 아니지만 일반적으로 법치, 안정 등의 가치를 우선시하는 보수 성향의 정권보다는 자유, 정의, 인권 등 진보 성향의 정권 철학과 궤를 같이하는 것으로 인식된다. 지대 추구를 통해 발생한 모든 불로 소득에 조세를 징수한다는 헨리 조지의 철학은 양날의 검과 같아서 어떤 계층에게는 지지를 받지만, 또 어떤 계층에게는 격렬한 반대를 일으키기도 한다. 때론 반대하는 계층에 의해 권력을 잃고 상대 진영에 정권을 넘겨줘야 하는 상황이 발생하기도 한다. 유명한 경구(警句)인 '거위 깃털 뽑기'[44]는 정권이 얼마나 조세 행정에 얼마나 신중하고 또 신중해야 하는지를 잘 표현한 대표적인 격언 중에 하나이다.

국민 대다수의 전폭적인 지지를 받고 정권을 잡은 정부도 국민 생활과 밀접한 관련이 있는 세금 문제를 국민의 이익과 부합하게 처리하지

---

43 인터넷 포털 사이트 등을 통해 '조지스트'를 검색하면, 어렵지 않게 그들의 활동, 정책 지향 등을 확인해볼 수 있다.

44 프랑스 루이 14세 시절 재무상이었던 장 바티스트 콜베르의 발언으로부터 유래한 조세 행정 분야의 유명한 용어 중 하나다. 이는 깃털로 비유될 수 있는 '세금' 많이 얻으려고 거위를 함부로 다루는 경우 거위가 거세게 저항하게 되므로, 세금을 확보하기 위해 급격히 세율을 높이면 안 된다는 경고를 담고 있다.

않는 경우에 민심 이반[45]의 문제가 발생함을 어렵지 않게 확인됨을 알 수 있다.

보수 성향의 정부가 집권하는 시기에는 감세를 강조하는 것이 일반적인 기조이다. 또, 진보 성향의 정부가 집권하는 시기에는 노동의 가치를 중시하고 지대를 통해 발생하는 소득에 대해서는 과세를 강화하는 것이 일반적인 경향이다. 그럼에도 헨리 조지가 이상향으로 추구했던 불로 소득에 대한 과세, 지대 추구 행위 제한 등의 바람은 실현되기 어려운 게 현실이다. 진보 성향의 정부에서도 헨리 조지 식의 전격적인 세제 개편은 여론의 역풍[46]으로 인해 과단성(果斷性)을 같기란 쉽지 않다.

---

45 2013년 청와대 경제수석은 세법 개편 안에 대한 월급쟁이, 영세 상인 등의 반발이 커지자, 이를 해명하는 '올해 세법 개정안의 정신은 거위가 고통을 느끼지 않도록 깃털을 살짝 빼내는 식으로 세금을 더 거두는 것'이라고 발언한 뒤, 당시 야당으로부터 해임 요구를 받는 등 국민들의 거센 저항을 불러일으켰다.
46 2020년 부동산 세제 강화, 주택 임대차 보호법(계약 갱신 청구권, 전월세 상한제) 개정 등의 영향으로 국정 지지율은 일시적으로 큰 폭의 하락을 경험하였다.

CHAPTER 2

부는
어떻게 형성되는 것인가?

05장
『21세기 자본』을 통해 바라본 부의 방정식

청소 노동자의 삶 그리고 자산가의 삶

필자는 직장과 원거리에 거주하는 탓에 주로 새벽 고속 열차를 타고 사무실에 출근한다. 몇 해 전부터 건강을 위해 취미 삼아 시작한 테니스의 매력에 흠뻑 빠져 평일 새벽에 한두 번 정도는 출근 전 운동을 하기 위해 노력하고 있다. 운동을 하고 출근을 하는 날이면 어김없이 대비되는 삶을 살아가고 있는 두 사람을 만나게 된다.

한 사람은 고속 철도 역사에서 일하는 청소 노동자이고, 또 다른 한 사람은 선(先)대로부터 물려받은 자산으로 사업을 하는 자산가이다.

필자가 바라본 청소 노동자의 모습은 고되다. 출근 시간 무렵 그분은 항상 에스컬레이터 손잡이 부분의 고무벨트를 손걸레로 열심히 닦고 계신다. 여름에는 땀을 뻘뻘 흘려가며, 겨울에도 청소 노동으로 발산되는 열기를 잊기 위해서인지 얇은 소재의 옷을 입고 역시나 땀을 흘려가며 청소를 하신다. 그분 덕분에 철도 역사는 바닥에 윤기가 흐를 정도로 청결하다. 격한 노동으로 마른 체형을 유지할 것 같지만 50대 후반을 훌쩍 넘긴 여성분이신 그분의 체형은 마른 것과는 거리가 멀다. 그분의 건강이 걱정된다. 필자의 모친이 그랬다. 젊은 시절 고된 삶은 저녁 폭식(暴食)으로 이어졌고 건강을 위한 운동은 언감생심이었다. 그렇게 하여 살이 쪘고 당뇨를 얻었다. 그리고 당뇨 합병증으로 너무도 이른 나이에 생을 마감하셨다. 힐끗힐끗 바라본 그분의 혈색은 꼭 어머니와 같아 보였다. 그분도 고된 청소 노동을 마치고 집으로 돌아가면 허기진 배를 채우기 위해 허겁지겁 식사를 하는 것은 아닌지 그리고 몰려오는 고단함에 건강 따위는 생각할 겨를도 없이 잠드시는 것은 아닌지 걱정이 된다. 그 고단함의 무게가 그의 체형에 묻어난다. 그분이 청소 노동을 통해 얼마의 소득을 얻는지는 알 수 없다. 물을 수 없었고, 묻고 싶지도 않았다. 다만, 필자가 출근하는 이른 새벽 시간에 항상 그 자리에서 남루한 행색으로 청소를 하고 계신다. 그분의 고된 삶에 대한 보상으로 그분의 형편이 크게 나아지리라는 기대감이 들지 않는 게 보는 이의 마음을 더 아리게 한다.

반면, 자산가의 삶은 부럽다. 그는 거의 매일 새벽 독일산 고급 수입차를 타고 하루는 골프 연습장, 또 하루는 테니스장에 나타난다. 골프 연습장은 그의 사업장이기도 하다. 그의 삶은 그의 늘씬한 체형처럼 단조롭다. 매일 새벽 운동을 하고 상쾌하게 아침을 시작한다. 운동 후 맛집을 찾아 점심을 겸한 식사를 한다. 식당의 거리는 크게 문제되지 않는다. TV 프로그램에 소개되는 식당을 찾아 한 시간이 넘게 걸리는 곳을 가기도 하지만 식사량이 많지는 않다. 차(茶)를 겸한 휴식 후 그의 사업장인 골프 연습장, 주유소 등을 둘러본다. 크고 작은 일들이 종종 발생하지만, 난제(難題)는 아니다. 그의 사업 철학은 주변보다 무조건 약간 싼 요금으로 고객에게 서비스를 제공하는 것이다. 어차피 소비자들에게 제시할 서비스 가격의 사업성은 경쟁업체에서 판단했을 터이니 본인은 골치 아프게 계산할 필요가 없다고 생각한다. 경제학을 공부해 본 적도, 달리 사업 손익 분석을 해본 적도 없지만 사업을 시작하며 들어간 고정 비용 따위는 생각지도 않는 까닭에 주변 사업체는 경쟁 대상 자체가 되지 않는다. 그야말로 박리다매(薄利多賣)를 통한 '규모의 경제'[47]를 실현하고 있다. 덕분에 그의 사업장 주변에 있는 다른 사업장은 파리가 날린다. 수요자가 만족하는 덕에 그의 사업 방식을 비난하기도 어렵다. 그는 그게 본인만의 사회 공헌이라고 생각한다. 오후 시간이 되면 그의 취미인 미술 학원에서 그림을 그리거나 흡사 대포만 한 크기의 망원 렌즈를 장착한 카메라를 들고 사진을 찍으러 좋은 풍경을 찾아다닌다. 술을 좋아하지 않는 그는 저녁 식사를 그의 아이들과 함께 하기 위해 노력한다. 그런데도 그의 자산 증가 속도는 그의 소비 속도를 훨씬 추월한다. 부의 규모는 점점 커져간다.

단순 노동자의 고단한 삶, 벗어나지 못하는 굴레

고용노동부가 발표한 「2019년 고용형태별근로실태조사 보고서」에 따르면, 선대로부터 물려받은 자산으로 '관리자'의 삶을 살아가는 자산가와 '단순 노무 종사자'로 살아가는 노동 근로자의 삶의 극명한 차이는 실증되고도 남는다.

---

47 규모의 경제(規模의 經濟, economy of scale): 생산량이 늘어나면서 평균 비용이 줄어드는 현상을 일컫는다.

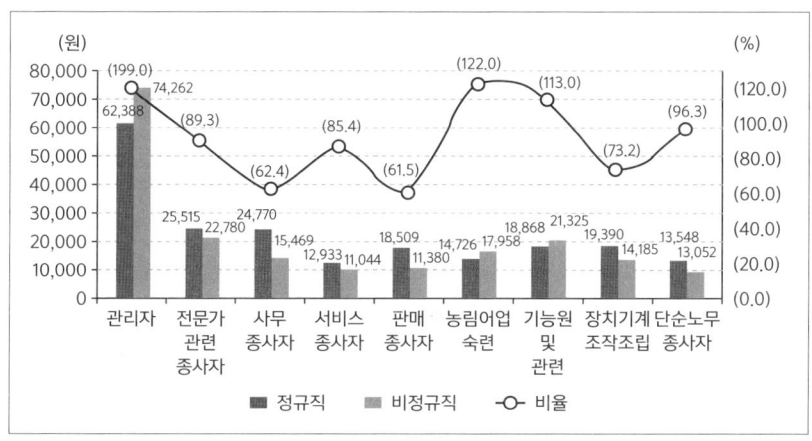

〈직종별 시간당 임금 총액〉[48]

(단위: 원, %)

구분		관리자	전문가 관련 종사자	사무 종사자	서비스 종사자	판매 종사자	농립어업 숙련 종사자	기능원 관련기능 종사자	장치 기계 조작 및 조립 종사자	단순 노무 종사자
전체		62,734	25,128	23,824	12,011	16,813	16,212	19,849	18,639	13,259
	정규직	62,388	25,515	24,770	12,933	18,509	14,726	18,868	19,390	13,548
	비정규직	74,262 (119.0)	22,780 (89.3)	15,469 (62.4)	11,044 (85.4)	11,380 (61.5)	17,958 (122.0)	21,325 (113.0)	14,185 (73.2)	13,052 (96.3)

주: 1. 특수형태근로종사자는 제외.
  2. ( )는 정규직 대비 비정규직 근로자의 시간당 임금 총액 비율.

---

48 고용노동부, 「2019년 고용형태별근로실태조사 보고서」, 14~48쪽 (발간등록번호: 11-1490000-000336-10)

CHAPTER 2 부는 어떻게 형성되는 것인가?

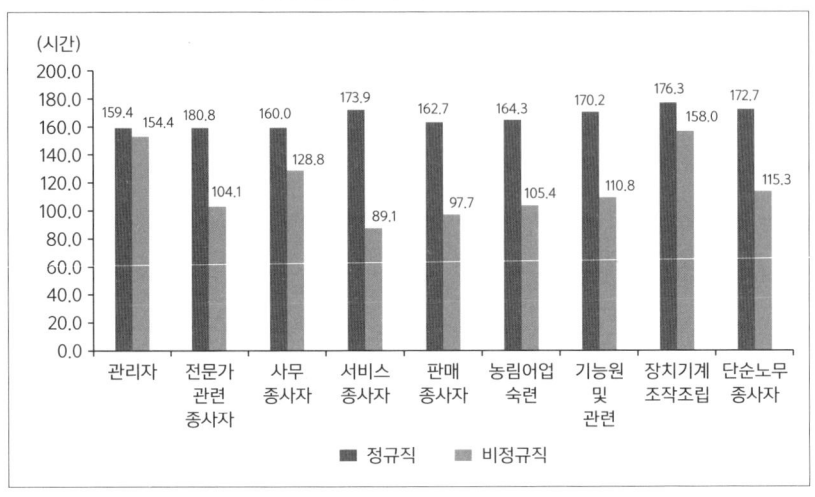

〈직종별 총 월(月) 근로 시간〉[49]

(단위: 원, %)

구분	관리자	전문가 관련 종사자	사무 종사자	서비스 종사자	판매 종사자	농립 어업 숙련 종사자	기능원 관련기능 종사자	장치 기계 조작 및 조립 종사자	단순 노무 종사자
전체	159.2	152.8	156.8	132.5	147.3	137.2	146.5	173.7	139.3
정규직	159.4	160.8	160.0	173.9	162.7	164.3	170.2	176.3	172.7
비정규직	154.4 (96.8)	104.1 (64.8)	128.8 (80.5)	89.1 (51.2)	97.7 (60.0)	105.4 (64.1)	110.8 (65.1)	158.0 (89.6)	115.3 (66.8)

주: 1. 특수형태근로종사자는 제외.
    2. ( )는 정규직 대비 비정규직 근로자의 총 근로 시간 비율.

정규직을 대상으로 '관리자'와 '단순 노무 종사자'를 비교해보았다.

---

49 고용노동부, 「2019년 고용형태별근로실태조사 보고서」, 14쪽~48쪽 (발간등록번호: 11-1490000-000336-10)

시간당 총 임금(단위: 원)				총 월당 근로 시간(단위: 시간)			
관리자(A)	단순 노무 종사자(B)	차이 (A-B)	비율 (A-B)/B	관리자(A)	단순 노무 종사자(B)	차이 (A-B)	비율 (A-B)/B
62,388	13,548	48,840	360.5%↑	159.4	172.7	△13.3	△7.7%↓

관리자의 월수입(A)은

62,388원(시간당 임금)×159.4H(월 근로 시간)=9,944,647원

단순 노무 종사자 월수입(B)은

13,548원(시간당 임금)×172.7H(월 근로 시간)=2,339,739원

관리자와 단순 노무 종사자의 월수입 차는

9,944,647원(A)-2,339,739원(B)=**7,604,908원(4.2배 차이)**

단순 노무 종사자는 관리자에 비해 총 근로 시간을 길고, 총 근로 시간을 반영한 월수입 총액은 4.2배 적은 것을 확인할 수 있다.

2019년 보건복지부에서 다음과 같이 고시[50]한 기준 중위소득 및 생계, 의료 급여 선정 기준과 최저 보장 수준을 참고하면 두 그룹의 우리 사회 내에서의 삶의 수준을 가늠해볼 수 있을 것이다.

---

50 보건복지부, 고시 제2018-144호, 2018(보건복지부는 매년 국민기초생활 보장법 제2조 제11호 및 제6조, 제8조, 제12조의3에 따라 기준 중위 소득 및 생계, 의료 급여 선정 기준과 최저 보장 수준을 공표한다.)

(단위: 원)

구분	1인 가구	2인 가구	3인 가구	4인 가구	5인 가구
기준 중위 소득*	1,707,008	2,906,528	3,760,032	4,613,536	5,467,040
생계 급여 선정 기준**	512,102	871,958	1,128,010	1,384,061	1,640,112

* 중위소득(中位所得): 전 가구를 소득을 대상으로 순위순으로 나열하였을 때, 정확히 중간에 위치하는 가구의 소득을 뜻한다.
** 생계급여 선정기준: 「국민기초생활 보장법」 제6조 및 제8조 제1항과 제2항[51]에 따라 '생계급여의 선정기준 및 최저 보장 수준'은 정해진다.

지난 300년, 불균등한 부의 분배 그리고 부의 방정식

앞에서 예로 제시한 청소 노동자와 자산가의 사례, 일용직 건설 노동자와 임대 사업자, 택시 기사와 차량 호출 플랫폼 사업자 등의 무수한 사례를 통해 노동 소득과 자산 소득의 차이로 인해 적나라하게 대비되는 삶을 살아가는 사람의 예는 우리 주변에서 어렵지 않게 찾아볼 수 있다. 과거 저개발 국가에서 고도 성장기를 거칠 때는 노동을 통해 얻는 소득과 자산을 통해 얻게 되는 소득의 간극(間隙)이 지금처럼 크지 않았다.

쿠즈네츠(Simon Smith Kuznets)[52]는 1955년에 발표한 논문인 「Economy Growth and Income Inequality, 경제성장과 소득 불

---

51 「국민기초생활 보장법」 제8조(생계급여의 내용 등) ① 생계급여는 수급자에게 의복, 음식물 및 연료비와 그 밖에 일상생활에 기본적으로 필요한 금품을 지급하여 그 생계를 유지하게 하는 것으로 한다.
② 생계급여 수급권자는 부양의무자가 없거나, 부양의무자가 있어도 부양능력이 없거나 부양을 받을 수 없는 사람으로서 그 소득인정액이 제20조제2항에 따른 중앙생활보장위원회의 심의·의결을 거쳐 결정하는 금액 이하인 사람으로 한다. 이 경우 생계급여 선정 기준은 기준 중위소득의 100분의 30 이상으로 한다.

52 쿠즈네츠(Simon Smith Kuznets): 러시아 출신의 미국 경제학자이다. 쿠즈네츠는 국민소득이론 및 국민소득통계의 권위자로 1971년 노벨 경제학상을 수상하였다.

평등」에서, 한 국가의 경제는 초기에 소득 분배가 비교적 평등한 상태에서 출발하다가 경제가 성장함에 따라 소득 불평등이 심화되는 과정을 겪지만 마지막에는 불평등이 완화된다는 소위 '쿠즈네츠 가설'이라 불리는 주장을 했다. 소득 불평등의 상태가 낮은 상태에서 시작했다가 높아진 이후 다시 원래의 낮은 모습으로 돌아오는 모습이 'U'자를 뒤집은 것과 비슷하여 '역(逆) U자 가설'이라고 불리는 가설은 현시점에서 학계의 다수는 옳다고 보고 있지만, 완전한 의견 일치에는 이르지는 못했다.[53] 추가적인 학계의 실증 연구들을 통해 증명될 터이지만 현시점에서 학계를 비롯한 다수의 사람들이 동의하기 어려운 것도 부인할 수 없는 현실이다.

프랑스 경제학자 토마 피케티[54]는 2014년 발간한 그의 저서 『21세기 자본』[55]에서 1700년부터 현재까지 300년 동안의 광범위한 데이터 분석을 통해 부의 불균등한 성장 경로를 추적했다. 그는 불평등이 더 가속화될 것이라고 주장했다. 소득 불평등의 근본 원인은 자본 수익률(rate of return on capital)이 경제 성장률(growth of economy)보다 항상 높다는 것이다. 자본이 스스로 얻는 소득(임대료, 배당, 이자 등)이 노동으로 얻는 소득(임금, 보너스 등)보다 높기 때문에 부의 양극화가 더 심해질 것이라고 한다. 300년간 20여 개 국가의 방대한 데이

---

53 방형준, 「경제성장과 소득 분배」, 한국노동연구원, 국제노동브리프 2018년 3월호, 2018, 39~48쪽

54 토마 피케티(Thomas Piketty): 경제적 불평등 및 그 불평등에 대안으로 글로벌 자본세를 제안한 경제학자로, 『21세기 자본』 발간 후 세계적인 경제학자로 주목받고 있다. 1993년부터 3년간 MIT대에서 경제학을 가르쳤으며, 2000년부터 파리경제대 교수로 재직 중이다.

55 토마 피케티, 『21세기 자본』, 장경덕 옮김, 글항아리, 2014

터를 분석한 결과 그가 내놓은 결론이다.

그가 발견한 21세기 자본의 생존 공식은 이렇다.

$$r > g$$

(rate of return on capital)　　(growth of economy)

토마 피케티가 분석한 부의 불균등한 성장 경로 중, 부가 불균등하게 증가한 계층으로 관심을 집중해보면 부를 이룰 수 있는 해법을 어렵지 않게 찾을 수 있다. 노동 소득 이외에 자본 소득을 갖는 것이 부의 선순환 구조에 이를 수 있는 길이다.

노동 소득보다 자본 소득이 더 크다. 그러므로 노동자가 아닌 자본가가 되기 위해 노력해야 한다.

> "자본은 결코 조용한 법이 없다. 자본은 적어도 형성기에는 언제나 위험추구적이고 기업가적이다. 그러나 충분히 축적되면 자본은 늘 지대로 바뀌는 경향이 있다. 이는 자본의 사명이자 논리적 귀결이다."
>
> 〈『21세기 자본』, 본문 p141 中〉[56]

숭실대학교 이진순 교수는 「피케티의 『21세기 자본』과 한국경제」 (2014) 논문에서 다음과 같이 분석하고 있다.

56　토마 피케티, 『21세기 자본』, 장경덕 옮김, 글항아리, 2014, 141쪽

우리나라는 소득과 부(富)의 분배가 비교적 평등한 조건에서 성장을 시작하였기 때문에, 1960년대부터 1980년대 중반까지의 우리 경제는 소득 등 유량(流量, flow)[57] 요소가 지배적인 경제였고, 빈부의 격차는 상속받은 재산의 격차가 아니라, 각 개인이 사업에서의 성공 여부와 직장 내에서의 승진의 정도에 크게 의존한 것으로 분석하였다.[58]

또, 한국 재벌들의 대다수가 당대에 자수성가하여 거대한 자산가가 되었고, 중산층의 대부분도 소득을 저축하여 각자의 집을 마련한 것으로 분석되었다.

경제가 성장함에 따라 좋은 일자리가 지속적으로 창출되었고, 낙수효과(trickle-down effect)[59]를 통해 성장과 분배의 선순환이 이루어졌다. 이처럼 고도 성장기 한국 경제는 부(富)나 상속 등 저량(貯量, stock)보다 소득 등 유량이 훨씬 중요한 사회로, 유량이 지배하는 역동적인 한국(dynamic Korea)이었다고 분석하였다.

그러나 이러한 경향은 1970년대 이후 재벌을 위시한 대기업으로의 경제력 집중과 부동산 가격 인플레이션, 지가 상승 등으로 인해 한국 경제는 급속히 '저량 경제'로 전환되었다. 지가 등의 상승으로 토지 소유자는 자본 가치 증가의 이익을 얻는 반면, 토지를 보유하지 않고 있

---

57 저량(貯量, stock)과 유량(流量, flow): 저량과 유량은 경제 분석에 쓰이는 주요 개념으로, 저량은 특정 시점을 기준으로 존재하고 있는 재화 전체의 양을 일컫는다. 유량은 일정 기간 동안 경제체재 안에서 흐르는 재화의 양을 의미한다.

58 이진순, 「피케티의 『21세기 자본』과 한국경제」, 한국재정학회 재정학연구 제7권 제4호, 2014, 183~217쪽

59 낙수효과(落水效果, trickle-down effect): 물이 위에서 아래로 흘러내리듯이 정부가 투자 등을 통해 대기업과 부유층의 부(富)를 먼저 늘려주면 경기가 부양돼 결국 중소기업과 저소득층에게도 그 혜택이 돌아가게 된다는 이론으로, 여러 논란을 가지고 있는 이론 중 하나이다.

는 사람들은 자산의 가치는 저하되었고, 빈부의 격차는 진지한 노력의 결과라기보다는 과거로부터의 자산 보유량에 의해 결정된 것으로 분석하였다.

이 외에도 자본 소득의 중요성을 설파(說破)하고 있는 정부 통계자료, 학계의 연구 자료, 건물에 투자해 부자가 되었다는 사인(私人)들의 경험담 등 헤아릴 수 없을 정도로 무수히 많은 사례를 통해 자본 소득의 중요성은 넉넉히 입증되고도 남는다.

마지막으로 『엄마, 주식 사주세요』, 『존리의 부자되기 습관』 등을 발간하고 최근 방송, 강연 등 활발한 활동을 이어가고 있는 메리츠자산운용의 존 리[60] 대표의 '돈이 일하게 하라'라는 주제로 한 언론과 인터뷰한 내용을 소개해본다.

그는 인터뷰[61]에서 '돈이 일하게 하는 원리'를 자녀들이 깨닫도록 교육해야 한다고 강조했다. 그러면서 한국 대다수의 부모들이 자식들이 월급쟁이 삶을 살아가도록 교육하고 있는 모습을 바꿔나가야 한다고 강조했다.

부자가 되려면 본인 대신 자본이 일하게 만들라는 그의 조언을 되새겨볼 필요가 있다.

---

60 존 리: 뉴욕대학교 졸업, 미국 투자 회사 '스커더 스트븐슨 앤드 클라크' 매니저 역임 등

61 정혜연 기자, "존 리 메리츠자산운용 대표, 돈이 일하게하라", 〈여성동아〉 MONEY, 2020년 8월 11일, https://woman.donga.com/3/all/12/2143156/1, 2020년 12월 21일 접속

06장
부자가 되기 위한 추월차선이 있긴 한 걸까?

힘이나 지능이 아닌 끈질긴 노력이 우리의 잠재력을 해방 시켜주는 열쇠다
(Continuous effort-not strength or intelligence-is the key to unlocking our potential)

윈스턴 처칠[62]

평범함 그리고 남루함에서 일궈낸 가장 큰 성공

1432년(세종 14년) 식년 문과[63]에 급제하여 집현전 박사가 되고, 1451년에는 이조 판서와 예조 판서[64]를 지낸 후, 1455년 좌의정에 오른 이사철(李思哲)이라는 조선 전기의 문신이 있다.

그는 충분한 '자질'을 가진 충실한 신하였다. 세종대왕은 그의 뛰어난 능력과 업적을 치하하고자 잔치[65]를 베풀었고, 그를 총애(寵愛)하였다.

---

62 윈스턴 처칠(Winston Leonard Spencer Churchill): 영국의 정치가이자 작가이다. 1940~1945년 영국의 총리를 역임하였고, 1953년 전쟁 경험을 바탕으로 쓴 『제2차 세계 대전』으로 노벨 문학상을 받았다.

63 식년 문과(式年 文科): 조선 시대 문관을 등용하기 위해 실시한 과거 시험

64 이조 판서: 내무와 인사를 담당한 정2품 벼슬로 현재의 행정안전부 장관 등에 해당되는 직위로 볼 수 있다.
예조 판서: 외교와 교육, 문화 등을 담당한 벼슬로 현재의 외교부, 교육부 장관 등에 해당되는 직위로 볼 수 있다.

65 「세종실록」, 국사편찬위원회, 68권, 세종 17년 6월 8일

이사철은 '자질'에 '노력'을 더하여 봉직(奉職)하였고 훗날 좌의정에까지 오르게 된다. 세종실록 90권, 세종 22년 7월 21일 세종대왕과 이사철의 대화를 기록한 사료는 지금도 '자질'을 가진 자가 마음과 힘을 다해 노력한다면 무슨 일이든 해낼 수 있다는 의미의 경구(警句)로 종종 인용되곤 한다. 세종실록에 기록된 내용을 소개해본다.

> 함길도 경력(經歷) 이사철(李思哲)이 하직하니, 불러 보고 말하기를,
> "나의 족속(族屬)은 모두 학문을 모르므로, 네가 학문에 힘쓰는 것을 깊이 아름답게 여겨 내가 오래도록 집현전(集賢殿)에 두고자 하였으나, 너는 시종(侍從)한 지가 오래 되어 나의 지극한 마음을 아는 까닭에, 특별히 너를 보내어 그 임무를 전적으로 맡기는 것이니, 너는 가서 게을리 하지 말라."
> 하니, 사철이 아뢰기를,
> "소신이 본디부터 사물(事物)에 정통하지 못하와 잘못 그르칠까 두렵습니다."
> 하매, 임금이 말하기를,
> **"너의 자질(姿質)이 아름다움을 아노니 하지 않으면 그만이거니와, 만약 마음과 힘을 다한다면 무슨 일인들 능히 하지 못하리오."**
> 하고, 이어 활과 화살을 하사하였다.
>
> 〈세종실록 90권, 세종 22년 7월 21일 신유 2번째 기사〉[66]

세상만사가 그러할 테지만 해낼 수 있는 충분한 자질을 갖추고 있음에도 가진 게 없다는 이유로, 배우지 못했다는 이유로 그것이 경제적 성공이든, 사회적 명성이든 서둘러 포기해 버리는 경우가 허다하다. 소위 말하는 '흙수저' 출신 중에도 그리고 평범한 사람 중에도 엄청난 성공을 이뤄낸 사람들을 우리는 주변에서 얼마든지 찾아볼 수 있다. 그들

---

[66] 「세종실록」, 국사편찬위원회, 90권 세종 22년 7월 21일

의 공통점은 자질이 부족하다면 자질을 갖추기 위해 노력했고, 자질을 갖췄다면 주저하지 않고 실천했다는 것이다.

부의 대물림이 당연시되는 사회, 부의 양극화가 심각한 사회 문제로 되어가는 작금(昨今)의 시기에도 우리에겐 아직 사회 곳곳에서 희망의 증거를 찾을 수 있다. 대기업 경영 정보 분석 회사인 재벌닷컴[67]의 2016년 조사에 따르면, 대한민국 400대 부호 중 이른바 '흙수저' 출신의 부자는 148명에 달하는 것으로 조사되었다. 몇 가지 사례를 소개해 본다.

1967년 종로에서 '임성기 약국'을 운영하던 임성기 약사는 편안한 개업약국 약사의 길에 안주하지 않고, 1973년 한미약품을 설립한 후 끊임없이 도전하고 노력하여 8조 원대 기술수출 신화를 만드는 등 한미약품을 글로벌 제약사의 반열에 올려놓았다. 그는 2016년 직원 2,800명에게 자신이 보유한 한미사이언스 주식을 무상으로 증여하여 선한 기업인으로서 사회의 귀감이 되었다. 그가 증여한 주식은 직원 1인당 평균 4,000만 원, 총 1,100억 원[68]에 이르렀다.

1990년대 가수 박남정의 백댄서를 거쳐 '서태지와 아이들'의 멤버로 활약한 양현석 YG 엔터테인먼트 대표는 대학 졸업장은 없었지만 도전과 실패를 반복한 끝에 세계적인 엔터테인먼트사로 회사를 성장시켰고 부호가 되었다. 2011년 코스닥 시장에 상장한 그의 회사는 2019

---

67 재벌닷컴: 2006년 설립된 인터넷 언론으로, 한국 기업의 뉴스 등을 주로 다뤄 일반 국민들이 재벌을 이해하는데 도움을 주고자 설립된 기관이다.

68 전명훈 기자, "임성기 한미약품 회장, 전직원에 1천100억 주식 증여", 〈연합뉴스〉, 2016년 1월 4일, https://www.yna.co.kr/view/AKR20160104096300017?input=1195m, 2020년 12월 21일 접속

년 IFRS[69] 연결기준 2,600여억 원의 매출을 기록하였고, 외식사업 등으로도 사업을 확장해 나가고 있다.

샐러리맨 신화의 주역인 김범수 카카오 의장의 삶도 한없이 팍팍했었다. 그는 1966년 당시 서울에서 빈민촌으로 손꼽히던 성동구 모진동에서 5남매 중 셋째로 태어났다. 그의 아버지는 중졸(中卒)로 시골에서 농사를 짓다가 무작정 서울로 상경하여 막노동과 목공 일을 했고 그의 어머니는 지방에서 식당 일을 하며 생계를 이어갔다. 할머니와 함께 여덟 식구가 단칸방에서 생활했다. 그는 혈서까지 써가며 독하게 공부해 서울대학교에 입학하였고 과외 아르바이트로 학비와 생활비를 충당하며 학교를 다녔다. 그는 현실에 안주하지 않고 1992년 입사한 삼성SDS를 6년 만에 퇴사하고, 1998년 한게임을 창업한다. 그리고 이제는 대한민국 대표 메신저로 자리 잡은 카카오톡을 2010년 세상에 내놓는다. 2020년 기준 카카오의 시가총액은 29조 원에 이르고, 그가 보유한 주식 평가액은 4.5조 원[70]을 상회한다. 그는 누적 기부액이 135억 원에 이를 정도로 '통 큰 기부'[71]를 통한 사회 공헌도 게을리하고 있지 않다.

또 하나의 샐러리맨 신화의 주역으로 박현주 미래에셋그룹 회장을 꼽을 수 있다. 지금은 성공한 기업인이자 투자가로 평가받고 있지만,

---

69 IFRS(International Financial Reporting Standards): 기업 회계 처리에 대한 국제적 통일성을 높이기 위해 국제회계기준위원회에서 마련한 회계기준을 일컫는다.

70 "카카오 김범구 의장, 올해 주식재산 2.6조↑.. 평가액 1위는 이건희 회장", 〈파이낸셜뉴스〉, 2020년 10월 6일, https://www.fnnews.com/news/202010061102369018, 2020년 12월 21일 접속

71 "김범수 의장의 통큰 기부 호우에도 이어졌다", 〈서울경제〉, 2020년 8월 11일, https://www.sedaily.com/NewsView/1Z6JE7L0P0, 2020년 12월 21일 접속

그의 삶도 평탄하지만은 않았다. 고교 시절 부친의 갑작스런 죽음으로 어려운 생활을 이어갔다. 인정 많은 모친 밑에서 어렵게 학업을 이어 나갔고 고려대학교 졸업 후 한 증권사에 입사하였다. 입사 뒤 탁월한 성과로 32세에 한 증권사의 지점장이 되었고, 이는 당시 국내 최연소 지점장이라 기록되었다. 샐러리맨으로 승승장구했지만 만족하지 않고 1997년 미래에셋캐피탈을 세운다. 그의 회사는 증권사, 자산운용회사, 보험회사 등을 주축으로 하는 초대형 금융그룹으로 성장했다.[72]

이 외에도 서정진 셀트리온 회장 등 수많은 사람으로부터 희망의 증거를 찾을 수 있다.

부의 추월차선

부의 추구는 해악(害惡)이라 생각하는 사람, 생활에는 관심이 없고 오직 청렴과 결백을 삶의 지향(志向)으로 살아가는 남산골 샌님 딸깍발이[73] 등을 제외하면 보통의 대다수 사람은 부자가 되길 원한다. 그래서 대다수 평범한 사람의 인생 여정(旅程)은 부의 여정이다. 최종 목적지인 부의 최상층에 오르는 길은 길고 지난(至難)하다. 서로 다른 출발점부터가 공정하지 못하다. 물려받은 것이 많은 소위 '금수저'는 출발점 저만치 앞에서부터 여정이 시작되고 '흙수저'는 출발점 근처와는 거리

---

72 윤상천 기자, "[커버스토리] 박현주 미래에셋그룹 회장", 〈CEONEWS〉, 2019년 3월 26일, http://www.ceomagazine.co.kr/news/articleView.html?idxno=3287, 2020년 12월 21일 접속

73 1956년 간행된 이희승 수필집 『벙어리 냉가슴』에는 '딸깍발이'로 불리는 남산골샌님이 등장한다. 작가는 그를 통해 이해타산적이고 물질 만능 주의에 빠져 있는 현대인의 삶을 비판한다.

가 먼 빛의 수렁에서부터 여정을 시작한다.

　부의 최상층으로 가는 길은 여러 갈래다. 신호등과 각종 변수가 많아 서행할 수밖에 없는 국도(道)가 있고 빠르게 달려갈 수 있는 고속도로도 있다. 금수저는 고급 외제차를 몰며 고속도로를 타고 부의 여정을 즐긴다. 반면, 흙수저는 덜컹거리는 차를 몰며 국도를 타거나 길이 아닌 가시밭길에서 신음하며 지난한 여정을 한다. 그들이 내닫는 길의 속도 차이만큼이나 그들 간 부의 간극(間隙)은 더욱 벌어진다.

　흙수저가 금수저와의 간극을 줄이기 위해서는 고속도로로 진입해야 한다. 고속도로에 진입한 이후에도 주행 차선이 아닌 1차로 추월차선으로 달리기 위해 노력해야 한다.

　어려운 환경에서 각고의 노력 끝에 명문대학에 진학하고, 대기업 혹은 공공기관 같은 구직자들이 선호하는 직장에 들어갔다고 해서 그것만으로 부의 상층부에 진입했다고 할 수 있을까? 애석하게도 빈곤은 면할 수 있지만 큰 부가 보장되었다고 보기는 어렵다. 그들의 삶은 치열하다. 적어도 일주일의 닷새 이상은 상사와 고객의 눈치를 봐가며 먹고살기 위해 밤낮을 인내해야 한다. 분주한 일상동안 그들의 꽃같이 사랑스러운 아이들은 어떻게 자라고 있는지, 그들이 꿈꿨던 이상(理想)이 무엇이었던지 되돌아볼 겨를조차 없이 시간은 흘러간다. 그 닷새를 위해 이틀의 시간을 전전긍긍하며 보낸다. 시쳇말(時體)로 대기업 직원은 사노(私奴), 공공 기관 직원은 관노(官奴)라는 우스갯소리를 해보지만, 마음 한편에 그 말의 잔상이 쉬이 사라지지 않는 것은 그들의 삶의 무게감이 녹록지 않음의 반증(反證)일 것이다.

　평범한 직장인의 삶은 고속도로에 추월차선이 아닌 2차로, 3차로 즉, 주행차선 내지 서행차선으로의 여정과 비견(比肩)될 수 있다. 가시밭길이나 국도보다는 한결 여정이 수월할 테지만 부의 상층부에 이르는 길은 요원(遙遠)하다. 그들의 늦은 출발을 만회하고 빠르게 상층으로 진입하기 위해서는 추월차선으로 진입해서 여정을 시작해야 한다. 그래야 날로 고착화(固着化)되어 가는 부의 높은 장벽 내에 진입할 수 있다. 그래야 꽃같이 사랑스러운 아이들이 자라나는 모습을 찬찬히 바라볼 수 있다. 그래야 풍경 좋은 곳에서 불현듯 멈춰 서서 차 한 잔의 여유를 만끽할 수 있다. 그래야 주머니 사정 때문에 사람 도리 못 하는 일이 발생하진 않는다.

"젊은 나이에 일과 돈에서 해방되어 인생을 즐긴다."

모든 이가 꿈꾸는 삶이다.『부의 추월차선』의 저자 엠제이 드마코[74]가 그의 저서에서 말하고 있는 빠르게 부자되는 방법은 성실하게 하루하루를 인내해 나가며 아끼고 저축해가는 것이 미덕(美德)이고, 부에 이르는 정공법(正攻法) 이라 생각하는 평범한 사람들을 각성(覺醒)의 공간으로 안내한다.

그는 빠르게 부자가 되기 위해서는 '① 시간으로부터 자율성', '② 수동적 소득[75]의 중요성', '③ 사용자가 무제한인 시장에서 사업 필요성' 등을 강조했다. 빠르게 부자가 될 수 있는 사업으로 소개한 대표적 사업은 다음과 같다.

---

74 엠제이 드마코(MJ DeMarco): 미국 차량 예약 서비스 'Limos.com'의 설립자로. 30대에 백만장자 사업가가 되었다. 그는 '천천히 부자 되기'에 반대하는 혁신가이며 일을 해서 돈을 벌고, 저축하는 것만으로는 젊은 시절 부자가 될 수 없다고 주장한다.
75 수동적 소득(passive income): 저자는 일하지 않으면서 벌어들이는 소득이라 일컫고 있다.

1) 임대업: 부동산, 라이선스, 특허 등이 있다.

2) 컴퓨터업, 소프트웨어업: 인터넷 플랫폼, 소프트웨어 사업 등이 있다.

3) 콘텐츠업: 책, 블로그, 잡지 등이 있다.

4) 유통업 등: 프랜차이즈, 체인점, 네트워크 및 텔레비전 마케팅 등이 있다.

엠제이 드마코의 주장은 충분히 검증된다.[76]

사례1. 한미약품 임성기 회장: 그의 사업은 제약이라는 일종의 위 '1) 임대 시스템' 중 특허사업에 해당되고, 제약업 특성상 신약이나 좋은 약을 개발하는 경우 사용 가능 계층은 기본적으로 전 세계 동일 질환을 앓고 있는 사람으로 폭발적으로 확정되어 위 '③'의 기준을 충족한다. 사업이 안착(安着)되는 경우, 사업가는 자신이 구축해 놓은 특허로 인해 일하지 않고 '① 시간으로부터의 자율성'을 갖게 되며 이로 인해 새로운 특허나 사업을 모색해볼 시간을 가질 수 있었을 것이다. 또, '② 수동적 소득'은 또 다른 대체재[77]가 나오기 전까지는 얼마든지 가능했을 것이다.

사례2. YG 엔터테인먼트 양현석 대표: 그의 사업은 일종의 위 '3) 콘

---

76 엠제이 드마코, 『부의 추월차선』, 신소영 옮김, 토트출판사, 2013, 170~183쪽
77 대체재(substitutional goods, 代替財): 재화 중에서 같은 효용을 얻을 수 있는 재화이다. 경쟁재라고도 한다. 예를 들면 버터와 마가린, 쇠고기와 돼지고기 등은 서로 대체재이다. 일반적으로 대체 관계에 있는 두 재화는 하나의 수요가 증가하면 다른 하나는 감소한다.

텐츠업' 중 엔터테인먼트 사업에 해당되고, 엔터테인먼트사업의 특성상 명곡(名曲) 또는 인기 있는 연예인을 배출하는 경우, 한류 열풍과 함께 시간과 장소에 구애받지 않고 확정되어 위 '③'의 기준을 충족한다. 위의 사례와 마찬가지로 사업이 안착되는 경우, 사업가는 자신이 구축해 놓은 시스템으로 인해 일하지 않고 '① 시간으로부터의 자율성'을 갖게 되며 이로 인해 새로운 저작물이나 실력 있는 연예인 발굴 등의 시간을 가질 수 있었을 것이다. 또, '② 수동적 소득'은 또 다른 대체재가 나오기 전까지는 얼마든지 가능했을 것이다.

사례3. 카카오 김범수 의장: 그의 사업은 일종의 위 '2) 컴퓨터업, 3) 콘텐츠업'을 융합한 소셜 네트워크 사업에 해당되고, 소셜 네트워크 사업의 특성상 사업 확장이 일어나는 경우 그 사용자는 폭발적으로 증가하고, 새로운 대체재가 나타나기 어려운 독점적 시장의 지위를 누릴 수 있고 위 '③'의 기준을 충족한다. 위의 사례와 마찬가지로 사업이 안착되는 경우, 사업가는 자신이 구축해 놓은 시스템으로 인해 일하지 않고 '① 시간으로부터의 자율성'을 갖게 되며 이로 인해 새로운 연관 파생 사업인 게임, 쇼핑 등으로 사업을 확장해 나갈 수 있었을 것이다. 또, '② 수동적 소득'은 또 다른 대체재가 나오기 전까지는 얼마든지 가능했을 것이다.

일일이 열거하지 않더라도, 위에서 제시한 '부의 추월 차선 원칙'에 빠르게 부자가 된 사람들을 대입해 보면 큰 범주 안에서는 대체로 일치함을 어렵지 않게 확인할 수 있다. 출발점이 늦었다고 생각하거나 빠르게 부자가 되어 경제적으로 자유로운 삶을 꿈꾸는 사람이라면 새겨 볼 필요가 있는 내용이다. 특히나, 각고의 노력 끝에 원하는 직장에 들어가고, 절약하고 인내하는 삶이 부를 보장해주는 사회는 이제 점점 사라져 가고 있다. 각고의 노력을 했지만, 또다시 사고의 전환을 해야만 부를 이룰 수 있는 사회가 도래한 것이다.

최근 언론에 보도된 기사[78]에 따르면 20년치 월급을 모아도 서울에서 가장 싼 아파트조차 못 사는 것으로 조사되었다고 한다. 이런 유의 기사는 어렵지 않게 찾아볼 수 있을 정도로 폭증하고 있고 성실하게 생활하는 분들을 더 좌절하게 만든다. 하지만 성공하고자 한다면 그 결핍을 통해 그 결핍을 메우기 위한 욕구를 일으켜야 한다. 그래야 부의 여정을 아름답게 마칠 수 있을 것이다.

---

78 안혜원 기자, "20년치 월급 꼬박 모아도… 서울 가장 '싼' 아파트도 못산다", 〈한국경제〉, 2020년 6월 9일, https://www.hankyung.com/realestate/article/202006097358e, 2020년 12월 21일 접속

07장
먼저 부자가 된 사람들을 보면 답이 보인다

> **Oprah Gail Winfrey[79] and Ralph Lauren[80] : Monograms Meet**
>
> 그의 최고의 답변은 그녀의 물음으로부터 나왔다. "당신은 어떻게 해서 끊임없이 재창조를 지속할 수 있었습니까?"
> His best line came in response to her question, "How do you keep reinventing?"
>
> "베끼는 것입니다. 45년 동안 베낀 것이 나를 여기에 있게 했네요."
> "You copy," he said. "Forty-five years of copying, that's why I'm here."
>
> 〈The New York Times, Oct. 25, 2011 기사 내용 中〉

롤러코스터 인생, 고위공직자 모방으로부터 길을 찾다

1970년대 후반 유복한 집안에서 태어난 사내아이가 있다. 그의 집은 지방의 소도시에 위치하고 있었지만 서울 여느 부자 동네에 사는

---

79 오프라 윈프리(Oprah Gail Winfrey): 미국의 유명 TV토크쇼 '오프라 윈프리쇼' 사회자로, 미국인이 가장 좋아하는 TV 방송인으로 꼽히기도 했다.

80 랄프 로렌(Ralph Lauren): 상류사회의 라이프 스타일과 접목된 아메리칸 스타일을 선보인 디자이너로, '내가 파는 것은 옷이 아니라, 꿈입니다'라는 명언으로 유명하다.

것 못지않았다. 집은 대궐같이 넓었고 따뜻했다. 두 형제를 가진 그 집 안엔 가족들이 좋아하는 음식의 향과 기분을 좋게 만들어주는 꽃들의 향기가 온화하게 배어 있었다. 그의 집은 행복했다. 그는 음악 듣는 걸 좋아하셨던 부모님 덕에 당시 일본에서 고가로 구입해온 전축(電蓄)[81]으로 좋은 음악을 들으며 정서적으로 풍요로움과 행복감을 만끽하며 성장할 수 있었다. 건설업에 종사하셨던 그의 아버지의 사업은 정부 주도의 부동산 활성화 대책[82]으로 건설 경기 붐이 일어나 날이 갈수록 번창하였다. 그의 어머니는 집안에서 자식들을 안정되게 키워가며 남편 내조를 열심히 하셨다. 그의 어머니는 가끔씩은 당시 시대 여건으로는 일반적이지 않았던 골프, 수영, 에어로빅 같은 운동으로 건강을 챙기시며 남부럽지 않게 생활하셨다.

달이 차면 기울듯, 1990년대 찾아온 IMF 외환 위기[83]는 그의 집안을 직격(直擊)했다. 중소 건설업 특성상 외상 거래와 사인 간 채무 등을 활용한 사업 운용이 필수였는데, 더 이상 기존의 시스템은 작동하지 않았다. 외상으로 시공해줬던 공사대금은 회수가 어려워졌고, 다른 사람에게서 차입해온 사업자금의 이자는 눈덩이처럼 불어났다. 그의 아버지는 사업을 정상화시키기 위해 동분서주하며 시름했다. 나아질 기미가 보이기는커녕 점점 나락으로 사업은 추락했다. 시름을 잊기 위해 기

---

81 전축: 레코드판의 홈을 따라 바늘이 돌면서 받는 진동을 전류로 바꾸고, 이것을 증폭하여 확성기로 확대하여 소리를 재생하는 음향 장치로 모터, 픽업, 턴테이블 따위로 구성된다.
82 노태우 정권 시절(1988년~1993년) 주택 200만 호 건설 정책 등으로 부동산 경기는 활황을 맞이했다.
83 IMF 외환 위기: 김영삼 정부 때인 1997년 11월에 한국이 가진 외환이 부족해 국제 통화 기금(IMF)로부터 자금 지원을 받은 사건이다. 당시 IMF 구제 금융 사태로 인해 여러 사람이 자살하거나 우량 기업이 외국에 매각되는 등 심각한 경제적 고통을 겪었다.

울였던 소주잔은 그의 건강을 위협했다. 기저 질환으로 앓고 있던 당뇨병으로 인해 합병증이 심해졌다.

눈이 안 보이기 시작했다. 망가진 사업을 일으키려면 밝은 눈으로 세상을 냉철하게 바라봐야 하는데 눈이 보이지 않았다. 우뚝 일어서야 하는 데 다른 사람의 도움이 없으면 화장실조차 편하게 갈 수 없게 돼 버렸다. 그의 아버지는 2000년대 초반 많은 빚을 가족들에게 남겨놓은 채 버거운 짐을 내려놓으셨다.

응석받이 큰아들이었던 그 아이는 살아야 했다. 그리고 집안을 일으켜야 한다고 다짐했다. 그의 그런 다짐은 가족을 끔찍이 아끼셨던 아버지의 정신적인 유산이었다. 아무런 사회 경험도 없는 20대 초반의 그 아이는 아버지가 남겨준 빚이 너무 버거웠다. 몇 살 터울의 어린 동생과 남편이 벌어다 주는 돈으로 생활하며 한 번도 직장 생활이라는 것을 해본 적이 없었던 어머니는 그 빚을 감당할 수 없다는 것을 누구보다 잘 알고 있었다. 종갓집 규수 같았던 그의 어머니는 병원 중환자실에서 간병인으로 일을 하기 시작했다. 인생에 별다른 굴곡이 없었던지라 어머니의 성품은 온화했다. 온화한 성품 덕분에 수발하는 환자들과 관계는 나쁘지 않았지만 속상한 날들이 한두 번이 아니었다. 남편과 아이들을 회사와 학교에 보내놓고 수영이며 에어로빅을 취미로 했던 시간은 꿈만 같았다. 부잣집 사모님 소리를 듣던 그의 어머니는 '간병인 아줌마'가 되어 병실 보조 침대에서 쪽잠을 자야 하는 현실을 받아들여야만 했다.

그 아이는 살기 위해 길을 찾아 헤매었다. 고민 끝에 돈을 받기 어려워질 사람들에게는 한없이 미안했지만, 상속 포기(相續 抛棄)[84]를 통해 아버지가 남겨놓고 가신 빚의 굴레에서 벗어나야만 했다. 그 아이의 꿈은 서울에 있는 명문대학 토목공학과에 진학하여 그의 아버지와 함께 사업을 더 키워나가는 것이었다. 아버지의 부재 그리고 어려워진 가정 형편으로 그 꿈은 산산조각이 나버렸다. 수학능력시험에서 서울에 있는 대학에 진학할 수 있을 정도의 넉넉한 점수를 받았지만 지방 국립대 토목 공학과에 진학했다. 그리고 소위 말하는 '노가다' 공사판 일용직으로 틈틈이 일하며, 학교 도서관, PC방 아르바이트 등 닥치는 대로 생활비를 벌기 위해 고군분투(孤軍奮鬪)했다. 그는 고된 삶 속에서도 미래를 위해 공부하는 것을 게을리하지 않았다. 그리고 마침내 그는 2004년, 대학 4학년 재학 중에 삼성물산 건설 부분에 당당히 입사했다.

대기업에 입사한 그는 생계에 대한 걱정은 한시름 덜기는 했지만, 마음은 여전히 분주했다. 당장 간병인 일을 하시는 어머니 일을 그만두게 할 정도로 수입이 여유롭진 않았다. 네 살 터울 동생의 대학 학비를 모른 척할 수 없었다. 셈에 밝았던 그는 성실히 월급을 저축하는 것만으로는 답이 안 나온다는 것을 직감했다.

그는 투자를 시작했다. 10년 가까이 대기업에서 직장 생활을 했어도

---

[84] 상속 포기(相續 抛棄): 상속이 개시된 후에 상속인이 행하는 상속 거부의 의사 표시이다. 민법은 상속재산이 채무초과(債務超過)인 경우를 고려하여 상속의 승인이나 포기를 상속인에게 선택하게 한다(제1041조). 상속의 포기를 할 수 있는 자(者)는 상속권이 있고 또 상속 순위상에 해당하는 자(者)에 한한다. 상속인이 상속을 포기한 때에는 이해관계인 또는 검사 등에 의하여 가정 법원에 대한 기간 연장의 청구가 없는 한, 상속개시된 것을 안 날로부터 3개월 내에 가정 법원에 포기의 신고를 하여야 한다. (제1041조, 1091조 1항)

마련한 돈이 충분치 않았던 그는 강남구에 조성된 보금자리주택[85]인 'LH강남브리즈힐 아파트' 전용면적 84㎡를 2억 2천만 원에 분양 받았다. 강남브리즈힐 아파트는 토지임대부 주택으로 땅은 LH[86]소유로 매월 땅에 대한 사용료를 내고, 지상권은 아파트 소유자가 갖는 구조의 아파트로 '반의 반값' 아파트라 홍보될 정도로 분양가격이 저렴했다. 당시나 지금이나 일반적인 아파트는 아니었다. 2014년에 입주한 후, 그는 2017년 7.8억 원에 분양받은 아파트를 매도하여 3년 만에 5.6억의 차액을 남긴다.

성공한 투자로 지난날의 불행일랑 떨쳐버리고 행복할 줄만 알았던 그의 인생에 또 다시 위기가 찾아온다. 그의 회사는 납득하기 어려운 이유로 대규모 구조조정[87]을 단행한다. 그렇게 그는 2017년 나이 마흔에 청운의 꿈을 갖고 입사했던 회사를 그만두게 된다. 모진 운명을 한탄하고만 있을 수는 없었다. 어느덧 그를 닮은 아이는 초등학생이 되어 있었고, 세상 탓만 하며 취업은 못하고 허송세월하고 있는 그의 동생 그리고 늙어버린 어머님은 그만 바라보고 있었다. 그가 무너져버리면 집안의 한 축이 무너져버리는 것이었다.

---

85 보금자리주택: 무주택 서민을 대상으로 공공기관에서 직접 공급한 주택으로, 2009년에서 2018년까지 중소형 분양주택과 임대주택 80만 가구 등 총 150만 가구를 공급했다. 공공기관이 직접 도심과 그린벨트 등의 지역에 공급하여, 기존 분양가보다 15% 저렴하였고 대표지구로는 서울 강남지구(서울시 강남구 자곡동, 세곡동, 율현동 일원의 94만㎡), 서울 서초지구(서울시 서초구 우면동과 경기도 과천시 주암동 일원의 36만 3,000㎡), 고양 원흥지구(경기도 고양시 덕양구 원흥동·도내동·용두동 일원의 128만 7,000㎡) 등이 있다.

86 한국토지주택공사(LH공사): 국토교통부 산하 공공기관으로 한국토지공사, 대한주택공사를 통합하여 2009년에 출범한 기관이다.

87 배규민 기자, "'희망퇴직에 유급휴직까지'… 삼성물산 구조조정 '술렁'", 〈머니투데이〉, 2016년 1월 18일, https://news.mt.co.kr/mtview.php?no=2016011411260409233&outlink=1&ref=https%3A%2F%2Fsearch.naver.com, 2020년 12월 21일 접속

그는 직장도 부도 반석(盤石) 위에 올려져 있지 않으면 부질없는 신기루 같다는 것을 절감했다. 흔들리지 않는 부를 이뤄야겠다고 결심했다. 첫 투자와는 달리 신중하게 분석에 분석을 거듭했다. 주택 매각대금과 회사 퇴직금 그리고 대출금을 합하니 대략 9억 원 정도는 마련이 가능할 것으로 판단이 되었다. 그즈음 언론에 고위공직자들의 재산 내역이 연일 보도 되었다. 그는 뒤통수를 세게 두드려 맞은 것처럼 그들의 투자 방식을 따라 하면 적어도 손해 보진 않겠구나 하는 생각이 머릿속에 번쩍 들었다. 그는 자신이 잘 아는 지역의 아파트를 중심으로 고위공직자들이 소유한 아파트를 조사했다. 서울 강남구 보금자리지구에 위치한 '강남래미안힐즈' 아파트가 그의 재정 상황에 맞는 곳이란 판단이 들었다. 2014년에 입주한 아파트였는데 입주 직전까지도 미분양된 곳이 있을 정도로 인기가 많지 않았던 곳이었다. 2014년 입주 당시 분양가격이 7억대 중반이었던 아파트였고, 3년이 지난 2017년에도 다른 아파트는 가격이 많이 올라 있었지만 그 아파트 시세만큼은 지지부진할 정도로 답보 상태였다. 고위공직자 재산을 분석해보니 모 국책 은행장과 모 사정기관의 차관급 공무원이 그 아파트를 가지고 있었다. 그는 '어차피 내가 가진 돈으로는 강남 3구 핵심 지역은 언감생심이고, 잘난 사람 따라가면 손해는 안 보겠지'라고 생각했다. 2017년 5월 8억 9천만 원에 '강남래미안힐즈' 아파트 매매계약을 체결한다.

2020년 그의 아파트는 18억 원 가량의 시세를 형성하고 있다. 약 9억 원의 매각 차익을 기대할 수 있게 된 것이다. 또 2018년 '강남래미안힐즈' 아파트를 담보로 대출을 받아, 2018년에 전세를 끼고 9억 원[88]

---

88 국토교통부 실거래가 공개시스템(http://rt.molit.go.kr/)에는 그가 취득한 주택 가격뿐 아니라 전국 공통 주택의 실거래 가격을 확인할 수 있다.

에 구매한 '고덕래미안힐스테이트' 아파트는 2020년 16억 원 가량의 시세를 형성하고 있다. 이 아파트 역시 입법부, 행정부 권력자 2인이 소유하고 있는 아파트이다. 그 외 상가 2개를 포함하여 그는 어느덧 50억 원대의 자산가가 되었다. 아버지 사업의 몰락 그리고 본인의 실직으로 인생의 큰 부침을 겪었지만 그가 그토록 꿈꿨던 반석 위에 올려진 부에 대한 목표에는 근접한 것 같다.

부자는 혁신이 아니라 모방을 통해 부자가 된다

세계 최고의 부자학 전문가인 루이스 쉬프[89]가 2019년 발간한 그의 저서 『상식 밖의 부자들』에서 10년간 1,000명의 백만장자를 통해 도출해낸 부의 공식 중의 하나는 '혁신이 아닌 모방'이었고, 전 세계적으로 유명 인사인 빌 게이츠[90] 또한, 오러클의 설립자 래리 엘리슨으로부터 아이디어를 훔치기 위해 눈을 부릅뜨고 다니는 사람이라고 노골적으로 비판을 받았다고 설명했다. 또한, 하버드 경영대학원 자료, 비즈니스 브릴리언트 조사 결과는 '평범한 아이디어를 실행에 옮긴 뛰어난 행동력'과 '새로운 것보다 기존의 것을 더 잘하는 것이 중요하다'는 점을 강조한다.[91]

---

89 루이스 쉬프(Lewis Schiff): 부자학 전문가로 이십여 년 동안 부자들의 행동 등에 대한 연구를 진행해 왔다. 그의 저서인 『상식 밖의 부자들』은, 출간 당시 언론으로부터 주목을 받았으며 〈포브스〉지 등으로부터 새로운 부의 원칙이 제시되었다는 평가를 받기도 하였다.

90 빌 게이츠(Bill Gates): 미국의 기업인이자 자선가로 전 세계 PC 운영체제 시장의 무려 대부분을 점유하고 있는 Microsoft 社의 창업자이다.

91 루이스 쉬프, 『상식 밖의 부자들』, 임현경 옮김, 청림출판, 2019, 97~104쪽

부의 목적지에 이르는 길에는 두 갈래의 길이 있다. 하나는 지도(地圖)를 따라가는 길이고, 또 다른 하나는 지도에는 없는 스스로 개척해 나가야 하는 길이다.

지도에 없는 길을 개척해나가는 것은 어딘지 불안하다. 그 길 끝에 장밋빛 미래가 있을 수도 있고, 나락(奈落)으로 떨어지는 고행(苦行)의 시간이 기다리고 있을 수도 있다. 혹자는 그 길이 블루오션[92]일 수 있다고 말한다. 정답은 아무도 모른다. 시대를 그리고 미래를 꿰뚫어 볼 수 있는 혜안이 있다면 지도에 없는 길은 분명한 정답이 되어 줄 것이다. 하지만 쉬운 일은 아니다.

지도에 있는 길을 따라가는 것은 편안하다. 내가 어디쯤에 와 있는지, 얼마만큼 더 가면 목적지에 도착할 수 있는지 가늠해볼 수 있다. 먼저 가본 사람들의 이야기를 들어볼 수도 있고, 그들을 넌지시 관찰하며 나만의 여정을 계획할 수도 있다. 레드오션[93]이라 비판받을 수 있다. 하지만 역사가 그렇지만은 않다고 말해주고 있다. 부를 성취한 수많은 사람들은 기존의 방식을 따르며, 기존의 질서에 자신만의 가치를 이식(移植)해서 부를 일궈냈다.

톨스토이[94]는 그의 명저 『안나 카레니나』에서 '행복한 가정은 모두 모습이 비슷하고, 불행한 가정은 모두 나름의 이유로 불행하다'고 이야

---

92 블루오션 시장(Blue Ocean Market): 현실에 존재하지 않거나 잘 알려져 있지 않아 경쟁이 치열하지 않은 유망한 시장을 일컫는다.

93 레드오션 시장(Red Ocean Market): 기존에 알려진 경쟁이 매우 치열한 시장을 일컫는다.

94 레프 톨스토이(Lev Nikolaevich Tolstoi): 러시아 출신의 소설가이자 사상가로, 대표 저서로는 『안나 카레니나』, 『전쟁과 평화』, 『부활』 등이 있다.

기했다.[95] 먼저 부자가 된 사람의 길에서 공통점을 발견해내고 그 공통점으로 지도를 그려나간다면, 그 지도는 분명 우리를 행복으로 안내해줄 '부의 지도'가 되어줄 것이다.

그렇게 그려진 '부의 지도'는 축적의 산물이다. 서울대학교 이정동 교수[96]는 그의 저서 『축적의 길』에서 대한민국이 기술 선진국으로 가기 위해서는 기술의 축적을 통해 길을 찾아야 된다고 주장했다.[97] 나라가 선진국이 되는 길, 즉 국가가 부자가 되는 방법을 개인에게도 적용하면 부를 이룰 수 있지 않을까? 선진국을 따라잡기 위해 기술의 축적을 활용하는 것처럼 부의 상층부에 올라서기 위해 축적의 산물인 '부의 지도'를 통해 축적의 길을 걷는다면 시행착오를 줄일 수 있을 것이다.

국가와 개인은 엄연히 다르지만, 부를 이루는 원리는 크게 다르지 않을 것이다. 수많은 국가가 첨예한 이해관계로 얽히고설킨 국제적 역학관계 속에서 치열하게 부의 길을 걸어야 하는 국가보다 개인이 걷게 될 길이 한결 수월할 것이다. 수월하지 않아도 걸어야 할 길이기도 하다.

---

95 레프 톨스토이,『안나 카레니나』, 이철 옮김, 범우사, 1995, 제1권 11~52쪽

96 이정동 교수: 서울대 산업공학과 대학원 협동과정 기술경영경제정책 전공 소속이며 한국공학한림원의 정회원(2018), 대통령비서실 경제과학특별 보좌관(2019)으로 활동하고 있다. 한국생산성학회회장(2011), 한국기업경영학회회장(2017)을 역임했고, 아시아태평양 생산성 컨퍼런스 조직위원장(2018)을 맡았다. 서울대 공대 교수 26인이 참여한 『축적의 시간』을 대표 집필했고, 도전적 시행착오를 축적하는 전략을 담은 『축적의 길』 등의 저서가 있다.

97 이정동,『축적의 길』, 지식노마드, 2017, 237~268쪽

CHAPTER 3

왜 권력자들의 부에
관심을 가져야 하는가?

08장
국가는 어떻게 운영되는 것인가?

> 나는 어떤 국가를 원하는가? 내가 바라는 국가는 사람들 사이에 정의를 수립하는 국가이다. 국민 한 사람 한 사람을 수단이 아니라 목적으로 대하는 국가이다. 국민을 국민이기 이전에 인간으로 존중하는 국가이다. 부당한 특권과 반칙을 용납하거나 방관하지 않으며 선량한 시민 한 사람이라도 절망 속에 내버려두지 않는 국가이다.
>
> 〈『국가란 무엇인가』 서문 내용 中〉[98]

세 가지의 권력, 그것의 함의(含意)

「**대한민국 헌법**」(헌법 제10호, 1987. 10. 29., 전부개정)
제40조 "입법권은 국회에 속한다."
제66조 제4항 "행정권은 대통령을 수반으로 하는 정부에 속한다."
제101조 제1항 "사법권은 법관으로 구성된 법원에 속한다."

'삼권 분립(三權 分立)'이란, 국가 권력의 작용을 입법, 사법, 행정의 셋으로 나누어, 상호 간의 견제와 균형을 유지함으로써 국가 권력의 집중과 남용을 방지하려는 통치 원리이다. '석 삼(三)', '권세 권(權)'은 말 그대로 세 가지의 권력을 일컫는다. 입법 권력, 사법 권력, 행정 권력,

---

98   유시민, 『국가란 무엇인가』, 돌베개, 2017

삼권의 분립은 자유주의적인 정치 조직 원리로서 국가 권력의 전횡(專橫)을 방지하여 국민의 자유를 보호하기 위해 창안되었다. 권력 분립의 필요성을 최초로 주장한 사람은 영국의 존 로크[99]였다. 그는 1690년 『Two Treatises of Government』에서 입법권과 집행권의 분리를 주장하였다. 그 후 1748년 프랑스의 몽테스키외[100]가 『De l'esprit des lois』에서 입법권, 사법권, 행정권으로의 삼권 분립을 주장하였다. 이 이론은 1787년 미국 헌법에 처음으로 반영되었다. 그 후 1791년에 프랑스 헌법이 이를 받아들였다. 그 뒤로 삼권 분립주의는 차차 헌법적 원칙으로 발전했고, 오늘날과 같이 민주주의 국가에서는 보편화되기에 이르렀다.

오늘날 우리 모두에게 당연한 국가의 통치원리가 누군가에게는 처절히 피 흘려가며 쟁취하기 위해 독재정권과 싸워야만 했던 숭고한 가치였다.

대한민국 최고 상위법인 헌법 제10조에는 '모든 국민은 인간으로서의 존엄과 가치를 가지며, 행복을 추구할 권리를 가진다. 국가는 개인이 가지는 불가침의 기본적 인권을 확인하고 이를 보장할 의무를 진다'고 규정하고 있고, 제34조에는 '① 모든 국민은 인간다운 생활을 할 권리를 가진다. ② 국가는 사회보장·사회 복지의 증진에 노력할 의무를 진다'고 규정하고 있다.

---

99 존 로크(John Locke): 영국 최초의 계몽 철학자이자 고전적 자유주의의 창시자로 알려져 있다. 그는 그의 주저인 『통치론』에서 군주의 왕권신수설 사상을 반대하고 자연적 권리를 옹호하고, 개인의 자유를 보호하기 위한 제한적인 헌법적 통치를 주장하였다.

100 몽테스키외(Charles-Louis de Secondat): 프랑스의 사상가로 『법의 정신』을 저술하였다. 그의 저서를 통해 사법·입법·행정의 삼권분립 이론적 토대를 마련하였고 이는 근대 민주국가의 사상적 기반되어 미국의 독립 등에도 영향을 주었다.

국민 전체에 대한 봉사자로서 공직자들이 가져야 할 직업 윤리 의식은 우리 헌법에 담긴 가치들이 국민의 삶 속에서 자연스럽게 구현될 수 있도록 노력하는 것이다. 연세대학교 송복 교수[101]는 그의 저서 『특혜와 책임』[102]에서 '국가와 사회로부터 특별한 혜택을 입은 사람이 그렇지 못한 사람들을 배려하는 거룩한 행위가 노블레스 오블리주(nobless oblige)이고, 특혜받은 사람들의 책임은 희생(犧牲)이다'라고 주장했다. 그의 견해는 공적인 영역에서 일하며 또는 국가와 사회로부터 큰 혜택을 받았음에도 사익(私益)추구에만 여념이 없는 사람들에게는 반추(反芻)의 시간을 제공한다. 그 시간 이후의 삶은 각자 선택의 몫일 테지만 그 시간이 줬던 심금(心襟)의 울림은 잊지 말아야 한다.

권력은 권력의 행사(行使)과정에서 그 태생적인 특성으로 인해 돈, 정보, 권한이 집중되기 마련이다.

'법의 집행' 권력인 행정 권력(행정부)은 나라 살림을 총괄하며 국방, 치안, 건설, 재정, 조세, 산업, 금융 등 우리 삶에 밀접한 모든 분야에 예외 없이 광범위한 권한을 갖는다. 합법적인 권한 행사를 위해 정보와 돈(국가재정 또는 예산)의 집중[103]은 당연한 귀결이다.

'법의 제정' 권력인 입법 권력(국회)은 법의 제정을 통해 행정 권력을 견제하고, 민의(民意)를 수렴해 국가가 나아가야 할 지향점을 법을 통

---

101 송복 교수: 서울대학교 문리과대학 정치학과와 신문대학원을 졸업했다. 이스트웨스트 센터 장학생으로 하와이대학교 대학원 사회학과에서 석사 학위를 받았고, 서울대학교 대학원에서 정치사회학으로 박사 학위를 받았다. 1975년부터 2002년까지 연세대학교 사회학과 교수로 재직했으며, 현재는 연세대학교 명예교수로 있다. 그의 저서로는 『열린사회와 보수』, 『자본주의와 사회주의에서의 권위와 불평등』 등이 있다.

102 송복, 『특혜와 책임』, 가디언, 2016, 8~13쪽

103 행정부는 「국가재정법」 등에 따라 정부 예산의 편성 및 집행 기능 등을 갖는다.

해 제시한다. 행정부의 일거수일투족을 감시할 수 있고, 국가 예산의 심사권, 의결권을 통해 행정부의 전횡(專橫)을 견제[104]할 수 있다. 역시나 입법 권력의 합법적인 권한 행사를 위해 정보와 돈의 집중은 행정부와 마찬가지이다.

'법의 해석' 권력인 사법 권력(법원)은 민사, 형사, 행정 소송 등을 통해 이해 당사자 간의 첨예한 법적 다툼에서 법의 해석과 적용의 권한을 행사한다. 또, 법원은 판결을 통해 우리 사회가 지향해야 할 방향을 제시하기도 한다. 사법 권력은 합법적인 권한 행사 중 정보를 수집할 수 있고, 그 정보를 통해 돈의 흐름의 방향을 결정할 수 있다.

권력이 가질 수 있는 돈, 정보, 권한은 개인들이 지닐 수 있는 것과 비견할 수 없을 정도로 광범위하고 막강하다. 권력 기관에서 권력의 행사를 대리하는 자들이 취급하는 정보, 권력의 사용 행태 등을 이해한다면 '부의 지도'에 지름길을 그려낼 수 있다.

국가 예산을 보면 부의 지도가 보인다

삼천리자전거(주식종목번호 024950) 주가는 2013년 11월 12일 종가 기준 1년 전과 비교해 72.38% 올랐다. 이는 자전거 도로가 늘어나면서 레저를 즐기는 인구가 늘어났기 때문이라고 증권 관계자는 전했다. 이에 앞서 2013년 6월 국토교통부 관계자는 자전거 이용자를 위한 자전거 구간 140여 개, 총 756km에 달하는 자전거 전용 도로

---

[104] 국회는 「국정감사 및 조사에 관한 법률」 등에 따라 행정부를 견제할 수 있다.

개통 등 관련 인프라를 계속해서 발전시킬 것이라고 했다.[105]

그린 뉴딜 관련주가 정부 정책으로 수혜를 입게 될 것이라는 기대감에 급등세를 보였다. 2020년 9월 3일 장중 한때 수소 자동차 관련주인 STX중공업은 전 거래일 대비 15.98% 오른 가격에 거래되었고, 효성중공업은 9.54%, 현대에너지솔루션 8.51%, OCI 2.13% 등도 전 거래일과 대비해 상승 흐름을 이어갔다.[106]

2020년 세종시 아파트값은 32%나 상승하여 '10억 클럽'을 눈앞에 두고 있다. 이는 '세종 천도론'이 세종 집값 상승세에 기름을 부은 결과로 보이고, 한국부동산원에 따르면 세종시 아파트값은 2020년 1월부터 8월까지 전국 시도 가운데 가장 높은 상승률을 보였다.[107]

위에서 제시한 사례의 공통점은 국가의 정책으로 인해 특정 지역과 특정 기업의 미래를 달라지게 할 수 있다는 점이다. 그래서 공권력의 힘이 무서운 것이고, 정책의 수립과 집행은 공정해야 하는 것이다. 공정성이 담보되지 않은 정책의 수립과 집행은 여러 가지 부작용을 낳는다. 시각을 달리하여 국가의 정책을 부의 관점에서 바라보면 정책의 방향은 또 다른 '부의 지도'가 되어줄 수 있다.

국가의 정책집행은 적정 규모의 예산 확보를 통해 그 집행력을 담보

---

[105] 이병희 기자, "삼천리자전거, 두바퀴로 어디까지 갈까?", 〈조선비즈〉, 2013년 11월 13일, https://biz.chosun.com/site/data/html_dir/2013/11/13/2013111300399.html, 2020년 12월 30일 접속

[106] 신재근 기자, "그린뉴딜 관련주, 정부 정책 수혜 기대감에 급등", 〈한국경제 TV〉, 2020년 9월 3일, https://www.wowtv.co.kr/NewsCenter/News/Read?articleId=A202009030613&t=NN, 2020년 12월 30일 접속

[107] 이동희 기자, "올해 벌써 32%나 오른 세종 아파트값 '10억 클럽' 눈앞", 〈new1〉, 2020년 8월 18일, https://www.news1.kr/articles/?4028616, 2020년 12월 30일 접속

받는다. 국가권력의 행정행위(行政行爲)[108]는 예산의 여정이라 해도 과언이 아닐 정도로 예산은 행정행위의 중요한 요소이다. 이는 개인별 가정에서도 마찬가지이다. 가용한 재원을 파악하고 이에 맞는 합리적인 소비 계획을 수립하는 것은 국가만이 아니라 개인별 가정에서도 꼭 필요한 원칙이다. 국가의 예산 편성 과정은 민간에서 일반적으로 인식하는 수준과는 달리 차원이 다를 정도로 힘든 과정이다.

국가의 예산에는 민의(民意)를 수렴한 국정철학이 담겨야 하고, 수많은 이해관계자들의 이해를 조율해내야 한다. 그리고 우리 사회가 나아가야 할 방향을 제시하고 이를 선도해나가야 한다. 국제사회에서 우리나라의 위상이 제고(提高)될 수 있도록 숙고(熟考)해야 한다. 증세를 통해 필요한 모든 곳에 예산을 편성하면 좋겠지만 주권자, 즉 국민들이 감내할 수 있고 동의할 수 있는 수준이어야 한다. 그래서 예산 편성 과정은 담당 공무원을 죽음[109]에 이르게 할 정도로 힘든 과정이다.

「국가재정법」 등에 따라 매년 국가는 아래와 같은 예산 편성 과정을 밟는다.

1. 중기사업계획서의 제출: 매년 1월 31일까지 5회계연도 이상의 중기사업계획서를 기획재정부에 제출

---

108 행정행위(Verwaltungsakt, 行政行爲): 행정권의 작용으로서 행정법규를 구체적으로 적용하고 집행하는 행위를 일컫는다.

109 이규하, 한태희 기자, "세종 정부공무원 잇따라 목숨끊어…"정책적 접근·대안마련 시급"", 〈뉴스핌〉, 2018년 8월 14일, http://www.newspim.com/news/view/20180112000171, 2020년 12월 30일 접속

2. 예산안편성지침의 통보: 기획재정부장관은 국무회의의 심의를 거쳐 대통령의 승인을 얻은 다음 연도의 예산안편성지침을 매년 3월 31일까지 각 중앙관서의 장에게 통보

3. 예산요구서의 제출: 각 중앙관서의 장은 예산안편성지침에 따라 다음 연도의 세입세출예산 요구서 등을 작성하여 매년 5월 31일까지 기획재정부장관에게 제출

4. 예산안의 국회제출: 정부는 대통령의 승인을 얻은 예산안을 회계연도 개시 120일 전까지 국회에 제출

5. 예산안의 확정: 국회는 정부에서 제출한 예산안을 회계연도 개시 30일 전까지 심사, 확정

각 단계마다 결정된 예산에 관한 사항은 「공공기관 정보공개에 관한 법률」에 따라 국가의 안위와 관련된 국방, 안보 등에 관한 비공개 사항을 제외[110]하고는 국민 누구나 정보공개 청구가 가능하고 합법적인 범위 안에서 열람이 가능하다. 관련 법상 열람이 불가능한 정보라 하더라

---

110 「공공기관의 정보공개에 관한 법률」제9조(비공개 대상 정보) ① 공공기관이 보유·관리하는 정보는 공개 대상이 된다. 다만, 다음 각 호의 어느 하나에 해당하는 정보는 공개하지 아니할 수 있다.
  1. 다른 법률 또는 법률에서 위임한 명령(국회규칙·대법원규칙·헌법재판소규칙·중앙선거관리위원회규칙·대통령령 및 조례로 한정한다)에 따라 비밀이나 비공개 사항으로 규정된 정보
  2. 국가안전보장·국방·통일·외교관계 등에 관한 사항으로서 공개될 경우 국가의 중대한 이익을 현저히 해칠 우려가 있다고 인정되는 정보
  5. 감사·감독·검사·시험·규제·입찰계약·기술개발·인사관리에 관한 사항이나 의사결정 과정 또는 내부검토 과정에 있는 사항 등으로서 공개될 경우 업무의 공정한 수행이나 연구·개발에 현저한 지장을 초래한다고 인정할 만한 상당한 이유가 있는 정보
  8. 공개될 경우 부동산 투기, 매점매석 등으로 특정인에게 이익 또는 불이익을 줄 우려가 있다고 인정되는 정보

도 국회 예산 확정 후, 각 국회의원실에서 배포하는 보도자료 등을 통해 예산 편성 사항들을 가늠해볼 수 있다.

국가 예산 편성의 과정을 보면 부의 미래를 예측해볼 수 있다. 구체적으로 예산 편성별 단계를 보면,

1. 중기사업계획서: 향후 5개년간의 공공기관별 사업 계획을 확인할 수 있다. 각각의 기관들이 5년간 어떤 분야에 중점을 두고 정책 또는 사업을 집행할 계획인지 중기사업계획서를 통해 확인해볼 수 있다. 정부 주도로 육성하고자 하는 사업이 어떤 것인지 확인할 수 있고, 앞에서 거론한 사례처럼 전도유망한 기업의 실적은 개선되고, 주가는 고공행진을 이어가게 된다.

2. 예산안편성지침: 중기사업계획서와는 달리 다음 회계연도에 실제 집행할 예산을 편성하는 기준으로 국가 주도 정책사업의 방향성을 확인할 수 있다.

3. 세입, 세출예산 각목명세서: 국무회의 및 국회의결을 통해 확정된 예산으로 각 정책 및 사업에 실제 집행될 예산액이 정해지고 특별한 경우를 제외하고는 각목명세서에 기재된 대로 다음 연도에 집행된다.

09장
권력자 모두가 금수저 출신은 아니다

> 11살의 나이에 아버지를 잃은 이후, 소년 가장이 되어 할머니와 어머니, 동생 셋의 부양을 맡았다. 청계천 무허가 판잣집과 천막촌 생활을 전전하며 덕수상고를 다녔고, 가족을 부양하기 위해 졸업도 하기 전 은행에 취직해 야간대학인 국제대학을 다녔다. '세상 누구를 지금의 내 자리에 데려다 놓아도 더 열심히 할 수는 없을 것'이라는 각오로 주경야독한 끝에, 25살이 되던 해 행정고시와 입법고시에 동시 합격했다. 이를 계기로 '고졸 신화'로 이름이 알려진 후로도 자신과 세상에 대한 '유쾌한 반란'을 멈추지 않았다.
>
> 〈『있는 자리 흩트리기』 中〉[111]

유쾌한 반란,
무허가 판잣집 소년 가장, 대한민국 경제수장이 되다

국회 업무를 담당하는 행정부처 공무원들은 국정감사나 정기 국회 시즌이 되면 국회방송을 숨죽여 모니터링한다. 국민의 대표자인 국회의원들의 발언 하나하나 그리고 소속기관 및 유관기관 장관, 차관들이 답변하는 내용의 하나하나를 놓치지 않기 위해서 심혈을 기울인다.

2013년 국정감사 기간으로 기억한다. 국회방송을 모니터링하던 중,

---

111 김동연, 『있는 자리 흩트리기』, 쌤앤파커스, 2017

당시 국무조정실장이었던 '김동연 장관[112]'과 국회의원 간의 설전(舌戰) 수준의 질의응답은 아직도 뇌리 속 깊은 곳에 각인(刻印)되어 있다.

공직생활을 할 만큼 하면서 수많은 행정부 고위관료와 국회의원 간의 설전들을 지켜봐 왔지만, 그는 결이 달랐다. 상대의 무례(無禮)할 법한 질의에도 평정심을 잃지 않았다. 그의 언어는 상대를 배려할 줄 알았다. 때론 수준 낮은 질의도 그의 답변을 통해 의미 있는 어젠다(agenda)로 거듭났다. 그의 언어는 그의 치열한 삶을 반영하고 있었다. 진지했고 숙연했다.

그가 궁금해졌다. 후배 공직자로서 그의 삶이 궁금했고, 그를 닮아보고 싶었고 흉내 내고 싶었다. 그래서 그를 연구했다. 소속기관이 달랐던 필자가 유일하게 그의 언어를 들을 수 있었던 국회 회기 기간에 소속 부처 상관의 말보다 오히려 그의 말을 더 경청했다. 그가 언론 인터뷰에서 추천했던 책들을 읽으며 그가 꿈꾸는 사상과 가치를 가늠해보고 공유해보기 위해 노력했다. 그의 저서 『있는 자리 흩트리기』에 있는 먼저 간 아들을 향한 '때늦은 참회록'을 읽으며 어깨가 들썩일 정도로 새벽녘에 울먹였었고, 일면식(一面識)도 없지만 먼저 떠나보낸 그의 아들과 그의 행복을 기원했었다.

그는 출신 학교부터 여느 성공한 정무직 공무원과는 달랐다. 눈을 의심했다. 그가 공직 생활 대부분을 보냈을 경제기획원, 기획재정부라는 곳은 공무원 중에서도 최고 엘리트들이 근무하는 부처로 정평(定評)이 나 있는 곳이다. 그곳에 근무하는 고위공무원들은 소위 말하는 'S대 상경계열' 출신이 아닌 사람을 찾기 힘들 정도로 실력과 다른 무언가가

---

112 김동연 장관: 국무조정실장, 아주대학교 총장, 경제부총리 겸 기획재정부 장관을 역임하였고, 현재는 사단법인 '유쾌한반란'에서 이사장으로 활동하고 있다.

없으면 버텨내기 힘든 곳이다. 그곳에서 대한민국 최고의 경제수장까지 한 그가 겪어냈을 고뇌와 노력은 짐작하기조차 힘들다.

그는 가난했었다. 일찍 아버지를 여의고 소년 가장으로 생활하며 가정을 책임져야 했다. 청계천 무허가 판자촌에서 생활하면서도 가정 형편 때문에 포기하지 않았다. 그는 노력했다. 그리고 성공했다. 그가 꿈꿨던 것이 부와 명예가 아니었겠지만 그는 어디에서도 실패하지 않았다. 그리고 그는 다시 어려운 형편 속에서도 그 자신을 일으켰던 것처럼 우리 사회를 변화시키기 위한 '유쾌한 반란'을 이어가고 있다. 그래서 그를 존경한다.

> "젊은 시절 나는 세상이 너무 싫어 뒤집고 싶었다. 어려운 환경이 나를 질식시켰고 세상이 너무도 불공평하다는 생각이 들었다. 나를 옥죄는 손오공의 '긴고아' 같은 현실에 반란을 일으키고 싶었고, 남이 던진 '환경'이라는 질문에 나만의 답을 내놓고 싶었다.
>
> 주어진 환경을 뒤집기 위해 몸부림을 치면서 나 자신의 틀에 대한 생각이 들었다. 내가 진정 하고 싶은 일을 찾고 싶었고, 이를 위해 그때까지 쌓아왔던 익숙한 것들과의 고통스러운 결별을, 나에 대한 반란을 시도했다.
>
> 〈『있는 자리 흩트리기』中〉[113]

---

113 김동연, 『있는 자리 흩트리기』, 쌤앤파커스, 2017, 책 앞 표지 후면

고목(枯木)에도 꽃은 핀다

　사회가 다변화되어 가면서 과거 계층 이동의 사다리가 되어주었던 고시(考試)제도에도 많은 변화가 있었다. 대한민국 '3대 고시'라 일컬어졌던 사법고시, 행정고시, 외무고시는 변호사시험, 5급 공개경쟁채용시험, 외교관후보자선발시험으로 명칭이 변경되었고, 명칭뿐 아니라 선발 방식과 채용 문화에도 많은 변화가 있었다.

　우리 사회는 전후(戰後), 민관이 합심하여 빈곤을 떨쳐냈고 압축 성장으로 어느새 국민총소득(명목 GNI)[114] 세계 11위[115]라는 감동적인 스토리를 만들어냈다. 우리의 경험을 배우고자 지금도 개발 도상국 등에서 많은 나라의 관계자들이 한국을 방문하고 있다.

　우리 사회의 역동적인 성장의 배경에는 민간뿐 아니라 정부 주도의 경제 성장 정책[116]의 성과도 간과할 수 없을 정도로 큰 역할을 했다. 소명 의식을 가진 엘리트 공무원들의 밤낮 없는 헌신이 없었다면 지금의 감동은 조금 더 늦게 찾아왔을 수도 있다. 우리 사회의 성장 스토리만큼이나 우리 사회에는 고시를 통해 입지전적(立志傳的)인 스토리를 만들어 낸 사람들이 손에 꼽을 수 없을 정도로 많다. 전현직 대통령, 정부 부처 장차관, 광역단체장, 법관, 국회의원 등 이름만 대면 대한민국 누구라도 금세 알만한 분들의 성공 스토리는 어려운 환경 속에 처한

---

114 국민총소득(GNI: Gross National Income): 한 국가의 국민이 국내외 생산 활동에 참가한 대가로 받은 소득의 합계로서의 경제성장 지표가 국내총생산(GDP)라면, 실질적인 국민소득을 정교하게 반영하기 위해 만들어진 경제지표가 국민총소득(GNI)이다.

115 2019년 기준 한국의 국민총소득은 세계 11위를 기록하였다.

116 정부는 경제 성장을 위하여 대표적으로 1962년부터 1981년까지 경제개발 5개년 계획을 4차례에 걸쳐 추진하였고, '혁신성장' 정책 등 굵직한 경제정책을 이어가고 있다.

이들에게 귀감이 되고 성공을 향한 마중물이 되어준다. 과거 '개천에서 용 났다' 식의 성공 스토리는 계층의 고착화(固着化)로 인해 더 이상 찾아보기가 어렵게 될지도 모른다. 하지만, 기회는 가진 자의 것만은 아니다. 간절히 원하는 자의 것이기도 하다.

필자는 서울대학교 이재협, 이준웅, 황현정의 「로스쿨 출신 법률가, 그들은 누가인가? - 사법연수원 출신 법률가와의 비교를 중심으로」 (2015)[117] 논문에서 희망의 증거를 어렵게 찾을 수 있었다. 이 논문은 1,020명의 법률가에 대해 설문조사 방법을 사용하여 로스쿨 1기[118]부터 3기 졸업 법률가를 표본집단으로, 동시대 사법연수원을 수료한 (40~43기) 법률가를 비교집단으로, 로스쿨 도입 이전에 사법연수원을 수료한(39기 이전) 경력법률가를 평가집단으로 하여 연구를 진행하였다.

> 연구결과 1) 가구소득 부분은, 로스쿨 졸업 법률가의 가구소득은 월평균 1천63만 원으로 사법연수원 졸업 법률가 1천89만 원에 비해 통계적으로 유의한 차이가 없었으나, 두 집단 모두 월평균 가구소득이 1천만 원이 넘는 것으로 나타나 상위소득 계층에 속함을 확인할 수 있다.
>
> 2) 부모의 사회경제적 배경은, 부모의 학력을 살펴보면 전체 법률가 집단에서 대졸 이상의 비중이 50%에 가깝게 나타났고, 대학원 이상의 고학력자의 비중도 상당(아버지 21.9%, 어머니 7.1%)한 것으로 조사되었다. 일반적으로 법률가들은 부모가 고학력인 집안에서 배출되었고, 이러한 경향은 시간이 지나면서 더욱 뚜렷하게 나타나고 있다.

---

117 이재협·이준웅·황현정, 「로스쿨 출신 법률가, 그들은 누가인가? - 사법연수원 출신 법률가와의 비교를 중심으로」, 서울대학교 법학 제56권 제2호, 2015년 6월, 367~411쪽

118 우리나라 '로스쿨'은 2009년 도입된 이후, '사법고시'와 병행되어 법조인을 양성하였으나, 2017년을 끝으로 사법고시가 폐지되면서 로스쿨로 법조인 양성이 일원화되었다.

⟨응답자 고등학교 졸업 시 부모의 학력⟩

구분	아버지					어머니				
	로스쿨	40-43기	34-43기	33기 이전	전체	로스쿨	40-43기	34-43기	33기 이전	전체
초졸이하	2	7.1	10.2	18.4	8.2	4.6	7.7	15.0	36.0	13.4
중졸	3	4.4	6.6	14.9	6.3	7.6	12.1	12.3	13.7	11.1
고졸	24	23.1	25.2	22.4	23.8	32.8	34.3	31.3	29.7	32.4
전문대졸	3.6	2.4	1.3	2.3	2.5	3	3	2.6	2.3	2.8
대졸	39.8	39.1	36.7	31.6	37.5	41.1	35.4	33.0	16.6	33.3
석사	15.5	14.6	12.4	6.3	12.9	8.9	5.4	4.4	1.7	5.6
박사	12.2	9.2	7.5	4.0	8.8	2	2	1.3	0.0	1.5

3) 가족 중 법률가 여부는, 법률가 전체를 놓고 볼 때 부모 중 법률가가 있는 경우는 3.4%, 가족(부모, 배우자, 형제, 자매) 중 법률가가 있는 비중은 8.9%였다. 또한 가족 및 친척 중 법률전문가가 있다는 비중은 30.3%에 달했다.

위 논문을 보며 계층 간의 단단한 장벽에 절망할 수도 있다. 그렇지만 행간(行間)을 보면 한 줄기 희망의 빛을 찾을 수 있다. 상층부로 이동할 수 있는 사다리가 완전히 걷어차이진 않은 것이다. 「교육기본법」 제8조에는 '① 의무교육은 6년의 초등교육과 3년의 중등교육으로 한다. ② 모든 국민은 제1항에 따른 의무교육을 받을 권리를 가진다.'라고 규정하고 있다. 한국 사회에서 중등교육, 즉 중학교 학력으로 부를 일궈내며 살아가기가 힘들 것이란 사실은 객관적 데이터[119]를 들이밀지 않더라도 충분히 짐작되고도 남는다.

---

119 고용노동부, 「2019년 고용형태별근로실태조사 보고서」, 14~48쪽 (발간등록번호: 11-1490000-000336-10)

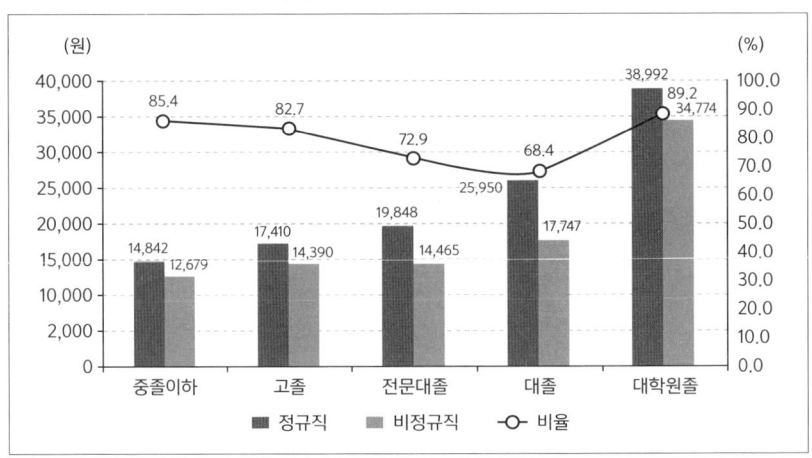

〈학력별 시간당 임금총액〉

(단위: 원, %)

구분		전체근로자	정규직근로자	비정규직근로자
전체		20,573	22,193	15,472 (69.7)
	중졸이하	13,670	14,842	12,679 (85.4)
	고졸	16,368	17,410	14,390 (82.7)
	전문대졸	18,988	19,848	14,465 (72.9)
	대졸	24,974	25,950	17,747 (68.4)
	대학원졸	38,313	38,992	34,774 (89.2)

주: 1. 특수형태근로종사자는 제외.
    2. ( )는 정규직 대비 비정규직근로자의 시간당 임금총액 비율.

    그럼에도 불구하고 부모의 학력 기준으로 아버지가 14.5%(초졸 이하 8.2%, 중졸 6.3%), 어머니가 24.5%(초졸 이하 13.4%, 중졸 11.1%) 비율로 중졸 이하의 학력을 가진 가정의 자녀가 법조인[120](法曹人) 또는

---

120 법조인(法曹人): 일반적으로 법률 사무에 종사하는 사람. 판사, 검사, 변호사 등 법률 실무에 종사하는 사람을 이른다.

예비 법조인이 되었다.

고시를 합격한 사람들은 예비 권력자 후보군 중에 하나다. 사법고시를 합격한 사람이 3부 요인[121] 중 하나인 대법원장이 되고, 각 부처의 장관 그리고 국회의원이 되기도 한다.

권력자 모두가 금수저 출신은 아닌 것이다.

---

121 3부 요인: 대통령, 국회의장, 대법원장을 일컫는다.

10장
최고 권력자들은
어떤 권한과 정보를 가지고 있을까?

> 훌륭한 목민관(牧民官)이 되려거든 반드시 자애(慈愛)로워야 하며,
> 자애로워지려면 반드시 청렴해야 하고,
> 청렴(淸廉)해지려면 반드시 검약해야 한다.
>
> 〈『목민심서』의 '율기육조(律己六條)' 5조 절용(節用) 中〉[122]

유독 챙기던 그 땅은 '지방의원의 땅'

우리 사회의 부패 근절을 위한 노력은 2002년 「부패방지법」을 시작으로, 2015년 소위 '김영란법' 이라 불리는 「부정청탁 및 금품등 수수의 금지에 관한 법률」 제정까지 단기간에 세계가 주목하는 성과[123]를 이뤄낼 만큼 숨 가쁘게 달려오고 있다. 하지만, 국제투명성기구(TI,

---

122 목민심서(牧民心書): 조선 실학자 '다산 정약용'의 대표 저작으로, 전라도 강진에서 18년간 귀양살이를 하며 목민관이 지켜야 할 도리에 대하여 저술한 책이다.

123 청렴도 측정제도: 국민권익위원회 주관으로 공직자와 민원인 등을 대상으로 부패 관련 설문 조사를 실시하여 각 공공기관의 청렴도를 측정하고, 이 결과를 국민에게 알려 공공기관 스스로 청렴 문화가 우리 사회에 정착될 수 있도록 노력하게 만든 제도로 2012년 'UN 공공행정상'을 수상하였다.

Transparency International)¹²⁴에서 발표한 2019년 국가별 부패인식지수(CPI, Corruption Perceptions Index)¹²⁵에서 한국은 180개국 중 39위를 차지하는 역대 최고 성과를 냈지만, 우리의 경제 규모나 국제적 위상에 비하면 아직 갈 길이 먼 것이 현실이다.

사정기관(査定機關)에 근무하는 공직자들은 기관 특성상 미담(美談)사례보다는 악취가 진동하는 부패사례를 접하는 경우가 비할 수 없을 정도로 많다. 특히나, 1988년에 개정된 「지방자치법」을 근거로, 1991년에 본격 시행된 '지방의회' 제도 운용의 주축인 지방의원은 '주민이 위임해준 권한으로 지방 권력을 감시한다.'라는 의무의 본질은 외면한 일부 몰지각한 지방의원들로 인해 지역민들의 공분(公憤)을 사기도 하고, 지방의회 제도의 도입 취지를 무색하게 만들기도 하고 있다. 2011년 「지방의회의원 행동강령」¹²⁶제정으로 공정한 직무수행을 위해 지방의원이 준수해야 할 기준이 마련되었지만 우리 사회 부패인식지수(CPI) 개선의 필요성만큼이나, 국민이 바라보는 지방의원에 대한 인식 수준과 현실 사이의 간극(間隙)은 간단치 않다. 일부 의원은 자신의 친인척들이 관계자로 있는 업체에 관급(官給)공사¹²⁷를 몰아주는가 하면 심지

---

124 국제투명성기구(TI: Transparency International): 1993년 설립된 국제 비정부기구(NGO)로 전 세계적인 부패근절 목표실현을 위해 노력하고 있는 시민단체로 본부는 독일 베를린에 소재하고 있다.

125 부패인식지수(CPI: Corruption Perceptions Index): 괴팅겐대학의 요한 람스도르프 교수와 국제투명성기구가 협업하여 만든 지표로, 각국의 공무원 및 정치인 등이 해당 국가의 부패를 조장하는지에 대한 인식을 조사하여 산출하는 지표로 1995년부터 매년 발표되고 있고, 한 국가의 청렴도를 가늠해 볼 수 있는 주요 국제지표 중 하나이다.

126 행동강령(行動綱領): 부패방지법에 근거하여 대통령령으로 제정, 법적 구속력을 갖춘 윤리규범을 일컫는다.

127 관급공사(官給工事): 국가기관이나 공공기관에서 발주하여 대금을 집행하는 공사를 일컫는다.

어 의원 자신이 차명으로 운영하는 업체에 각종 혜택을 주기도 한다.

　국내 지상파 방송사에서 지방의원 3,692명이 보유하고 있는 토지를 조사해봤더니, 지방의원들이 가지고 있는 땅은 총 6억㎡로 의원 1인당 평균 축구장 20개 정도의 크기의 땅을 가지고 있는 것으로 조사되었다.[128] 또, 해당 방송사에서는 경기도 ○○시 의회 A의원은 2013년 8억 원에 구입한 땅을 6년이 지난 뒤 16억 원에 되팔아 막대한 차익을 얻은 것으로 조사되었고, A의원의 의정활동 과정 중 '자신이 소유하고 있는 땅'이 포함된 복합 단지 문제를 19차례나 언급한 것으로 확인되었다고 보도하기도 하였다.

　이러한 행태는 비단(非但) 일탈을 감행한 일부 지방의원들만의 이야기는 아닐 것이라는 국민적 인식이 우리 사회 저변에 깔려 있는 것이 현실이다. 2016년 한국개발연구원(KDI)과 경제협력개발기구(OECD)가 한국 정부 신뢰도를 조사한 결과, 응답한 국민 중 절반 이상은 정부의 공익 활동에 낮은 신뢰도를 보였다. 또, 공공보건기관, 학교기관, 시민단체, 언론, 법원, 지방정부, 행정부, 지방의회, 국회 순으로 공공기관에 대한 신뢰수준이 점점 낮아지는 것으로 조사되었다.[129] 조사결과의 근간(根幹)에는 우리 사회 내 권력자들의 과거 부정한 행태가 자리 잡고 있음은 부인할 수 없는 현실이다.

128　배정훈 기자, "유독 챙기던 그 땅은 "의원님 땅"… 재산 추적해봤습니다.", 〈SBS뉴스〉, 2020년 10월 5일, https://news.sbs.co.kr/news/endPage.do?news_id=N1006009830, 2020년 12월 30일 접속

129　박정환 기자, ""국회의원 신뢰도 꼴찌"… KDI · OECD, 韓정부 신뢰조사", 〈news 1〉, 2018년 11월 30일, https://www.news1.kr/articles/?3490000, 2020년 12월 30일 접속

치열했던 예산편성 과정 그리고 허탈한 소회(所懷)

세종 관가(官家)에 위치한 기획재정부는 예산시즌이 도래하는 매년 6월에서 8월은 정부 예산을 한 푼이라도 더 따내기 위한 각 부처 관계자들로 인산인해(人山人海)를 이룬다. TV에서나 봤던 낯익은 광역자치단체의 장(長)을 지내고 있는 정치인이나 전도유망(前途有望)한 고위공무원들을 예산시즌에 기획재정부에서 보는 것은 어렵지 않은 일이다. 이들은 각 기관에서 필요한 국가 예산을 한 푼이라도 더 얻어내기 위해 기재부 문턱이 닳을 때까지 찾아가고 또 찾아간다. 일반적으로 국가 예산은 기획재정부에서 4차례의 심의를 거쳐 정부안을 확정 짓고 국무회의 의결 뒤, 8월에 국회에 제출된다. 정부안이 확정되는 순간까지 각 기관 예산 담당자들은 평일 주말 구분없이 초주검의 상태로 하루하루를 보낸다. 기재부에서 예산 편성을 위해 요구하는 자료는 방대하고 제출요구기한 또한 촉박하다. 기재부에서는 각 기관에서 제출한 자료와 사업설명 내용을 토대로 1차 심의에서 국정철학 등을 반영한 국가 예산의 얼개를 정한다. 2차, 3차, 4차 심의를 통해 세부적으로 정해진 얼개를 채워나가고 예산을 정교하게 만들어 정부 예산안을 확정 짓는다. 1차, 2차 심의과정이 주로 예산실무자의 몫이라면 3차 이후 심의부터는 권력자들의 힘이 절대적으로 필요하다. 이를테면 기재부 2차 심의 때까지 반영되지 않았던 각 부처 예산 중 반드시 편성되어야 되는 예산은 우선순위를 정하여 어떤 예산은 해당부처 1급 공무원이 기재부 간부나 담당 사무관에게 필요성을 설명해 반영시키도록 노력하고, 그것으로도 안 되면 해당 부처의 장관, 차관이 나서고 그래도 안 되면 각종 공식 비공식 채널을 총동원하여 예산반영을 위해 노력한다.

이러한 노력을 부정적으로 바라볼 필요는 없다. 예산편성이라는 것도 시스템에 의해 이뤄지는 것이기는 하나, 결국은 사람이 하는 일이고 문턱이 닳도록 찾아와 예산반영을 위해 노력하는 사람을 예산 당국자 입장에서 배려하고 싶은 것은 인지상정(人之常情)이다. 또한 이러한 노력은 사익추구를 위한 것이 아니고 본인이 담당하고 있는 공적인 분야에 쓸 재원을 마련하기 위한 노력의 일환이니 비판받아야 될 사안이 아니라 오히려 그 열정에 갈채(喝采)를 받아야 하는 사안에 가깝다. 각 부처 예산 편성을 총괄하는 자리에서 근무한 경험이 있는 담당급 실무자들은 기재부 3차, 4차 예산심의 단계에 이르면 무력감 내지 허탈감을 느끼는 경우가 허다하다. 1차, 2차 심의단계에서 예산반영을 위해 수많은 자료를 밤을 새워가며 준비하고 기재부 담당 사무관을 찾아가 사업설명을 수도 없이 해도 반영되지 않던 사업예산이 1급 이상 공무원, 장관, 차관급 고위공무원들이 나서면 어렵지 않게 기재부 예산담당 공무원이 설득되는 모습을 확인하게 된다.

물론 각 부처 예산담당 공무원들을 통해 사전에 충분히 예산 필요성을 공감한 예산 당국의 판단이 있었기에 가능한 결정이었을 테지만, 이럴 거였다면 시간 낭비하지 말고 각 부처 장관급 고위공무원에게 처음부터 부탁하여 고위급에서 원샷(one-shot)으로 예산안을 관철시키는 것이 효율적이지 않았을까 하는 푸념 어린 생각도 들게 마련이다.

국가 예산의 기틀을 마련하는 행정부 예산안 확정 과정에서 행정부 고위공무원들의 영향력은 막강하다. 정부가 주관하는 정책과 사업이란 것들이 결국은 사람 손에 의해 입안되고 집행될 수밖에 없는 것이다. 그 과정의 정점에는 권력자들이 있기 마련이다. 그들의 철학, 가치 그리고 결심에 따라 국가운영의 세부적인 사항들이 정해진다. '악마는 디

테일에 있다(The devil is in the detail)'라는 표현처럼, 국민의 전폭적인 지지를 받고 정권을 잡은 위정자(爲政者)들도 각 부처 고위공무원 등을 통해서 그들이 국민으로부터 위임받은 권한을 행사할 수 있다. 그래서 권력자로 칭할 수 있는 고위공무원들의 공적 가치를 존중하고 준수하기 위해 노력하는 직업윤리와 이를 실현하기 위한 디테일(detail)이 무엇보다도 중요한 것이다.

매년 8월 정부예산안이 확정되고 국회에 정부예산안이 제출되면 국회의 시간이다. 각 부처를 담당하는 소관 상임위에서 예산안 심사를 시작하여 예결위 심사, 본회의 표결을 통해 차년도 국가예산을 확정한다. 이쯤 되면 정부 부처 예산 담당자들은 파김치가 된다. 비교적 같은 행정 부처 공무원이라는 동료 의식에 예산 당국 공무원으로부터 받았던 보이지 않는 배려는 온데간데없이 처절한 제로섬 게임[130](zero-sum game)의 참여자로 입술이 바싹바싹 마르는 시간을 보낸다. 이 과정 중 우리는 수많은 언론 보도를 접한다. 쪽지 예산이 반영되었다느니, 어떤 지역구 의원이 지역 숙원사업 해결을 위해 노력한 결과 국가예산 수십억 원을 반영하였다느니 식의 보도들이 국회의원실 보도자료 등을 통해 언론지를 장식한다. 소위 힘 있는 국회의원일수록 지역구 예산을 더 많이 확보하고 이를 대대적인 홍보수단으로 활용한다. 또 이를 통해서 일 잘하는 국회의원이라 평가받고 다음번 국민의 선택을 기대할 수 있게 된다. 이 또한 지역주민들을 위해 노력한 그들의 선의(善意)이니 비판받아야 할 사항은 아니다. 적어도 사익추구를 위해 본인이 가진 권

---

130 제로섬 게임(zero-sum game): 한쪽의 이득과 다른 한쪽의 손실의 합은 제로가 되는 게임을 일컫는 용어로, 내가 게임에서 10을 얻으면 상대가 10을 잃게 되어 결국에는 총합은 변동이 없는 게임을 말한다.

한을 행사하지 않았다면 말이다.

  권력자들의 권한이란 이런 것이다. 수십 년간 누적된 시스템을 기반으로 만들어가는 국가 예산이 그들의 판단과 결정에 따라 크고 작은 흐름이 바뀔 수 있다. 이 흐름의 변화를 통해 어떤 지역, 어떤 산업은 흥망성쇠(興亡盛衰)가 결정되기도 한다. 이 흥망성쇠는 소시민들의 삶과 직결되어있는 아파트 가격, 땅값, 주가 변동 등에 민감하게 작용한다. 이 흐름을 읽을 수 있으면 부의 지름길에 근접한 것이다. 권력자들이 부의 길을 쉽게 찾을 수 있는 이유는 그들이 맡은 직무가 이러한 흐름을 결정할 수 있는 권한을 가지고 있고, 이러한 흐름을 이해해야만 그들이 맡은 소임을 성공적으로 수행할 수 있기 때문이다.

  이러한 권력을 가지지 않았다고 해서 부를 이루지 못할 것이라 좌절할 필요는 없다. 우리는 권력자들의 결정과 행보를 얼마든지 합법적으로 지켜볼 수 있다. 그것도 영화 〈트루먼 쇼〉[131]의 주인공을 지켜보는 것처럼 언제든 원하는 시간에 그들이 그려나가고 있는 '부의 지도'를 확인할 수 있다.

---

131 〈트루먼 쇼(The Truman Show)〉: 1998년 개봉된 영화로, 작은 섬에서 평범한 삶을 살아가는 보험 회사원의 일상이, 사실은 세계 각국에 중계되고 있었고 연출이었다는 설정의 영화로 미국 영화 배우 '짐 캐리(Jim Carrey)'가 열연하였다.

11장
우리는 권력자들이 가진
부(富)를 볼 수 있게 되었다

> 청관(淸官)의 해악(害惡)이 탐관(貪官)의 것보다 더 크다.
> 소인(小人)이 나랏일을 그르치게 되면 구제할 수 있지만,
> 군자(君子)가 나랏일을 그르치면 구제할 방법이 없다.
>
> 탐관의 해악은 백성에게 미치나,
> 청관의 해악은 아들, 손자에게까지 미친다.
>
> 〈명나라 사상가 '이탁오' 격언 中〉[132]

감시받지 않는 권력은 부패한다

권력의 부정적인 속성인 '부패'와 '권한의 남용'에 대해 이미 우리 민족은 오래전부터 인식하고 있었고, 이를 막기 위한 제도적인 노력의 흔적들을 역사 속에서 찾는 것은 그리 어렵지 않은 일이다.

삼국시대 신라 진흥왕 5년(544년)에 백관(百官), 지금의 공무원에 해

---

[132] 이탁오(李卓吾, 1527~1602): 명나라의 사상가로 당시 시대를 지배하고 있던 유교적 권위에 맹목적으로 따르지 않고 자아중심의 사상을 주장하였다. 또, 그는 금욕주의·신분차별을 부정하며 남녀평등을 주장한 것으로 기록되어있다. 이후 반(反)유교적이라는 이유로 박해를 받아 죽었다.

당하는 관리를 감찰(監察)하는 중앙관제에 '경(卿)'이 설치되었다. 태종 무열왕 6년(659년)에는 '경'이 '사정부(司正府)'로 확대되었고, 사정부에는 영(令) 1명, 경(卿) 2명 등을 두었다고 기록되어 있다. 영(令)은 지금의 장관에 해당하고, 경(卿)은 지금의 차관에 해당한다고 볼 수 있다. 이러한 사정부는 훗날 외사정, 내사정전, 사헌대, 어사대, 사헌부 등의 명칭으로 변천하며 시대의 소명(召命)을 다하기 위해 노력하였다. 문명국가의 시대로 접어든 이후 심계원, 감찰위원회에서 회계감사 및 감찰 기능을 수행하다가 1963년 현재의 감사원으로 통합되어 그 명맥(命脈)을 이어나가고 있다.

이러한 권력 감시 제도는 우리 한반도뿐 아니라 동서양을 막론한 문명국가의 대부분에서도 국민으로부터 위임되어 주어진 권력이 절대권력으로 변질되지 않도록 다양한 형태로 운영되고 있다.

근래 한국의 경우, 국제투명성기구에서 발표하는 국가별 부패인식지수(CPI, Corruption Perceptions Index) 결과는 매년 30위~40위권에서 답보 상태에 있어 국민들이 체감하는 바와 다소 거리감이 있을 수 있겠지만, 한국의 반부패 정책 및 제도에 관한 위상은 선진국 어느 국가와 비교해도 손색이 없을 정도로 발전해 있다. 반부패 정책으로 UN 공공행정상을 수상한 이력이 이를 뒷받침한다. 2020년에는 제19차 국제반부패회의를 유치하여 개최할 정도로 국제적 위상이 높아지고 있다.

필자는 북유럽 반부패 선진국인 덴마크 검찰청(State Prosecutor)과 노르웨이 의회 옴부즈맨(Parliamentary Ombudsman) 관계자들과 교류할 기회를 가진 적이 있었다. 전 세계 반부패 분야에서 수위(首位)를 다투는 두 국가도 한국이 가지고 운영하고 있는 반부패 정책에

비하면 별다를 것이 없었다. 오히려 그들이 한국의 공공기관 청렴도 측정[133], 부패영향평가제도[134] 등 반부패 정책의 선진성에 더욱 놀라는 반응을 보였던 것으로 기억한다. 그럼에도 우리가 그들보다 국제사회에서 박한 평가를 받는 이유는 사회 저변에 깊이 자리 잡고 있는 부패에 대한 인식이 그들을 따라가지 못한다는 것이다.

2019년 국민권익위원회에서 발표한 부패인식도 조사 종합 결과[135]는 일반 국민이 느끼는 우리 사회 부패수준의 인식과 권력자를 포함하는 공무원 집단의 인식에 상당한 차이가 있는 것으로 드러났다. 이 인식의 괴리는, 권력자를 위시(爲始)하여 공복(公僕)들의 인식의 양태(樣態)가 '갈라파고스 신드롬'[136]에 빠져 있는 것은 아닌지 되돌아보게 만든다.

---

133 공공기관 청렴도 측정제도: 공공기관의 업무를 직접 경험한 국민, 공직자에게 설문조사를 실시한 결과와 해당 기관의 부패발생 현황을 종합해 청렴수준을 진단하는 제도를 일컫는 것으로 국민권익위원회가 2002년부터 매년 공공기관을 대상으로 청렴도를 측정해 공개해오고 있다.

134 부패영향평가제도: 모든 법령, 제도상의 부패유발요인을 체계적으로 도출하고 이를 제거하는 평가시스템을 통해 부패를 통제하는 장치로, 중앙행정기관 등은 소관 법령 등의 제·개정시 반드시 국민권익위원회의 부패영향평가제도를 거치도록 되어 있다.

135 〈출처: 국민권익위원회 누리집, 청렴자료실〉

136 갈라파고스 신드롬(Galapagos Syndrome): 자신들의 표준 또는 주장만을 고집하여 현실과는 괴리되는 현상을 일컫는다.

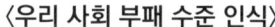

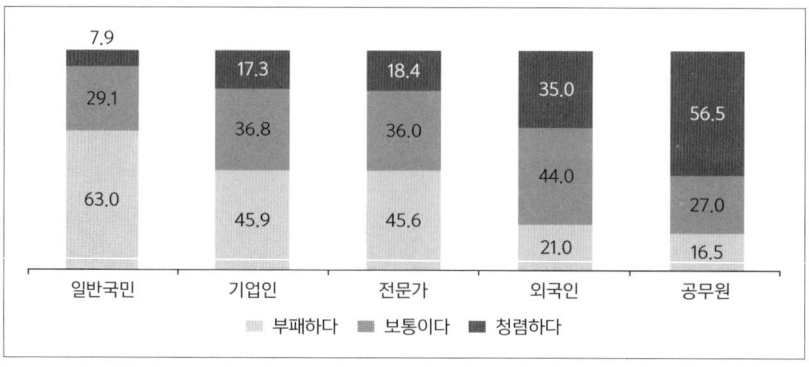

부패 문제 해결을 위한 최우선 과제가 무엇인가라는 주제의 질문에는 '부패 행위 적발, 처벌의 강화', '사회 지도층 및 고위공직자에 대한 부패 감시 활동 강화' 등의 순서로 응답되었다.

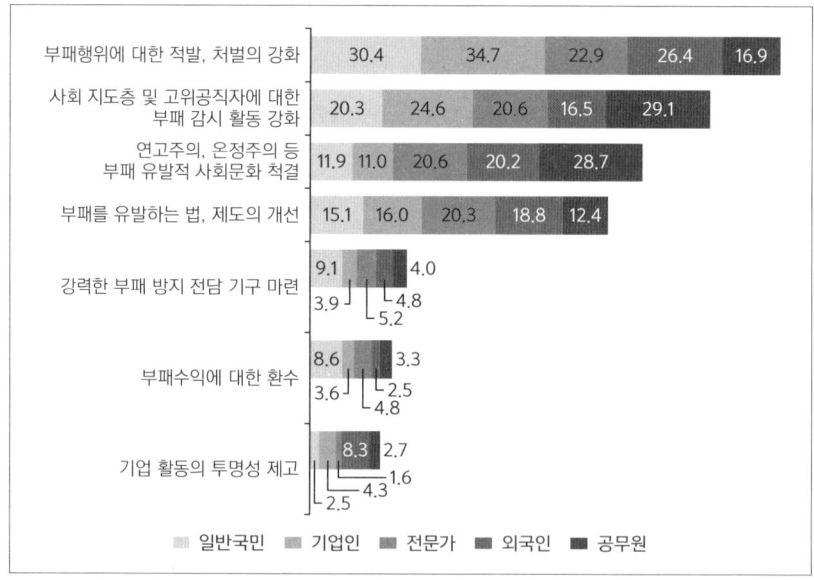

권력자들의 부(富)를 감시할 수 있게 되었다

권력자가 부패하는 원인을 분석해보면 열에 아홉은 금전적인 이득을 취하기 위해 본인에게 주어진 권한을 오용(誤用)하거나 남용(濫用)한 것이 원인으로 분석된다. 결국 돈 때문인 것이다. 정부는 권력자 부패의 최종 종착점인 '부', 그 부의 부당한 증식을 방지하기 위해 1981년에 최초로 「공직자윤리법」을 제정하며 공직자에게 재산등록의 의무를 부과하였다. 1981년 당시 제정된 법률은 등록의무를 부여했을 뿐 등록의무자의 재산에 관한 등록사항은 비공개를 원칙으로 했다. 권력자들에게 재산등록의 의무는 부여했지만, 사실상 국민에 의한 민주적 통제에는 어려움이 있었던 것이다.

그로부터 십여 년 남짓한 시간이 흐른 1993년에 「공직자윤리법」이 개정되어, 고위공직자의 경우 재산공개를 의무화하도록 법제화되었다. 이후 몇 차례 개정을 거쳐 현재는 '재산등록 의무가 없는 자', '재산등록 의무가 있는 자'와 '재산등록의무 및 재산공개 의무가 있는 자' 세 분류로 구분되어 제도가 운용되고 있다.

'재산등록 의무가 없는 자'는 대부분 5급 이하로 이권(利權)과 관계가 적은 공무원이 대상이고, '재산등록 의무가 있는 자'는 4급 이상 공직자로 이권과 관련이 있거나 수사, 세무, 감사, 인허가 담당 공직자 등 비교적 큰 영향력을 가진 공무원이 대상이다. 본 저(著)의 주요 분석 대상인 '재산등록 의무 및 재산공개 의무가 있는 자'는 소위 말하는 막강한 권한을 가진 고관대작(高官大爵)이 대부분이다. 세 그룹을 요약해 정리해보면 다음과 같다.

구분	대상자	재산 내역 열람 가능 여부
재산등록 의무가 없는 자	5급 이하 공직자	×
재산등록 의무가 있는 자	4급 이상 공직자 또는 이권과 관련 있는 공직자	×
재산등록+재산공개 의무가 있는자	1급 이상 공직자 등	○

「공직자윤리법」 제10조에 따른 재산공개 대상자[137]는 다음과 같다.

① 대통령, 국무총리, 국무위원, 국회의원, 국가정보원의 원장 및 차장 등 국가의 정무직 공무원
② 지방자치단체의 장, 지방의회의원 등 지방자치단체의 정무직 공무원
③ 일반직 1급 국가공무원 및 지방공무원과 이에 상응하는 보수를 받는 별정직 공무원
④ 직무등급이 12등급 이상 14등급 이하의 직위의 외무공무원 또는 고위공무원단에 속하는 외무공무원, 국가정보원의 기획조정실장
⑤ 고등법원 부장판사급 이상의 법관, 대검찰청 검사급 이상의 검사
⑥ 중장 이상의 장관급 장교
⑦ 교육공무원 중 총장·부총장·대학교의 학장 및 전문대학의 장과 대학에 준하는 각종 학교의 장, 특별시·광역시·특별자치시·도 등의 교육감·교육장 및 교육위원
⑧ 치안감 이상의 경찰공무원 및 특별시·광역시·특별자치시·도의 지방경찰청장, 소방정감 이상의 소방공무원
⑨ 지방 국세청장 및 3급 공무원 또는 고위공무원단에 속하는 공무원인 세관장
⑩ ③~⑥, ⑧ 및 ⑨의 공무원으로 임명할 수 있는 직위 또는 이에 상당하는 직위에 채용된 계약직 공무원
⑪ 공기업의 장·부기관장 및 상임감사, 한국은행의 총재·부총재·감사

---

137 2020년 3월 26일 '대한민국 관보'에 게재된 기준으로 총 2,351명(입법부: 323명, 사법부: 163명, 행정부: 1,865명)이 재산공개 대상자이다.

및 금융통화위원회의 추천직 위원, 금융감독원의 원장·부원장·부원장보 및 감사, 농·수산업 협동조합중앙회의 회장 및 상임감사
⑫ 공직유관단체의 임원
⑬ ①~⑫까지의 직에서 퇴직한 사람(퇴직한 등록의무자는 퇴직 후 1개월 이내에 그해 퇴직일까지의 재산 변동사항을 퇴직 당시의 등록기관에 신고해야 함)

권력자들의 부(富), 어느 곳에서 어떤 것까지 볼 수 있나

권력자들의 재산공개 사항은 '대한민국 전자 관보[138]'(인터넷 주소: gwanbo.mois.go.kr)를 통해 확인할 수 있다.

입법부는 국회공직자윤리위원회, 행정부는 정부공직자윤리위원회, 사법부는 대법원공직자윤리위원회를 두고 매년 3월 말경 전년도 12월 말 기준 재산공개 대상자들의 재산등록 사항을 공개한다. 또, 비정기적으로 권력자들이 바뀌는 경우 이를 수시로 공개하고 있다. 권력자의 부에 관심이 있는 언론, 시민 단체 등은 오래전부터 관보에 게재된 권력자들의 부를 분석하여 다양한 형태의 보도자료 등을 발간하고 있다.

그렇다면 어느 정도 수준의 자료들이 공개되는 것일까? 실제 공개된 자료[139]를 아래 소개해본다.

---

138 관보(官報): 국민들에게 알릴 사항을 편찬하여 공고하는 국가 기관지를 일컫는다.
139 실제 공개된 자료에서는 재산공개 대상자의 소속, 직위, 성명 등을 확인할 수 있고, 그들이 소유하고 있는 토지의 지번 정보까지도 확인이 가능하다. 단, 본 저에서는 불필요한 분쟁 발생을 예방하고자 비실명 처리했음을 알린다. '정부공직자윤리위원회 공고제2020-4호(2020년도 정기재산변동 신고사항 공개)', https://gwanbo.mois.go.kr/user/tema/temaListPage.do?tabType=1(2020. 12. 30.)

제19718호(별권2)

공　보

2020. 3. 26.(목)

(단위 : 천원)

소속	본인과의 관계	재산의 종류	소재지 면적 등 권리의 명세	종전가액	변동액 증가액 (실거래가액)	변동액 감소액 (실거래가액)	현재가액	변동사유
		▲ 건물(소계)		821,040	306,400	179,040	948,400	
	본인	아파트	서울특별시 송파구 오금동 현대4-4차 전용 84.98㎡	642,000	8,000	0	650,000	취득가액으로 정정
	본인	아파트(분양권)	세종특별자치시 반곡동 행정중심복합도시 4-1생활권 피블록 캐슬파밀리에 아파트 전용 0.00㎡ (전용 84.45㎡ 감소)	179,040	0	179,040	0	소유권 전환(19.12.3)
	본인	아파트	세종특별자치시 반곡동 행정중심복합도시 4-1생활권 피블록 캐슬파밀리에 아파트 전용 84.45㎡ (전용 84.45㎡ 증가)	-	298,400 (298,400)	0	298,400	매도(20.2.14)
		▲ 예금(소계)		470,893	59,903	42,709	488,087	
	본인		새마을저축은행 2,023(709 감소), 교보생명보험 97,000, 국민은행 6,933(97 감소), 농협생명보험 33,300(3,600 증가), 농협손해보험 100,000, 농협은행 102,400(4,996 증가), 삼성생명보험 50,000, 신한생명보험 34,600(6,000 증가), 중소기업은행 1228(37 증가), 우체국보험 44,748(1,482 증가), 중소기업은행 1228(37 증가), 한화손해보험 8,881(737 증가)	463,518	58,959	42,709	479,768	저축 예금 등
	모		국민은행 3,251(57 증가), 새마을금고 5,068(887 증가)	7,375	944	0	8,319	
		▲ 유가증권(소계)		334,416	26,244	46,350	314,310	
	본인	상장주식	서울반도체 16,300주(200주 증가), 에스티 3,700주(400주 증가)	334,416	26,244	46,350	314,310	주가 변동, 상장 폐지 등
	본인	비상장주식	엔케이멤브레인 11주(11주 증가)	0	0	0	0	
		▲ 채무(소계)		149,200	120,000	149,200	120,000	
	본인	금융기관채무	농협은행 0(149,200 감소)	149,200	0	149,200	0	채무 변제
	본인	전월세임대채무	세종특별자치시 반곡동 행정중심복합도시 4-1생활권 피블록 캐슬파밀리에 아파트 임대보증금 증가	0	120,000	0	120,000	전세 보증금
		총　계		1,477,149	272,547	118,899	1,630,797	증감액: 153,648천원 (가액변동 : 8,000천원)

제1971호 (별권2)

관 보

2020. 3. 26. (목)

(단위 : 천원)

본인과의 관계	재산의 종류	소재지 면적 등 권리의 명세	종전가액	변동액		현재가액	변동사유
				증가액 (실거래가액)	감소액 (실거래가액)		
▲ 토지(소계)			20,575	1,392	0	21,967	
부	답	충청북도 충주시 엄정면 용산리 1번지 1,547.00㎡	20,575	1,392		21,967	공시지가 상승
▲ 건물(소계)			880,000	105,000	23,000	962,000	
본인	아파트	경기도 성남시 분당구 서현동 시범단지 현대아파트 건물 134.87㎡ 중 67.44㎡	297,500	52,500	0	350,000	공시지가 상승
본인	아파트	세종특별자치시 아름동 범지기 마을 10단지 현대아파트 건물 88.95㎡	231,000	0	22,000	209,000	공시지가 하락
배우자	아파트	경기도 성남시 분당구 서현동 시범단지 현대아파트 건물 134.87㎡ 중 67.44㎡	297,500	52,500	0	350,000	공시지가 상승
부	아파트	대전광역시 중구 문화동 주공3단지 주공아파트 건물 56.10㎡	54,000	0	1,000	53,000	공시지가 하락
▲ 부동산에 관한 규정이 준용되는 동산(자동차·건설기계·선박 및 항공기)(소계)			17,230	0	2,030	15,200	
본인	자동차	2015년식 그랜저HG 배기량(2,359cc)	17,230		2,030	15,200	평가액에 하락
▲ 예금(소계)			209,215	93,582	14,499	288,298	
본인		(주)KEB하나은행 19, KB증권 10,769(10,706 증가), KTB투자증권 2, 과학기술인공제회 3,481(1,458 증가), 국민은행 5, 농협생명보험 17,000(4,760 증가), 농협은행 94,639(38,820 증가), 중소기업은행 8, 한국산업은행 449(918 감소)	71,546	57,009	2,183	126,372	본인 : 채팀식 예금, 펀드를 통한 수익 증권등 예금증가, 연금보험 등 예금증가, 월 정기 채입 등 배우자 : 정기예금 납입 배우자 및 자녀 계모임 (가족은행 700만원, 가가오은행 804천원)
배우자		국민은행 153, 농협생명보험 26,500(7,000 증가), 농협중앙회 960(290 증가), 농협중앙회 0(5,737 감소), 한국교직원공제회 56,537(10,320 증가), 한국가나오은행(주) 7,804(7,804 증가)	72,287	25,404	5,737	91,954	
부		국민은행 0(100 감소), 국민은행 191(133 증가), 농협중앙회 5,547(1,373 증가), 신용협동조합중앙회 35,642(560 증가)	39,414	2,108	142	41,380	

CHAPTER 3 왜 권력자들의 부에 관심을 가져야 하는가?   125

권력자들의 공개된 재산 내역을 보면 아파트, 토지 보유현황 및 사인 간의 채무현황, 골동품, 미술품 등의 자료까지 그들이 가지고 있는 부에 대한 모든 정보를 확인할 수 있다. 이는 불성실하게 재산등록을 하는 경우, 형사처분까지도 감수해야 하기 때문이다.

구슬이 서 말이라도 꿰어야 보배다. 산재(散在)되어 있는 데이터 자체만으로는 의미 부여가 어렵다. 이 데이터들을 분석하려면 가공이 가능하도록 텍스트화되어야 한다. 관보에 제공되는 재산공개 사항은 편집이 불가능한 'PDF 파일'로 제공되어 있고, 본 저(著)를 준비하며 2천여 명이 넘는 권력자들의 재산 내역 하나하나를 수작업으로 텍스트화하는데 막대한 시간이 소요되었다.

공개된 재산 내역을 텍스트화하면서 공개된 정보량의 방대함의 위세에 위축되기도 했으나, 한 땀 한 땀 하얀 천 위에 오색실로 꽃수를 놓는 심정으로 인내하며 작업을 이어나갔다. 한 사람 또는 한 가족의 삶과 인생이 녹여져 있는 자료를 텍스트화하고 분석하며 권력자들의 삶을 유추해볼 수 있었다.

어떤 권력자는 서울 강남구 대치동에 소재한 60평대 아파트에서 잠을 자고 일어나 3,000cc급 대형 세단을 타고, 한강이 한눈에 내려다보이는 호텔 휘트니스에서 운동을 하며 건강하게 하루를 시작할 것이고, 또 어떤 권력자는 서울 용산구 한남동 고급 빌라에 거주하며 평소에는 그가 좋아하는 그림, 고미술품, 나전 칠기 등을 집안에 전시해 놓고 정서적으로 안정된 생활을 하며 주말에는 그가 가진 골프장 회원권을 가지고 서울 인근에서 골프를 치며 여유로운 삶을 살겠구나 하는 생각을 하게 만들기도 했다. 반면, 어떤 권력자는 그가 가진 권력의 위세에 비해 가진 것이 많지 않아 자칫 부정한 유혹에 휩쓸리는 것은 아닌지 염려가 되기도 했다. 한편으론 동년배 권력자들의 재산 내역을 분석하며 내 스스로의 삶을 반추(反芻)해보기도 했다.

주어진 시간의 한계로 입법부, 사법부, 행정부 고위공직자 이외에 각 지역의 지방의원이나 지역 내 고위공직자의 재산공개 사항은 분석 범위에 포함 시키지 못했다. 필자의 공직 경험에 비춰보면 중앙부처보다는 지역으로 갈수록 주권자들의 감시망이 느슨함을 느낀다. 이는 때론 지역 권력자들에게 부패의 연결 고리가 되어주기도 한다. 언론지상의 지역 권력자들의 부패상을 고발하는 보도의 양을 고려하면, 지역 권력자들이 공개한 재산 내역을 분석하는 시간이 무의미하지는 않을 것임을 직감하게 된다.

권력자들의 재산공개 사항을 분석하며 사금(砂金)을 채취하는 기분이 들었다. 방대한 자료 중 대부분은 모래알처럼 '부의 지도'를 그려나가는데 유의미한 자료가 되어주지는 못했지만, 그 모래알 속에서 '휘황찬란(輝煌燦爛)한 금맥(金脈)'을 찾을 수 있겠다는 희망의 증거를 발견할 수 있었다. 본 저(著)가 독자들로부터 많은 지지를 받게 된다면 지역 권력자들의 방대한 재산자료를 분석하여 독자들에게 다시 한번 제공할 계획을 가지고 있다. 그전에라도 광역자치단체 누리집 등을 통해 공개된 자료를 분석해보면 독자 스스로 자신만의 '부의 지도'를 그려나갈 수 있을 것이다.

12장
권력자의 자산증가 속도는
시장 평균을 상회한다

당신이 할 수 없을 것 같은 일을 하라. 실패해라. 다시 도전하라.
다음번에는 더 잘해보아라.

넘어져 본 적이 없는 유일한 사람은 위험을 감수해본 적이 없는 사람일 뿐이다.

이제 당신 차례이다. 이 순간을 당신의 것으로 만들라.

Do the one thing you think you cannot do. Fail at it. Try again.
Do better the second time.

The only people who never tumble are those who never mount the high wire.
This is your moment. Own it.

〈오프라 윈프리[140] 격언 中〉

---

140 오프라 윈프리(Oprah Gail Winfrey): 미국의 유명 TV토크쇼 '오프라 윈프리쇼' 사회자로, 미국인이 가장 좋아하는 TV 방송인으로 꼽히기도 했다.

권력자의 부와 국민 평균의 부

'소득 5분위' 지표란 전체 국민 소득을 5구간으로 나누어 분류한 계층별 분류 방식을 일컫는다. 소득 5분위는 최상위 20%, 소득 4분위는 소득 상위 21~40%, 소득 3분위는 41~60% 순으로 총 5단계로 구분된다. 소득 5분위부터 소득 1분위까지의 차이가 커질수록 소득 분배의 불평등이 심한 것으로 판단하고, 통상 '지니계수'[141]와 함께 국민 소득의 분배 상황을 가늠할 수 있는 대표 지표로 사용된다.

통계청에서 발표한 최근 2개년 소득 5분위별 자산, 부채, 소득 등의 현황[142]은 다음과 같다.

(단위: 만 원)

구분		2018년	2019년	증감률
전체 평균	자산	42,036	43,191	2.7%
	부채	7,668	7,910	3.2%
	순자산	34,368	35,281	2.7%
소득 1분위	자산	13,522	13,146	2.8%↓
	부채	1,613	1,610	0.2%↓
	순자산	11,909	11,535	3.1%↓
소득 2분위	자산	23,629	23,780	0.6%
	부채	3,846	3,735	2.9%↓
	순자산	19,783	20,045	1.3%

---

141 지니계수(Gini's coefficient): 빈부격차와 계층 간 소득의 불균형 정도를 나타내는 대표적인, 지표 값이 '0'(완전평등)에 가까울수록 평등하고 '1'(완전불평등)에 근접할수록 불평등하다는 것을 나타낸다.
142 권력자와의 자산 비교를 위해 2018~2019년 통계자료를 활용하였다. 〈출처: 2020년 통계청 가계금융복지조사 자료 KOSIS 기준〉

구분		2018년	2019년	증감률
소득 3분위	자산	34,849	35,464	1.8%
	부채	6,618	6,653	0.5%
	순자산	28,230	28,811	2.1%
소득 4분위	자산	46,668	48,891	4.8%
	부채	9,113	9,838	8.0%
	순자산	37,555	39,053	4.0%
소득 5분위	자산	91,492	94,663	3.5%
	부채	17,146	17,712	3.3%
	순자산	74,346	76,950	3.5%

반면, 권력자의 '평균 자산' 현황은 다음과 같다.

구분	2018년(A) ('19년 3월 공개)	2019년(B) ('20년 3월 공개)	증감률
입법부[143] (287명)	23.55억 원	24.83억 원	5.4%
사법부 (163명)	27.62억 원	29.86억 원	8.1%
행정부 (1,865명)	12.17억 원	13.03억 원	7.1%
합계 (2,315명)	14.67억 원	15.68억 원	6.9%↑

소득 분위별 순자산 변동현황

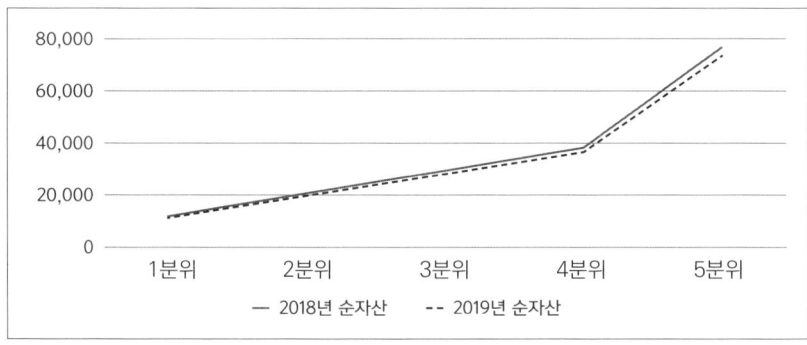

---

143 자산 총액 '최상위 3인'과 '일반 공무원'을 제외하였고, 평균값의 산출 근거는 본 저 142페이지를 참고하기 바란다.

'권력자'들의 자산 총액은 '최상위 소득 계층'인 '소득 5분위'에 해당됨을 알 수 있다. 상단의 그래프에서 보는 바와 같이 최근 2개년간의 소득 분위별 순자산 변동 내역을 확인해보면 소득 1분위에서 소득 5분위로 갈수록 '순자산 증가'의 기울기가 가팔라지고 있음을 확인할 수 있다. 이는 우리 사회에서도 소득 불평등이 심화되고 있음을 방증한다.

특히, 권력자들의 자산 증가 속도는 일반 국민의 자산 증가의 속도를 상회(上廻)하고 있음을 아래 표에서 확인할 수 있다.

구분		2018년 순자산액(A)	2019년 순자산액(B)	증가 규모 (B-A)	증감율
전 국민 평균	전체	3.44억 원	3.53억 원	0.09억 원	2.7%
	소득 5분위	7.43억 원	7.70억 원	0.26억 원	3.5%
권력자 평균		14.67억 원	15.68억 원	1.01억 원	6.9%

권력자들의 자산증가 속도는 전 국민 평균 자산 증가 속도에 비해서는 **'약 2.6배'**[144] 빠르게 증가하였고, 순자산 규모상 권력자들 속한 소득 5분위 그룹과 비교해도 **'약 2배'**[145]의 증가속도를 기록하고 있음을 확인할 수 있다.

이 계산 수치는 단순히 2018년에서 2019년까지 총 2개년 평균 지표를 이용해 산출한 값에 불과하다. 이러한 자산 증가 속도의 차이가 수년에 걸쳐 누적이 되었고, 앞으로도 이러한 추세가 꺾인다는 보장은 없다. 일반 국민과 권력자 삶의 수준 차이는 더욱 벌어질 것이다. 국민을 위해 일해야 할 최고 권력자들이 국민의 삶을 공감하지 못하고, 선민의

---

144 권력자 평균 순자산 증가율(6.9%)÷전 국민 평균 순자산 증가율(2.7%)≒2.6배
145 권력자 평균 순자산 증가율(6.9%)÷소득 5분위 평균 순자산 증가율(3.5%)r≒2배

식(選民意識)에 사로잡혀 자신만의 세상에서 대다수 국민이 동의할 수 없는 권력작용(權力作用)[146]을 일으키게 되는 것은 아닌지 우려된다.

마이클 샌델 교수[147]는 2020년 출간한 그의 저서 『공정하다는 착각』에서 민주주의가 내세우고 있는 규범의 한계를 시험하고 있는 권위주의적인 인물들에 대한 지지가 높아지는 것으로부터 민주주의가 위기의 시대에 접어들고 있음을 느끼게 해준다고 현실을 진단했다. 또, 그에 못지않게 심각한 상황은 주류 정당과 정치인들이 전 세계를 들끓게 만들고 있는 불만에 대해 별달리 이해를 못하고 있다는 점이라 지적했다.[148]

그의 저서가 한국 사회를 직접적으로 분석 대상에 포함한 것은 아니지만, 우리 사회에도 적지 않은 울림을 준다.

> 「대한민국 헌법」 제1조 제2항 "대한민국의 주권은 국민에게 있고, 모든 권력은 국민으로부터 나온다."

주권자인 국민은 권력자들이 국민을 위해 권력을 사용하도록 감시해야 한다. 그들이 주권자들의 삶을 이해하지 못하는 것을 방치해서는 안 된다. 특히나, 그들의 재산이 부정하게 늘어나는 것을 용납해서는 안 된다. 아울러, 권력자들이 가진 정보, 권한은 국민이 위임해 줌으로써 얻게 된 것으로 공공재(公共財)[149]의 성격 갖는다고 보는 것이 논리적으

---

146 권력작용(權力作用): 국가가 우월한 지배적 지위에서 일방적으로 명령이나 강제를 행하는 작용을 일컫는다.

147 마이클 샌델(Michael J. Sandel): 2010년 이후 한국에 '정의' 열풍을 불러일으켰다. 27세에 최연소 하버드대 교수가 되었고, 29세에 자유주의 이론의 대가인 존 롤스의 정의론을 비판한 『정의의 한계』를 발표하면서 세계적으로 명성을 얻었다.

148 마이클 샌델, 『공정하다는 착각』, 함규진 옮김, 와이즈베리, 2020

149 공공재(公共財): 공중(公衆)이 공동으로 사용하는 물건이나 시설 등의 따위를 이른다.

로 극심한 비약(飛躍)은 아니라 생각한다.

권력자들이 일궈낸 재산을 감시하고, 그를 통해 국민 개개인들 스스로 자신만의 '부의 지도'를 그려나가는 것은 도덕적으로 비난받을 일은 아니다. 권력자들은 일반 국민에 비해 '몇 곱절'은 빠르게 자신을 늘려가고 있음을 잊지 않아야 한다.

CHAPTER 4

권력자들의 자산

13장
권력자들의 자산 포트폴리오[150]

자산 분석 대상

본 저는 '대한민국 관보' 2020년 3월 26일 자 기준으로 게재된 '권력자' 재산공개 사항을 토대로 분석하였다. 입법부, 사법부는 전수분석하였고, 행정부는 각 부처의 권한 및 영향력, 정보력 등을 고려하여 임의로 선정하여 분석하였다. 분석 대상은 다음과 같다.[151]

구분	분석대상	인원수 소계
입법부	- 국회의원: 290명, 국회 고위공무원: 33명	323
사법부	- 법관: 163명	163
행정부	- 대통령실: 비서실, 정책실, 안보실 - 국무총리실: 국무조정실, 국무총리비서실, 조세심판원, 경제인문사회연구회, 한국개발연구원, 한국교육과정평가원, 한국보건사회연구원, 한국조세재정연구원, 한국직업능력개발원 - 사정기관: 국정원, 법무부(한국법무보호복지공단), 대검찰청, 감사원(감사교육원), 국세청, 경찰청(도로교통공단)	308

---

150 포트폴리오(portfolio): 투자 위험을 줄이고 투자 수익을 극대화하기 위해 여러 자산에 분산 투자하는 방법을 일컫는다.

151 '정부공직자윤리위원회 공고제2020-4호(2020년도 정기재산변동 신고사항 공개)', https://gwanbo.mois.go.kr/user/tema/temaListPage.do?tabType=1, 2020년 9월 30일

구분	분석대상	인원수 소계
	- 경제부처 • 기획재정부: 국가균형발전위원회, 한국조폐공사, 한국투자공사, 한국재정정보원 • 공정거래위원회: 한국소비자원 • 한국은행: 금융통화위원회 - 경제부처 • 금융위원회: 금융감독원, 금융정보분석원, 예금보험공사, 주택금융공사, 산업은행, 서민금융진흥원, 신용보증기금 • 국토교통부: 중앙토지수용위원회, 대도시권광역교통위원회, HUG주택도시보증공사, 한국공항공사, 인천공항공사, 한국부동산원, LH공사, 제주국제자유도시개발센터, 국토정보공사, 한국철도시설공단, 새만금개발공사, 한국시설안전공단, 한국교통안전공단, 한국철도공사, 에스알 • 산업통상자원부: 강원랜드, 대한석탄공사, 한국가스공사, 한국광물자원공사, 한국석유공사, 한국전력, 한국지역난방공사, 한국수력원자력, 한국남동발전, 한국남부발전, 한국동서발전, 한국서부발전, 한국중부발전, 한국가스기술공사, 한전KDN, 한국전력기술, 한전KPS, 한국광해관리공단, 한국무역보험공사, 한국에너지공단, 한국전기안전공사, 대한무역투자진흥공사, 한국디자인진흥원, 한국로봇산업진흥원, 한국원자력환경공단, 한국산업단지공단, 한국석유관리원, 한국세라믹기술원, 하이원추추파크	
합계	80개 기관	794

행정부 산하에는 다수의 공공기관이 존재한다. 「공공기관의 운영에 관한 법률」 제4조[152]에 따라 2020년 현재 공공기관으로 지정된 곳은 340여 개에 이르고 있고, 행정부 업무의 전문화 및 고도화로 인해 공

---

152 「공공기관의 운영에 관한 법률」 제4조 ① 기획재정부 장관은 다음 각 호의 어느 하나에 해당하는 기관을 공공기관으로 지정할 수 있다.
2. 정부 지원액이 총수입액의 2분의 1을 초과하는 기관
3. 정부가 100분의 50 이상의 지분을 가지고 있거나 100분의 30 이상의 지분을 가지고 임원 임명권한 행사 등을 통하여 당해 기관의 정책 결정에 사실상 지배력을 확보하고 있는 기관 〈중략〉

공기관의 수는 증가 추세이다. 일반적으로, 정책을 담당하는 상급기관보다 실제 정책의 집행을 담당하는 산하 공공기관에 재직하는 권력자들의 자산이 많은 것으로 확인되었다. 이러한 경향성을 반영하고자 분석대상 기관으로 경제부처 산하 공공기관을 추가하였다.

권력자 평균 자산

〈권력자 총 자산 평균 현황(2019년 말 자산 평가액 기준)〉

구분	입법부	사법부	행정부		총 평균
			분석 대상	행정부 전체[153]	
평균 자산 (대상 인원)	34.64억 원 (323명)	29.86억 원 (163명)	18.31억 원 (308명)	13.03억 원 (1,865명)	17.17억 원 (2,351명)

〈자산 규모별 현황〉

구분	입법부	사법부	행정부	합계	비율
5억 미만	45명	11명	35명	91명	11.5%
5억 이상 10억 미만	61명	21명	57명	139명	17.5%
10억 이상 30억 미만	**144명**	**81명**	**173명**	**398명**	**50.1%**
30억 이상 50억 미만	41명	28명	28명	97명	12.2%
50억 이상	32명	22명	15명	69명	8.7%
합 계	323명	163명	308명	794명	100%

---

153 인사혁신처가 배포한 보도자료에 따르면, 정부공직자윤리위원회 소속 2020년 재산공개 대상 공직자는 총 1,865명으로 평균 재산은 13억 300만 원으로 집계된 것으로 확인된다. 〈출처: 인사혁신처, '(재산심사과) 2020년 정기재산변동사항 공개', 2020년 3월 26일 배포〉

권력자 '기관별 평균 자산 차이'의 함의(含意)

위 표에서 보는 바와 같이 권력 기관별 평균 자산의 순위는 입법부, 사법부, 행정부 순으로 나타난다. 이는 권력과 정보량의 총합이 입법부에 우위가 있지 않은가 하는 생각을 들게 한다. 민주주의가 성숙한 단계로 접어들면 국가 권력의 추(錘)는 '민의의 전당'인 입법부 쪽으로 기우는 경향을 보인다. 국민 주권 시대에 민의를 대변하는 기관인 입법부의 권한이 강화되는 것이 어찌 보면 당연한 이치다. 필자의 경험에 비춰보면 입법부는 행정부와 비견할 수 없을 정도로 많은 권한을 갖는다. 이를테면 국회의원이 행정부처의 장관은 할 수 있으나, 행정부처의 장관이 선거에 나가 국민의 선택을 받지 않는 이상 국회의원이 되는 것은 불가능하다. 행정부는 소관 분야에 대한 정책 입안과 집행을 통한 실행력을 가지고 있으나, 입법부처럼 소관 분야 이외의 타 분야까지 광범위한 정보 취급 권한을 가지고 있지는 않다.

입법부 소속 국회의원은 비례대표 출신 의원과 지역구 출신 의원으로 구성[154]된다. 비례대표 의원은 직역(職域), 계층(階層), 사회적 가치 등을 고려하여 각 정당에서 정한 비례대표 순번에 각 당 비례대표 득표 비율로 정해지나, 지역구 의원은 지역을 대표할 수 있는 인사들로 구성된다. 지역구 의원이 지역에서 주민들에 선택을 받기 위해서는 그 지역을 누구보다도 더 자세히 알고 있어야 한다. 그래서 국회의원들은 정보가 많다. 정보가 많아야 민의를 효과적으로 대변할 수 있다. 그 정보에는 지역 개발, 기업 환경 등 다양한 분야가 망라(網羅)될 수 있다.

---

154 21대 국회의원 구성은 비례대표 47석, 지역구 253석으로 구성되었다.

삼권을 대표하는 모든 권력자의 '부의 지도' 하나하나가 중요하지만, 특히나 각 권력 기관별 평균 자산 순위를 염두에 두어 정보에 접근하는 것이 중요하다는 것을 간과해서는 안 된다.

권력자 '자산증가 속도'의 함의(含意)

일반적으로 개별가구의 실질적인 소득 규모를 확인하기 위한 경제지표로 1인당 국민총소득 지표와 1인당 가계총처분가능소득 지표를 활용한다.

국민총소득(GNI: Gross National Income, 이하 GNI)은 한나라의 국민이 국내외 생산 활동에 참가하거나 생산에 필요한 자산을 제공한 대가로 받은 소득의 합계로서 이 지표에는 자국민이 국외로부터 받은 소득은 포함되는 반면 국내 총생산 중에서 외국인에게 지급한 소득은 제외된다. 1인당 GNI는 총 GNI에서 한 국가의 인구수로 나누어 산출한다.[155]

가계총처분가능소득(PGDI: Personal Gross Disposal Income, 이하 PGDI)은 가계, 기업, 국가가 생산한 가치의 총합인 국내총생산(GDP: Gross Domestic Product)에서 '가계소득 부분'만 추출(抽出)하여 산정한 지표로, 1인당 PGDI는 총 PGDI에서 한 국가의 인구수로 나누어 산출한 값이다. 한국은행에서 발표한 두 지표[156]는 다음과 같다.

---

155 2020 통계용어, 통계청, 2020년, 41쪽
156 한국은행 경제통계시스템 ECOS 기준, http://ecos.bok.or.kr/jsp/vis/keystat/#/detail (2020년 12월 15일)

구분	2018년	2019년	증감률
1인당 국내 총생산	3,678.2만 원	3,711.2만 원	0.9% ↑
1인당 가계 총처분 가능 소득	1,987.4만 원	2,026.0만 원	1.9% ↑
가구당 경상 소득	5,705.0만 원	5,828.0만 원	2.2% ↑

그리고 통계청에서 발표한 전 국민 자산 현황[157]은 다음과 같다.

구분		2018년(A)	2019년(B)	증가규모(B-A)	증감률
전국 평균	자산	42,036만 원	43,191만 원	1,155만 원	2.8% ↑
	부채	7,668만 원	7,910만 원	242만 원	3.2% ↑
	순자산액	34,368만 원	35,281만 원	913만 원	**2.7% ↑**

반면, 권력자의 '평균 자산' 증가 현황은 다음과 같다.

구분	2018년(A) ('19년 3월 공개)	2019년(B) ('20년 3월 공개)	증가규모 (B-A)	증감률
입법부[158] (287명)	23.55억 원	24.83억 원	1.28억 원	5.4%
사법부 (163명)	27.62억 원	29.86억 원	2.24억 원	8.1%
행정부 (1,865명)	12.17억 원	13.03억 원	0.86억 원	7.1%
합계 (2,315명)	14.67억 원	15.68억 원	1.01억 원	**6.9% ↑**

일반 국민의 소득은 1인당 GNI 및 PGDI, 가구당 경상 소득의 증가율의 평균값을 기준으로 연간 1.71% 상승하였고, 순자산은 2.7%

---

157 통계청 국가통계포털 KOSIS 기준, https://kosis.kr/statisticsList/statisticsListIndex.do?menuId=M_01_01&vwcd=MT_ZTITLE&parmTabId=M_01_01#SelectStatsBoxDiv (2020년 12월 15일)

158 500억 원 이상의 자산을 보유한 '국회의원 3인'과 '입법부 고위공무원'을 제외하고 작성한 통계로, 본 저서에서 분석하고 있는 국회의원 전원(고위공무원 포함)의 평균값과는 다소 상이하나, 입법부 자산의 흐름은 확인할 수 있다.

상승하고 있는 것으로 통계 결과를 통해 확인할 수 있다. 소득 상승률(1.71%)과 자산 증가율(2.7%)의 불일치는 '토마 피케티'가 그의 저서 『21세기 자본』에서 말하고 있는 'R 〉 G', 즉 자본 수익률(rate of return on capital)이 경제 성장률(growth of economy)을 초과하는 것이 우리 사회에서도 입증되고 있음을 보여준다.

주목해야 할 점은, 권력자의 평균 '자산 증가 속도'는 일반 국민의 자산 증가 속도와 비교했을 때 평균 약 2.6배[159]의 차이가 있는 것으로 분석되고 있다는 점이다. 권력자들이 가지고 있는 자산을 분석하여 각 자산 요소별 자산 증가 변동 추이를 확인해보면 '부의 지도'를 발견할 수 있다. 후술하겠지만, 각 개인이 가지고 있는 자산 현황은 상이하다. 권력자들의 자산대별 자산 포트폴리오를 확인해보면 부의 길로 이르는 길을 구체화할 수 있을 것이다.

권력자 평균 자산 포트폴리오

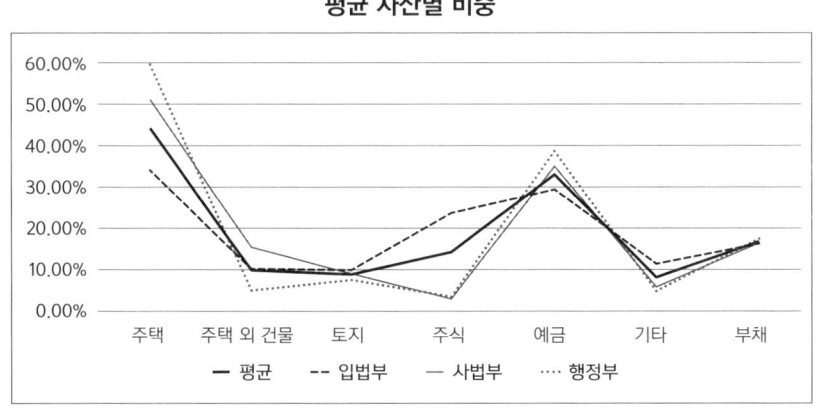

---

159 권력자 평균 자산 증가율(6.9%)÷일반 국민 자산 증가율(2.7%)≒2.6배

⟨평균 자산 구성 세부 현황⟩

(단위: 억 원)

구분		주택	주택 외 건물	토지	주식	예금	기타	부채	합계
전체 평균	금액	12.05	2.56	2.32	3.71	8.98	2.11	4.42	27.32
	비중	44.1%	9.4%	8.5%	13.6%	32.9%	7.7%	16.2%	100.0%
입법부	금액	11.70	3.24	3.23	8.18	10.11	3.73	5.55	34.64
	비중	33.8%	9.3%	9.3%	23.6%	29.2%	10.8%	16.0%	100.0%
사법부	금액	15.03	4.44	2.51	0.76	10.37	1.47	4.72	29.86
	비중	50.3%	14.9%	8.4%	2.5%	34.7%	4.9%	15.8%	100.0%
행정부	금액	10.85	0.86	1.27	0.57	7.07	0.76	3.07	18.31
	비중	59.2%	4.7%	6.9%	3.1%	38.6%	4.1%	16.8%	100.0%

주: 1. 주택: 단독주택, 공동주택, 주거용 오피스텔, 복합건물(주택+상가), 국외주택 포함.
 2. 주택 외 건물: 상가, 사무실, 창고 포함.
 3. 주식: 상장주식, 비상장주식, 회사채 포함.
 4. 예금: 적금, 보험 포함.
 5. 기타: 미술품, 채권, 회원권, 보석류 포함.
 6. 부채: 금융기관 채무, 사인간 채무 포함.

권력자 '자산 포트폴리오' 분석

위 그래프에서 보는 바와 같이, 권력자들의 평균 자산 포트폴리오는 권력 기관별로 의미 있는 차이를 확인하기는 어렵다. 공히 그래프의 궤적은 유사하다. 입법부, 사법부, 행정부 권력자 전체 그룹에서 주택 비중(평균 44.1%)이 가장 크고 다음으로 예금 비중(평균 32.9%)이 큰 것으로 나타났다. 특이하다고 할 만한 지점은 상대적으로 위험 자산이라고 볼 수 있는 주식 부분에서 입법부 권력자들의 주식 보유 비중(평균 23.6%)이 사법부(평균 2.5%), 행정부(평균 3.1%) 권력자들에 비해 7.6

배 이상 많은 것으로 나타난 부분이다.

　일반적으로 직업 공무원[160]이 주류인 사법부, 행정부의 고위관료들은 직업 공무원의 특성상 투자에 있어서 변화보다는 안정을 추구하는 보수적인 성향을 띤다. 반면, 입법부 권력자들은 선출된 권력으로 직업으로서의 안정성은 상대적으로 사법부, 행정부 권력자들에 비해 취약하다. 권력자 집단 간 직업 안정성의 정도에 따라 투자의 성향에 있어서 일정부분 영향을 보이고 있는 것으로 확인된다.

　'주식'은 소위 부동산이라 일컬어지는 주택, 건물, 토지에 비해 변동성이 심하다. 경제학에서 말하고 있는 '하이 리스크, 하이 리턴'[161]이 가능한 투자 요소 중에 하나이다. 다만, 하이 리턴을 기대하기 위해서는 투자하고자 하는 주식 관련 산업에 대한 동향, 미래 전망, 한발 빠른 정보 취득 능력이 무엇보다도 투자의 성패를 가른다고 할 수 있다. 입법부 권력자들의 자산 포트폴리오를 통해 바라본 투자 성향은 그들의 정보 취득 능력이 다른 권력자 모두를 압도하는 것이 아닌가 하는 생각을 들게 한다.

160　직업 공무원(職業 公務員): 국가 또는 지방자치단체 등에서 공무를 맡아 복무하는 공무원으로, 「국가공무원법」 등에 따라 신분이 보장되어 각종 비리, 공무원 의무 위반 사항 등 예외적인 경우를 제외하면 정년까지 근무하는 공무원을 일컫는다.

161　하이 리스크 하이 리턴(high risk high return): 투자 위험이 높은 금융 자산을 보유하면 시장에서 높은 운용 수익을 기대할 수 있는 관계를 일컫는 용어다.

14장
권력자들의 주택

집, 그 애증(愛憎)의 역사

우리에게 집이란 어떤 의미일까? 한국에서 집이란 단순히 공간과 실용적인 서비스를 제공하는 물리적 장소라는 의미 이외에도 사회적 신분을 나타내는 수단으로 활용되는 게 현실이다. '○○캐슬', '○○세상'이라는 아파트 브랜드 네임처럼 한국인의 주거는 이제 그들이 가지고 있는 자산에 따라 누군가는 '성벽' 밖에서 바라만 봐야 하는 엄연한 차별이 존재하는 '세상'이 되어가고 있다. 가진 자들은 가지지 못한 자들이 넘볼 수 없게 자신들만의 철옹성(鐵甕城)을 더욱 단단히 쌓아가고 있는 중이다.

권력자들이 집을 바라보는 인식은 어떠할까? 우리는 권력자들이 부동산 투기 의혹으로 자신의 직(職)을 내놓는 경우를 종종 접하게 된다. 또, '직(職)보다 집'을 선택하는 권력자들을 바라보며 그들의 고민, 그들의 인식을 가늠해 보게 된다. 권력자들의 자산 구성 중 최고의 비중을 차지하고 있는 것은 단연 주택, 즉 '집'으로 분석되었다.

2020년 3월 공개된 권력자들의 자산 규모별 주택 자산액과 비중은 아래와 같이 조사되었다.

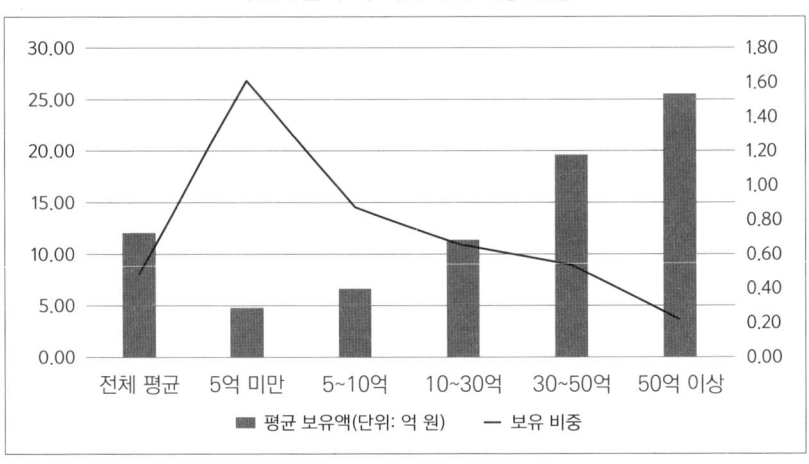

구분	주택 자산 평균 보유액	전체 자산 중 주택 비중
전 체 평 균	12.05억 원	44.1%
5억 미만 그룹(총자산)	4.84억 원	160.3%
5억 이상~10억 미만 그룹(총자산)	6.74억 원	89.7%
10억 이상~30억 미만 그룹(총자산)	11.40억 원	65.4%
30억 이상~50억 미만 그룹(총자산)	19.57억 원	51.8%
50억 이상 그룹(총자산)	25.48억 원	18.0%

'5억 미만'을 보유한 권력자 자산 그룹에서는 주택 자산[162]의 비중이 총 160.3%를 차지하고 있는 것으로 나타났다. 자산을 많이 가질수록 주택이 총자산 중에서 차지하는 비중은 점점 감소하고 있는 것으로 나

---

162 회계 규칙에는 '자산=자본+부채'로 정의하고 있다. 필자가 제시한 수치는 회계 규칙에 따라 '부채'까지 포함하여 산정한 비율로, 관련 교육을 받지 않은 분들의 경우 '총비율이 100%를 초과'하는 것에 대해 이해의 어려움이 있을 것으로 예상되나, 해당 자산 종목이 총 자산에서 차지하는 '비중의 경향성 정도'를 이해하는 정도의 수준에서 바라보는 것만으로도 무방하리라 판단된다.

타난다. 이를 통해 권력자들은 자산 구성 중 '주택'을 최우선 순위에 두고 있고, 자산이 증가할수록 '주택' 이외에 다른 요소에도 관심을 확대하고 있음을 확인할 수 있다. 주택은 자산을 구성하는 요소로서 '기본 중의 기본'인 것이다.

권력자들은 어느 곳에 어떤 집을 가지고 있을까?

2019년 통계청에서 발표한 자료에 따르면, 우리 국민이 '아파트'에 거주하는 비율은 2000년 36.6%에서 2018년에는 우리 국민 과반수 이상인 50.1%가 아파트에 거주하고 있는 것으로 조사되었고, 이러한 추세는 계속되고 있음을 확인할 수 있다.[163] 권력자들 또한 주거의 표준을 따르고 있다. 권력자들은 거주하는 주택 형태의 통계를 잡는 것이 무의미할 정도로 '아파트' 일색으로 거주의 공간을 마련하고 있다.

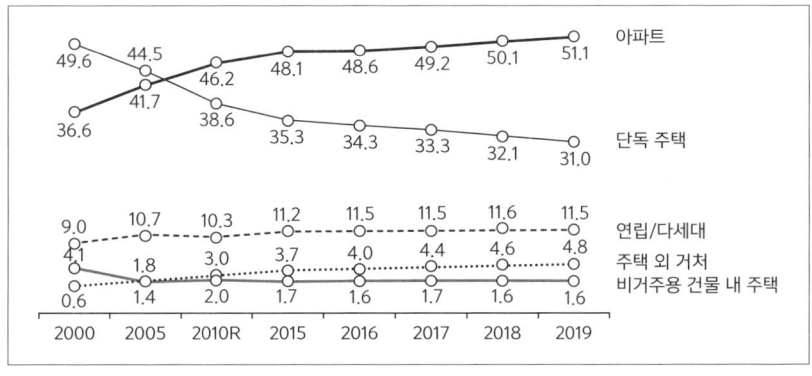

연도별 거처 종류별 거주가구 변화

---

163 통계청, '2019년 인구주택 총조사 결과', 통계청 조사관리국 인구총조사과, 2020년 8월 28일, 4쪽

그렇다면 그들이 거주하는 곳은 어디일까? 일반적으로 입법부 권력자들은 지역구 국회의원과 비례대표 국회의원으로 구분할 수 있다. 그들이 집을 가질 만한 곳은 그들의 근무지인 '서울'과 지역구 국회의원인 경우 자신의 지역구가 소재한 '지역' 정도로 범위를 설정할 수 있다. 사법부의 경우 잦은 인사이동과 각 지방에 소재한 지방법원들로 인해 특정 지역이 적합하다고 보기는 어려우나 법원의 상당수가 수도권에 소재하고 있어 '서울' 또는 '수도권'에 거주 공간을 마련하는 것이 합리적일 것으로 보인다. 또, 행정부의 경우 행정중심복합도시 건설 등의 영향으로 세종에 위치한 부처에 근무하는 권력자는 '세종'에 주택을 마련하고 있을 것으로 예상하는 게 합리적인 추론이다.

실제 권력자들이 거주하는 공간은 합리적인 추론에 부합하고 있을까? 2020년 3월 공개된 재산 내역을 토대로 권력자가 소유 또는 거주하고 있는 '주택'이 위치한 곳의 순위는 아래와 같이 나타났다.

지역	주택 수	지역	주택 수
1위 서울 서초구	225	6위 서울 용산구	71
2위 서울 강남구	196	7위 경기 고양시	68
3위 세종시	127	8위 제주 제주시	43
4위 서울 송파구	88	9위 서울 양천구	42
5위 경기 성남시	87	10위 경기 용인시	41

그들의 근무지와의 밀접한 연관성을 찾기에는 다소 어려움이 있어 보인다. 실제 2020년 3월 재산공개 대상자 중 입법부 소속 권력자인 '20대 국회의원'의 경우 지역구 출신 의원이 자신의 지역구에 집을 소유하고 있지 않은 의원 수는 97명으로 지역구 의원 총 정원(253석) 대

비 38.3%가 자신의 지역구에 집을 보유하고 있지 않은 것으로 확인되었다. 이는 의원별로 자산 상황이 여의치 않아서인지 경제적으로 판단했을 때 자산 증식의 효과를 기대하기 어려워서인지는 혹은 다른 사정이 있는지는 확인할 방법은 없다. 다만, 지역구를 대표하며 자신의 지역구에 주택을 한 채도 보유하고 있지 않으며, 소위 '강남 3구'라 불리는 곳에 여러 채의 주택을 보유한 입법부 권력자들의 경우 지역민들에게 다소의 실망감을 안기는 것을 아닐는지 걱정이 되는 게 사실이다.

이러한 경향은 행정부 고위관료에게서도 확인되었다. 정부세종청사에 본인의 근무 부처가 소재하고 있는 43명의 권력자 중 26명이 세종시에 주택을 보유하고 있지 않은 것으로 확인되었다. 이는 전체에서 차지하는 비중이 60.5%에 이르는 수치이다. 2014년 국무총리실을 시작으로 2020년 현재까지 대부분의 부처가 서울에서 세종으로 이전을 완료하였다. 이전 당시 입시를 앞둔 중고교생 자녀를 둔 권력자들도 다수였고 이러저러한 이유로 세종시로 주거지를 이전하지 못한 권력자들도 헤아릴 수 없이 많았다. 다만, 이러한 행정부 권력자들의 주택 보유 실태는 국토 균형 발전 내지 세종 행정중심복합도시 출범 취지에 부합된다고 보기에는 다소 물의가 따라 보인다.

권력자들이 거주하는 곳은 위의 표에서처럼 상위 10곳 중에서도 1위와 10위의 차이가 5배 이상으로 차이가 날 정도로 특정 지역에 편중되고 있음을 확인할 수 있다. 주거 지역 순위의 뒤쪽으로 갈수록 상위권과의 차이는 더욱 큰 폭으로 벌어진다. 그들이 선호하는 특정 지역은 거주 편의성뿐 아니라 자산 증식의 효과를 기대할 수 있는 대표적인 지역이다. 그들이 어떤 연유로 특정 지역에 주택을 보유하는 것을 선호하는지 그 사유는 알 수 없으나, 시대의 흐름을 바꿀 수 있는 권력자들이 그들의 이해를 위해 그들만의 주거 카르텔(cartel)[164]을 형성하게 되는 것은 아닌지 우려되는 부분이다.

권력자들이 거주하는 지역이 상당 부분 일치하는 것 이상으로 그들이 보유한 '아파트' 또한 상당 부분이 일치하는 것을 확인할 수 있다. 그들이 맡고 있는 직무는 일반 국민들과 함께 호흡하며 사회의 다양한 가치들을 담아내어야 하는 직무가 대부분이다. 같은 지역, 같은 아파트에서 거주하며 비슷한 삶을 살아가는 권력자들이 우리 사회의 다양한 가치를 그들의 권한에 온전히 담아내길 바라는 것은 그들에게 권한을 위임해 준 대다수의 국민들의 바람이다. 그들은 그 바람을 잊지 말아야 한다.

다음은 권력자 '3인 이상'이 '소유'하고 있는 아파트 목록이다. 또, 본 저 후반부 '별지'에 권력자들이 보유한 전국의 모든 아파트명 및 최근 2개년간의 가격 변동률과 해당 지역 매매 지수 변동률을 함께 기재하였다. 권력자들이 보유한 아파트 가격 상승률이 지역 평균 가격 변동률에 비해 어떤 경향을 보이는지 확인할 수 있을 것이다. '아파트'를 통해 '부의 지도'를 그리는데 유용한 자료가 되었으면 하는 바람이다(다만, 사법부의 경우 재산공개 사항에 구체적인 아파트명이 공개되어 있지 않은 관계로 사법부 권력자는 생략하였다).

---

164 카르텔(cartel): 본래 카르텔의 의미는 동종 또는 유사 산업 분야의 기업들이 서로의 이해를 위해 담합을 하는 형태를 일컫는다. 하지만 본문에서는 서로 비슷한 집단들이 뭉쳐서 영향력을 행사한다는 의미로 사용되었다.

연번	소재지			아파트명	보유 인원
	시·도	시·군·구	읍·면·동		
1	경기도	과천시	별양동	주공아파트	4인(행정부)
2	경기도	과천시	부림동	주공아파트	3인(입법부, 행정부)
3	경기도	성남시	서현동	시범단지한양아파트	4인(입법부, 행정부)
4	서울시	강남구	개포동	주공아파트	6인(입법부, 행정부)
5	서울시	강남구	개포동	현대1차아파트	3인(행정부)
6	서울시	강남구	대치동	쌍용대치아파트	3인(행정부)
7	서울시	강남구	대치동	은마아파트	6인(입법부, 행정부)
8	서울시	강남구	도곡동	도곡렉슬	3인(입법부, 행정부)
9	서울시	강남구	도곡동	한신엠비씨	4인(입법부, 행정부)
10	서울시	강남구	삼성동	센트럴 IPARK	3인(입법부, 행정부)
11	서울시	강남구	압구정동	현대아파트	6인(입법부, 행정부)
12	서울시	서초구	반포동	반포 주공1단지	3인(입법부, 행정부)
13	서울시	서초구	반포동	한신서래아파트	3인(입법부, 행정부)
14	서울시	서초구	서초동	삼풍아파트	5인(입법부, 행정부)
15	서울시	서초구	서초동	서초래미안아파트	5인(입법부, 행정부)
16	서울시	서초구	서초동	아크로비스타	4인(입법부, 행정부)
17	서울시	서초구	잠원동	신반포한신아파트	9인(입법부, 행정부)
18	서울시	송파구	방이동	올림픽선수기자촌아파트	3인(입법부, 행정부)
19	서울시	송파구	신천동	장미아파트	3인(입법부)
20	서울시	양천구	목동	목동신시가지아파트	6인(입법부, 행정부)
21	서울시	용산구	서빙고동	신동아아파트	3인(입법부, 행정부)
22	세종시	-	아름동	범지기마을 10단지	3인(행정부)
23	세종시	-	어진동	포스코더샵레이크파크	3인(행정부)
24	세종시	-	종촌동	가재마을5단지	3인(행정부)

권력자들이 가지고 있는 '아파트'는 위에서 보는 바와 같이 크게 두 가지 분류로 구분할 수 있다. 재건축을 기대할 수 있는 노후화된 아파트(과천주공, 강남 개포주공, 성남 시범한양, 개포현대, 압구정현대 등)와 지역 내 인지도가 높은 최신식 아파트(서초 아크로비스타, 세종 포스코더샵레이크파크)로 구분된다. 위 24개 단지 아파트값 변동 추이와 재건축 이후 시장에서 받게 될 평가에 대해 관심을 가져볼 만하다.

〈권력자들이 선호하는 아파트 공통점〉
1. 노후화되어 재건축을 기대할 수 있는 아파트
2. 지역 내 인지도가 높은 최신식 아파트

권력자의 '아파트' 자산 수익률은 어떨까?

국토교통부 산하 공공기관인 한국부동산원[165]에서는 매월 부동산 관련 각종 통계를 발표한다. 일반적으로 시장에선 'KB시세'와 함께 '한국부동산원' 자료를 공신력 있는 자료로 받아들인다. 다음은 한국부동산원에서 2018년 11월부터 2020년 11월까지 조사한 아파트 월간 매매가격지수다.[166]

---

165 한국부동산원: 부동산 가격공시, 감정평가, 각종 부동산 관련 통계를 관리하는 공공기관으로, 기존 '한국감정원'에서 2020년 '한국부동산원'으로 51년 만에 명칭이 변경되었다.

166 한국부동산원 R-ONE 부동산 통계정보 시스템, https://www.r-one.co.kr/rone/resis/statistics/statisticsViewer.do?menuId=TSPIA_43100 (2020년 12월 20일)

지역	'18년 11월 매매 지수 (A)	'19년 11월 매매 지수 (B)	'20년 11월 매매 지수 (C)	변동률 최근 1년 (C-B)/B	변동률 최근 2년 (C-A)/A
전국	100.361	98.249	104.82	6.7%	4.4%
수도권	103.912	102.973	112.209	9.0%	8.0%
지방권	97.107	93.978	98.287	4.6%	1.2%
서울	109.123	108.8	113.144	4.0%	3.7%
경기	101.744	100.246	112.125	11.8%	10.2%
인천	99.657	99.648	108.931	9.3%	9.3%
부산	96.686	93.15	98.112	5.3%	1.5%
대구	103.035	102.952	108.24	5.1%	5.1%
광주	103.181	103.066	103.505	0.4%	0.3%
대전	101.985	109.29	128.591	17.7%	26.1%
울산	90.838	85.955	92.265	7.3%	1.6%
세종	100.975	97.821	141.944	45.1%	40.6%
강원	95.804	89.201	90.309	1.2%	-5.7%
충북	94.36	87.979	91.662	4.2%	-2.9%
충남	95.567	92.131	95.976	4.2%	0.4%
전북	98.324	94.287	95.378	1.2%	-3.0%
전남	101.723	102.013	103.291	1.3%	1.5%
경북	94.431	88.474	88.568	0.1%	-6.2%
경남	91.719	85.842	87.878	2.4%	-4.2%
제주	97.074	93.748	91.442	-2.5%	-5.8%

권력자들의 상당수가 '수도권'과 '세종시'에 아파트를 보유하는 것을 고려하면, 그들의 아파트값이 최근 2년 전국 아파트 매매 지수 변동률 '4.4%'를 훨씬 상회할 것이란 걸 예상할 수 있다.

공직자 재산공개 사항에 기재된 '아파트' 금액은 대부분 공시가격 금액이다. 국토교통부에서 발표한 '부동산 공시 가격 현실화 계획'[167]에 따르면, 2020년 기준 공시 가격 현실화율은 공동주택의 경우 평균 69.0%에 이르고, 이마저도 시세에 따라 현실화율이 상이하여 실제 권력자들이 소유하고 있는 아파트의 가치를 파악하기에 어려움이 따른다.

〈공동 주택 가격 구간별 현실화율 예상 추이〉

(단위: %)

시세/연도	'20	'21	'22	'23	'24	'25	'26	'27	'28	'29	'30
평균	69.0	70.2	71.5	72.7	75.6	78.4	80.9	83.5	85.6	87.8	90.0
9억 미만	68.1	68.7	69.4	70.0	72.9	75.7	78.6	81.4	84.3	87.1	90.0
9억~15억	69.2	72.2	75.1	78.1	81.1	84.1	87.0	90.0	90.0	90.0	90.0
15억 이상	75.3	78.3	81.2	84.1	87.1	90.0	90.0	90.0	90.0	90.0	90.0

권력들이 소유한 아파트의 '실 자산 가치'를 파악하기 위해 2019년 1월부터 2020년 12월까지 '최근 2개년' 동안 그들이 보유하고 있는 아파트에서 실거래된 가격[168] 중 각 연도별 최고 가격을 비교하여 실 자산 가치를 평가했다(아울러, '별지'에는 실구매자들의 정보 취득 편의를 위해 '권력자들이 보유한 아파트' 단지의 30평대(84㎡) 위주로 조사한 가격 내역을 첨부하였다).

평가 결과, 권력자들이 보유한 아파트의 최근 2개년 수익률은 '13.1%

---

167 국토교통부, 「부동산 공시가격 현실화 계획」 및 「재산세 부담 완화 방안」 발표', 2020년 11월 3일

168 국토교통부 실거래가 공개시스템(http://rt.molit.go.kr)을 통해 아파트 실거래 가격을 확인하였다.

로 파악되었다. 이는 전국 2개년 평균 4.4%와 비교할 때 '2.9배'에 이르는 수치다. 한국 부동산원의 매매 가격 지수 변동 추이를 확인해 보면 이러한 추세가 쉬이 꺾이지는 않을 것 같다. 권력자들의 아파트에 관심을 가져야 하는 이유다.

15장
권력자들의 토지

모 아니면 도, 권력자들의 토지 사랑

몇 해 전 인사 청문회 대상이었던 모 부처 장관 내정자는 청문회 준비 과정에서 땅 투기 논란이 일자 '자연의 일부인 땅을 사랑하는 것일 뿐 투기와는 전혀 상관없다'는 주옥같은 해명으로 대다수 국민들에게 허탈감을 안겼다. 그는 결국 장관 내정자 신분에서 자진 사퇴했지만, 온 국민이 최고 권력의 예비 후보자들이 부를 바라보는 인식 수준을 가늠해볼 수 있는 계기를 마련해주었다.

선대로부터 물려받은 재산이 많지 않은 대다수 국민들의 부의 증식 방식은 직장에서 받은 봉급을 아껴 종잣돈을 마련하고, 그 종잣돈으로 자그마한 주택을 마련한다. 그 후 집의 규모를 순차적으로 늘려가다가 주식 투자도 하고, 여유가 생기면 토지 취득을 고민하기도 한다. 주변에 큰 부를 일궜다는 사람들을 보면 땅값이 올라 부자가 되었다는 사람들의 이야기를 심심치 않게 듣게 된다. 하지만, 토지는 금융 자산, 주택에 비해 환금성(換金性)[169]이 떨어져 자산이 충분치 않는 경우에는 선뜻 투자에 나서기가 어려운 자산 종목 중에 하나이다. 자칫 섣부른 투자로

---

169 환금성(換金性): 물건을 팔아서 돈으로 바꿀 수 있는 성질을 일컫는다.

돈이 묶이고 그로 인하여 유동성(流動性)[170] 위기에 처할 수도 있다.

물론 '모 아니면 도'식의 자산 평가 가치 등락(登落)으로 인해 '하이 리스크 하이 리턴'을 기대할 수 있는 대표 자산 종목이고, 인류가 유일하게 생산하지 못하는 재화(財貨) 중에 하나로 매력적인 투자 자산 중에 하나임은 부인할 수 없다. 한 국가의 경제가 성장할수록 토지 평가 가치의 상승은 필연적이다. 다만, 그 가치의 상승이 일률적으로 전 토지에 적용되지는 않는다는 점이다. 그래서 옥석을 가릴 줄 알아야 부의 추월 차선으로 안내해줄 수 있는 '부의 지도'를 그릴 수 있는 것이다.

그렇다면, 권력자들이 가지고 있는 '토지'는 어떠할까? 지방권력의 핵심인 지방 의원들이 가지고 있는 땅은 총 6억㎡로 의원 1인당 평균 축구장 20개 정도 크기의 땅을 가지고 있는 것으로 조사되었다.[171] 중앙 권력인 입법부, 사법부, 행정부 권력자들의 토지 규모 총계에 대한 공식적인 통계는 없지만, 비슷한 경향을 보이고 있다.

2020년 3월 공개된 권력자들의 자산 규모별 토지 자산액과 비중은 아래와 같이 조사되었다.

---

170 유동성(流動性): 자산이나 채권을 손실 없이 현금화할 수 있는 정도를 일컫는다.
171 배정훈 기자, "유독 챙기던 그 땅은 '의원님 땅'... 재산 추적해봤습니다", 〈SBS 뉴스〉, 2020년 10월 5일, https://news.sbs.co.kr/news/endPage.do?news_id=N1006009830, 2020년 12월 15일 접속

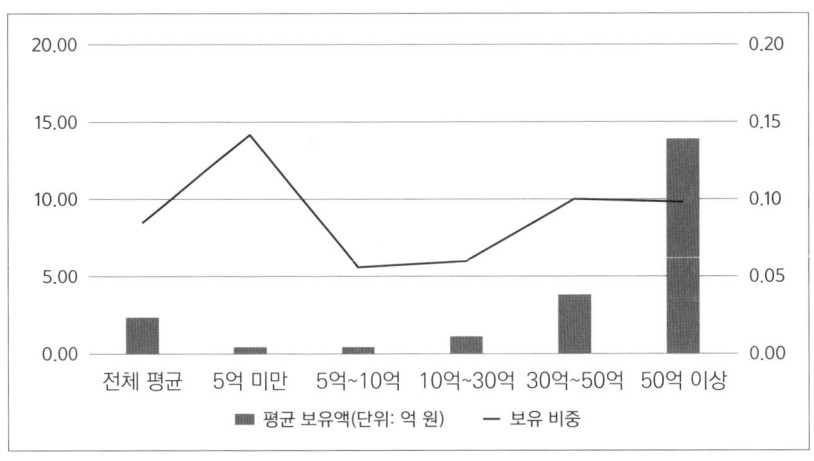

자산대별 주택 자산액과 비중 현황

구분	토지 자산 평균 보유액	전체 자산 중 토지 비중
전체평균	2.32억 원	8.5%
5억 미만 그룹(총자산)	0.43억 원	14.2%
5억 이상~10억 미만 그룹(총자산)	0.42억 원	5.6%
10억 이상~30억 미만 그룹(총자산)	1.07억 원	6.1%
30억 이상~50억 미만 그룹(총자산)	3.79억 원	10.0%
50억 이상 그룹(총자산)	13.81억 원	9.8%

　상대적으로 자산이 작은 규모인 '5억 미만' 권력자 자산가 그룹에서 토지가 차지하는 비중이 큰 것으로 조사되었다. 이는 '모 아니면 도' 식의 투자를 통해 이른 시간 안에 부의 증식을 기대하는 것인지 아니면 투자한 토지에 대한 확실한 정보가 있어서 이르게 된 결론인지 확인할 방법은 없다.

　다만, '5억 미만' 자산 그룹에서 보유하고 있는 토지 중 '전북 무주군 설천면 소천리 10▲▲번지' 토지의 공시지가는 전년 대비 605.9%로 수직상승 하였음을 확인할 수 있었다. 같은 기간 한국부동산원에서 공표한 전국 지가 지수 상승률이 3.9%[172]인 점을 감안하면 전국 평균 상승률과 비교하여 '155배 지가 상승'이라는 경이적인 기록을 보여주고 있다. 이 외에도 한 해 동안 '경남 창녕군 대지면 본초리 8▲▲번지' 토지는 33.5% 상승하여 전국 지가 상승률 대비 8.6배, '전남 완도군 완도읍 군내리 4▲▲번지' 토지는 25.0% 상승하여 전국 지가 상승률 대비 6.4배, '경기도 평택시 고덕면 해창리 12▲▲번지' 토지는 13.5% 상승하여 전국 지가 상승률 대비 3.5배 상승하였음을 보여준다. 실제 '5억 미만' 권력자들이 소유한 토지는 전국에 산재해 있다. 전국에 산재한 토지의 상당수는 지가가 상승하기는커녕 하락하는 곳도 부지기수다. 그럼에도 권력자들은 신묘(神妙)한 예지력(豫知力)으로 '토지의 미래'를 예측해내고 있는 것이다.

전국 평균지가 상승률이 일반 국민의 몫이라면, 예시로 들은 위 토지의 지가 상승률은 권력자들의 몫이다. 비교적 '5억 미만' 자산 그룹이 소득 분위상 4분위[173] 이하 그룹에 해당되어 우리 국민 평균 삶의 모습과 가까움에도 불구하고 권력자들의 토지를 통한 자산 증가율은 평균을 벗어나고 있는 셈인 것이다. 이런 추세가 계속된다면 '5억 미만' 그

---

172 전국평균 지가지수는 '2018년-93.996', '2019년-97.675'으로, 지가(地價)가 '3.9% 상승'했음을 확인할 수 있다. (출처: 한국부동산원 R-ONE 부동산 통계정보 시스템, https://www.r-one.co.kr/rone/resis/statistics/statisticsViewer.do?menuId=TSPIA_43100, 2020년 12월 20일)

173 2019년 기준 국민 순자산: 소득 5분위(7.6억원), 소득 4분위(3.9억원), 소득 3분위(2.9억 원), 소득 2분위(2.0억 원), 소득 1분위(1.2억 원) (출처: 통계청 국가 통계포털 KOSIS 기준, https://kosis.kr/statisticsList/statisticsListIndex.do?menuId=M_01_01&vwcd=MT_ZTITLE&parmTabId=M_01_01#SelectStatsBoxDiv, 2020년 12월 15일)

룹에 속한 권력자들도 수년 내 본인들이 속한 그룹을 벗어날 것이다. 반면, 그저 그런 수익률에 만족하고 있는 일반 국민들은 질곡(桎梏)의 시간이 좀 더 연장될 뿐이다.

'50억 이상' 권력자 자산가 그룹에서도 비슷한 경향은 계속되고 있음을 확인할 수 있다. '서울 서초구 서초동 16▲▲번지' 토지는 641.8% 상승하여 전국 지가 상승률 대비 164.6배 , '강원 평창군 봉평면 유포리 1▲▲번지' 토지는 75.7% 상승하여 전국 지가 상승률 대비 19.4배, '경남 남해군 서면 중현리 11▲▲-▲번지' 토지는 73.2% 상승하여 전국 지가 상승률 대비 18.8배, '전북 전주시 호성동 2가 7▲▲-▲번지' 토지는 54.6% 상승하여 전국 지가 상승률 대비 14배 상승한 것으로 나타났다. '50억 이상' 권력자 자산가 그룹은 토지를 보유한 절대 금액이 다른 자산가에 비해 월등히 많은 점을 고려하면 그야말로 토지를 통한 자산 증식은 눈덩이처럼 불어날 것으로 예측된다.

「공공기관 정보공개에 관한 법률」 등이 마련되고 시행됨에 따라 일반인들이 국가기관이 보유하고 있는 정보에 접근할 수 있는 여건은 예전과는 비교도 할 수 없을 정도로 용이해졌다. 문제는 홍수처럼 쏟아지는 정보들로 인해 해당 분야에 전문성이 없는 일반인들은 정보를 가공하고, 취득한 정보에 의미를 부여하고 활용하는 데 어려움이 있다는 점이다.

통상 토지 가격은 도시개발계획, 인구 증가율, 산업 구조의 변화 등과 밀접한 관련이 있다. 위 지표들은 국토교통부, 산업자원부, 통계청, 한국부동산원 등의 공공기관들을 통해 실시간으로 확인이 가능한 정보다. 특정 지역에 '도시개발계획'이 예정되어 있고 계획이 시행에 들어가면 해당지역에 지가 상승은 불 보듯 뻔한 사실이다. 행정복합도시건설, ○○혁신도시, ○○산업특구지정 등은 지가 상승 측면에서 보면 너무나 알아보기 쉬운 지가 상승 소재가 된다. 그럼에도 일반 국민 평균의 삶이 녹록지 않기에, 그 쉬운 지표들을 돌아볼 겨를이 없는 탓에 혹은 뻔히 알면서도 자산이 부족하여 투자하지 못하는 탓에 우두커니 지켜볼 수밖에 없다는 것이 안타까울 따름이다.

인구 증가율 또한 토지 가격을 결정하는 주요 지표 중에 하나이다. 앞서 언급한 바와 같이 토지는 인류가 유일하게 생산하지 못하는 대표 재화 중에 하나이다(새만금 개발 같은 대규모 간척 사업으로 토지를 마련하는 것은 예외로 한다). 사람이 몰리는 곳의 토지 희소성(稀少性)은 증대된다. 시장의 기본 원리인 공급이 수요를 따라지가 못하면 가격이 오르는 것은 자명한 이치이다.

통계청이 '최근 20년간 수도권 인구이동과 향후 인구전망'이라는 제목으로 배포한 보도 자료에서 2020년 7월 1일 기준으로 수도권 인구수(2,596만 명)가 비수도권 인구수(2,582만 명)를 추월하였고, 이러한 경향은 지속될 것이라고 사실을 확인할 수 있다.[174]

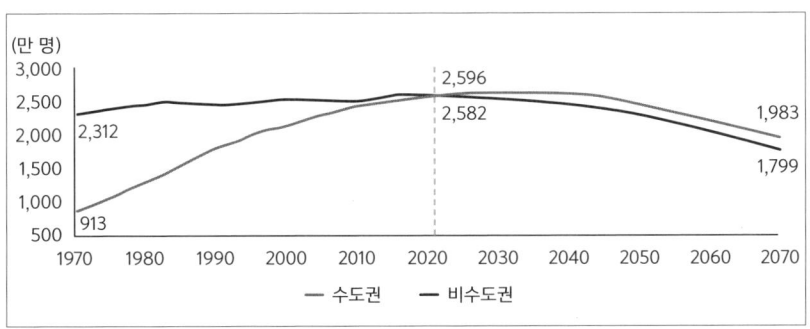

---

174 통계청이 배포한 보도 자료에 따르면, 2020년 수도권 인구가 비수도권 인구를 추월한 것으로 확인된다. 〈출처: 통계청, '최근 20년간 수도권 인구이동과 향후 인구전망', 2020년 6월 29일 배포〉

이는 토지 가격의 변동성 측면에서 상징하는 바가 크다. 토지 투자를 결정하며 인구 변동의 추이를 확인하지 않고 판단을 내리는 것은 '우물에서 숭늉을 찾는 격'이나 마찬가지인 셈이다.

　다음은 향후 시도별 총인구의 변화를 예측한 통계 자료다. 토지 투자를 계획하는 독자들은 이를 토대로 토지 투자에 필요한 '부의 지도'를 그려보길 진심으로 강권(强勸)해 드린다.

⟨시도별 총인구 전망⟩[175]

지역	총인구(만 명)						2020년 대비 2070년	
	2030	2040	2050	2060	2070	2117	증감	증감률(%)
전국	5,193	5,086	4,774	4,284	3,782	2,082	-1,397	-27.0
서울	916	873	811	731	649	362	-311	-32.4
부산	311	289	259	224	193	101	-141	-42.3
대구	228	214	193	167	143	75	-98	-40.7
인천	303	303	289	262	233	130	-62	-21.0
광주	142	134	122	107	93	50	-56	-37.5
대전	144	139	129	116	103	57	-47	-31.3
울산	110	103	93	81	69	37	-45	-39.3
세종	48	56	60	60	56	33	21	60.3
경기	1,429	1,439	1,370	1,238	1,100	616	-240	-17.9
강원	152	151	144	131	116	64	-35	-23.4
충북	167	168	160	146	130	73	-33	-20.5
충남	232	236	228	209	188	105	-33	-14.9
전북	172	165	154	138	120	66	-59	-32.8
전남	172	167	157	141	123	66	-53	-30.2
경북	259	250	232	204	177	94	-88	-33.2

175　통계청, '최근 20년간 수도권 인구이동과 향후 인구전망', 2020년 6월 29일 배포

지역	총인구(만 명)						2020년 대비 2070년	
	2030	2040	2050	2060	2070	2117	증감	증감률(%)
경남	332	320	295	258	222	117	-113	-33.6
제주	75	79	78	72	64	36	-3	-3.8
수도권	2,648	2,615	2,469	2,231	1,983	1,108	-613	-23.6
중부권	744	750	722	662	592	333	-128	-17.7
호남권	560	545	512	457	401	218	-171	-29.8
영남권	1,241	1,176	1,071	934	806	423	-485	-37.6
구성비, 증감(%, %p)								
전국	100.0	100.0	100.0	100.0	100.0	100.0	0.0	
서울	17.6	17.2	17.0	17.1	17.2	17.4	-1.4	
부산	6.0	5.7	5.4	5.2	5.1	4.8	-1.4	
대구	4.4	4.2	4.0	3.9	3.8	3.6	-0.9	
인천	5.8	6.0	6.0	6.1	6.2	6.3	0.5	
광주	2.7	2.6	2.6	2.5	2.5	2.4	-0.4	
대전	2.8	2.7	2.7	2.7	2.7	2.8	-0.2	
울산	2.1	2.0	2.0	1.9	1.8	1.8	-0.4	
세종	0.9	1.1	1.3	1.4	1.5	1.6	0.8	
경기	27.5	28.3	28.7	28.9	29.1	29.6	3.2	
강원	2.9	3.0	3.0	3.1	3.1	3.1	0.1	
충북	3.2	3.3	3.4	3.4	3.4	3.5	0.3	
충남	4.5	4.6	4.8	4.9	5.0	5.1	0.7	
전북	3.3	3.3	3.2	3.2	3.2	3.2	-0.3	
전남	3.3	3.3	3.3	3.3	3.3	3.2	-0.2	
경북	5.0	4.9	4.9	4.8	4.7	4.5	-0.4	
경남	6.4	6.3	6.2	6.0	5.9	5.6	-0.6	
제주	1.4	1.5	1.6	1.7	1.7	1.7	0.4	
수도권	51.0	51.4	51.7	52.1	52.4	53.2	2.3	
중부권	14.3	14.7	15.1	15.4	15.7	16.0	1.8	
호남권	10.8	10.7	10.7	10.7	10.6	10.5	-0.4	
영남권	23.9	23.1	22.4	21.8	21.3	20.3	-3.6	

권력자의 토지 자산 수익률은 어떨까?

권력자들이 보유하고 있는 토지의 총면적과 토지의 지번을 나타내는 정보의 양은 실로 방대했다. 단일 지번 기준으로 토지 면적의 크기가 33㎡(10평 미만) 미만인 '강원 속초시 교동 482-2▲▲번지'의 '27.70㎡' 토지부터, '경남 양산시 하북면 용연리 산▲▲번지' 토지처럼 단일 지번 면적이 '626,989.00㎡(189,996.67평)'에 이르는 거대한 면적의 토지까지 권력자들은 전국에 다양한 형태의 토지를 보유하고 있다.

'구슬이 서 말이라도 꿰어야 보배'가 될 수 있고, '모래처럼 흩뿌려진 파편화된 정보'들로부터는 의미 있는 결과를 도출할 수가 없었다.

일반적인 토지 투자자의 경향과 본 저에 담을 수 있는 정보량을 고려하여 330㎡(100평) 이상 면적의 토지, 단일 지번 기준 공시 지가(公示 地價)[176]액이 1억 원 이상인 토지 등을 분석 대상으로, 권력자가 보유한 토지 중 '총 801개'의 토지 지번을 대상으로 범위를 좁혔다. 유사 지번의 경우, 예를 들어 '452번지, 453번지, 454번지' 토지가 있는 경우 이중 가장 면적이 넓은 토지를 대표 분석 대상으로 하였다. 본 저 후반부 '별지'에 실제 권력자들이 보유한 토지 지번의 일부를 가려 기재하였다. 일부 가려진 지번이라도 관심 있는 독자라면 대강의 위치를 가늠해 보는 데에는 전혀 부족함이 없으리라 판단된다. 그들의 토지 지번을 토대로 독자 스스로 '부의 지도'를 그려나가 보는 것 또한 필자가 강권해 드리는 방법 중 하나이다.

권력자들이 보유하고 있는 토지 중 분석 대상인 '총 801개' 토지에

---

[176] 공시 지가(公示地價): 국토교통부 장관이 조사, 평가하여 공시한 토지의 단위 면적당 가격을 일컫는다.

대한 전년 대비 공시 지가 상승률은 2018년 말 기준 공시 지가 총액 2,255.6억 원에서, 2019년 말 기준 2,448.7억 원으로 '8.5%' 상승한 것으로 나타났다. 이는 전국 평균 지가상승률 3.9%와 비교해 '약 2.2배' 수준의 규모에 해당하는 수치다. 물론, 금번 분석 대상에서 빠진 토지들을 분석 범위에 포함하는 경우 결과가 어떠하리라 예단하기는 힘들다.

토지 자산의 가치를 평가한 기준으로 활용한 공시 지가는 시장에서 실제로 거래되는 토지 가격에 비해 낮은 수준으로 책정되어 있다. 국토교통부에서 발표한 '부동산 공시 가격 현실화 계획'에 따르면, 2020년 기준 공시 가격 현실화율은 공동 주택의 경우 69.0%, 단독 주택 53.6%, 토지 65.5% 수준으로 현재 시세를 반영하고 있는 것으로 나타났다.[177] 정부는 국민 부담의 형평성 제고 등을 위해 시세의 90% 수준까지 점진적으로 공시 가격을 현실화할 계획이다.

공시 가격의 점진적 증대는 세금 문제와 직결되는 부분이다. 부를 일궈내며 보유세, 양도세 등 세금 부분을 간과하는 것은 어리석은 행태이다. 애써 투자한 자산의 가치가 세금 제도의 몰이해로 양도 차액의 상당 부분을 세금으로 납부해야 한다면 국가 세입 증대에 특별한 기여를 하고자 하는 의무감을 가지고 있는 분이 아니라면 유쾌한 일은 아닐 것이다. 공시 가격 현실화율 로드맵을 확인하여 주택, 토지 등의 자산 구성에 활용할 필요가 있다.

---

177 국토교통부, '부동산 공시가격 현실화 계획 및 재산세 부담 완화 방안 발표', 2020년 11월 3일

⟨공동 주택 가격 구간별 현실화율 예상 추이⟩[178]

(단위: %)

시세/연도	'20	'21	'22	'23	'24	'25	'26	'27	'28	'29	'30
평균	69.0	70.2	71.5	72.7	75.6	78.4	80.9	83.5	85.6	87.8	90.0
9억 미만	68.1	68.7	69.4	70.0	72.9	75.7	78.6	81.4	84.3	87.1	90.0
9억~15억	69.2	72.2	75.1	78.1	81.1	84.1	87.0	90.0	90.0	90.0	90.0
15억 이상	75.3	78.3	81.2	84.1	87.1	90.0	90.0	90.0	90.0	90.0	90.0

⟨표준지 용도별 현실화율 추이⟩[179]

(단위: %)

시세/연도	'20	'21	'22	'23	'24	'25	'26	'27	'28
평균	65.5	68.6	71.6	74.7	77.8	80.8	83.9	86.9	90.0
주거용	64.8	68.0	71.1	74.3	77.4	80.6	83.7	86.9	90.0
상업용	67.0	69.9	72.8	75.7	78.5	81.4	84.3	87.1	90.0
공업용	65.9	68.9	71.9	74.9	77.9	80.9	84.0	87.0	90.0
농경지	62.9	66.3	69.7	73.1	76.5	79.8	83.2	86.6	90.0
임야	62.7	66.1	69.5	72.9	76.3	79.8	83.2	86.6	90.0
기타	66.8	69.7	72.6	75.5	78.4	81.3	84.2	87.1	90.0

---

178 국토교통부, '부동산 공시가격 현실화 계획 및 재산세 부담 완화 방안 발표', 2020년 11월 3일

179 국토교통부, '부동산 공시가격 현실화 계획 및 재산세 부담 완화 방안 발표', 2020년 11월 3일

16장
권력자들의 주식

'클래스'가 다른 권력자들의 투자 패턴

권력자들이 주식에 많은 자산을 투자할 것이라는 기대와는 달리 '50억 미만' 자산가 그룹에서는 총자산 중 평균 5% 이상을 초과하여 주식에 투자하는 그룹이 없었다. '50억 이상' 자산을 보유한 그룹은 자산 내 주식 비중이 평균 27.8%에 이르고 있으나, 이 역시 본인이 소유한 기업의 주식을 보유[180]한 일부 권력자들의 특수성이 반영되어 평균 비중이 높아진 것으로 분석된다.

자산대별 주식 자산액과 비중 현황

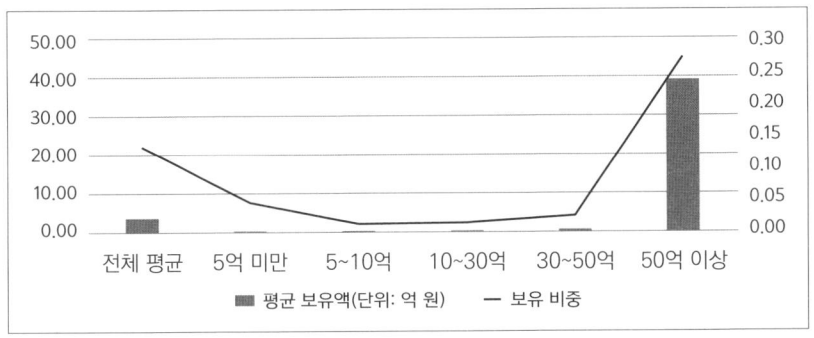

---

180 입법부 A국회의원의 경우, 총 자산 853억 원 중 주식 평가액이 617억 원으로 주식 비중이 '72%'에 이르고 있다. A의원은 그가 보유한 주식 '○○회사'의 대표를 역임하기도 했다.

구분	주식 자산 평균 보유액	전체 자산 중 주식 비중
전체 평균	3.71억 원	13.6%
5억 미만 그룹(총자산)	0.14억 원	4.8%
5억 이상~10억 미만 그룹(총자산)	0.10억 원	1.4%
10억 이상~30억 미만 그룹(총자산)	0.26억 원	1.5%
30억 이상~50억 미만 그룹(총자산)	0.96억 원	2.6%
50억 이상 그룹(총자산)	39.38억 원	27.8%

주식 부분에 권력자들이 의미 있는 투자 비중을 두기 어려운 이유는, 「공직자윤리법」 제14조의4에 따른 것으로 보인다. 해당 법 조항은 재산공개 대상자 등이 본인 및 그 이해 관계자(배우자 등)가 보유한 주식의 총 가액이 3천만 원을 초과하는 경우 1개월 이내에 주식을 매각하거나 주식백지신탁[181]을 하도록 의무화하고 있다(다만, 주식백지신탁심사위원회에서 일정한 유형 또는 종목의 주식 중 권력자의 직무와 관련이 없는 경우에는 예외적으로 보유를 할 수 있도록 하고 있다).

이러한 이유 등으로 권력자들은 주식을 통한 자산 증식에 있어서는 일반 국민에 비교해 한쪽 손발이 묶일 수밖에 없는 처지이다. 실제로 직무상 주식과 밀접한 관련이 있는 '금융위원회', '금융감독원' 등에 재직하고 있는 권력자들 중 본 저에 분석 대상인 주식 자산액 1억 이상을 보유한 사람은 '단 한 명'도 존재하지 않았다. 물론 권력자들의 가족 중 일부 소액의 주식을 보유하고 있긴 했지만 의미 있는 자산 증식의 효과를 기대하기에는 어려운 금액이라 분석되었다.

---

181 주식백지신탁제(株式白紙信託制, blind trust): 공직자가 자신의 직위에 재임하는 기간 중에 자신의 재산과 관련이 없는 제3자에게 재산의 관리와 처분을 맡기는 제도로, 공직자의 직무수행에 공정성을 기하고자 2005년 「공직자윤리법」 개정 시 도입되었다.

그럼에도 '1억 이상' 주식을 보유하고 있는 권력자는 분석 대상 총 794명 중 50명(6.3%)에 이르는 것으로 확인되었다. 코로나 이후 '동학개미[182]'라는 신조어가 생겨날 정도로 시장에 유동성이 풍부해진 덕에 주식에 직접 투자하는 일반 국민들의 수는 급증하고 있다. 2020년 국내 증시를 주도한 종목은 소위 'BBIG'로 불리는 7개 종목이다. BBIG는 바이오(Bio), 전지(Battery), 인터넷(Internet), 게임(Game)의 4개 분야의 첫 이니셜을 딴 것으로, 해당 분야의 7개 주요 종목인 '삼성바이오로직스', '셀트리온', 'LG화학', '삼성SDI', '네이버', '카카오', '엔씨소프트'가 BBIG7에 속한다. '동학개미'들이 7개 주요 종목을 대거 사들여 큰 수익을 얻은 반면, '1억 이상' 주식을 보유한 권력자들은 '동학개미'와는 다른 투자 패턴을 보이는 것으로 분석되었다.

권력자들 중 BBIG7에 해당하는 주식을 다량으로 보유한 사람은 없는 것으로 나타났다.[183] 권력자 '2인 이상'이 공통으로 보유한 주식은 다음과 같았다.

---

[182] 동학개미: 2020년 코로나19 사태가 촉발되면서, 국내 개인 투자자들이 기관 및 외국 투자자들의 대량 주식 매도에 맞서 국내 주식을 대거 사들이는 상황을 1894년 '동학농민 운동'에 빗대어 만든 신조어다.

[183] 최진렬 기자, "국회 신규재산등록 의원 28명이 1억 이상 주식보유", 2020년 9월 6일, 〈주간동아〉, https://weekly.donga.com/3/all/11/2171223/1, 2020년 12월 10일 접속

종목명	보유 인원	종목명	보유 인원
KB금융	2명	삼성증권	2명
KT	2명	삼성생명	2명
LG이노텍	2명	셀트리온	4명
POSCO	3명	셀트리온헬스케어	3명
SK이노베이션	2명	지역난방공사	2명
SK하이닉스	4명	한국전력	2명
미래에셋대우	2명	현대중공업지주	3명
헬릭스미스	2명	현대모비스	2명
삼성물산	2명	현대엘리베이터	3명
삼성전자	8명	현대차	4명

'BBIG7' 종목 중 '1억 이상' 주식을 보유한 권력자 '2인 이상'이 투자하고 있는 종목은 '셀트리온'이 유일하다. 셀트리온은 2019년 말 종가 181,000원 대비 2020년 12월 4일 종가 기준 380,000원으로 109.9% 주가가 상승된 것으로 확인된다.

「공직자윤리법」상 재산 신고 대상자는 통상의 경우 매해 연말을 기준으로 재산을 신고하게 되어 있다.[184] 이러한 법의 규정으로 인해 권력자들이 연말 기준으로 보유한 주식의 현황은 재산공개 내역에서 확인이 가능하나, 그 주식을 언제 취득하였는지 또 언제 매각하였는지 주식 매매를 통한 수익 현황은 확인하기는 어렵다.

---

184 최초로 재산등록 대상이 되는 경우, 연도 말 기준일이 아닌 재산등록 대상자가 되는 시점을 기준으로 재산을 등록하도록 되어 있다.

〈주식 재산공개 내역〉

-권력자 A

(단위 : 천원)

소속						
본인과의 관계	재산의 종류	소재지 면적 등 권리의 명세	종전가액	변동액		현재가액	변동사유
				증가액 (실거래가격)	감소액 (실거래가격)		

▲ 유가증권(소계)

			350,756	95	0	350,851	
배우자	비상장주식	(주)오리엔탈정밀기계 30,000주, 주식회사 투에메디치 40,000주	350,000	0	0	350,000	
장녀	상장주식	오리엔탈정공 535주	380	48	0	428	가액변동
차남	상장주식	오리엔탈정공 529주	376	47	0	423	

-권력자 B

▲ 유가증권(소계)

			96,000	20,039	0	116,039	
본인	비상장주식	화성산업 6,400주	64,000	0	0	64,000	
배우자	비상장주식	화성산업 2,400주	24,000	0	0	24,000	
자녀	상장주식	일라이바둘닝스 24주(24주 증가), 아바존닝컴 3주(3주 증가), AT&T 30주(30주 증가), 코카콜라 30주(30주 증가), ROYAL DUTCH SHE 14주(14주 증가), 알트리아 36주(36주 증가), 그레포허인즈 38주(38주 증가)	0	20,039	0	20,039	신규 매입
자녀	비상장주식	화성산업 400주	4,000	0	0	4,000	
장남	비상장주식	화성산업 400주	4,000	0	0	4,000	

2020년 기준[185]으로 코스피에 등록된 종목 수는 887개, 코스닥은 1,362개, 코넥스는 103개로 한국거래소에 등록된 거래 종목 수는 '총 2,352개'에 이른다. 이중 '1억 이상' 주식에 투자한 권력자들이 2018년 말, 2019년 말을 기준으로 주식 종목은 '총 104개'로 전체 상장 종목 중 4.4%에 해당하는 주식에만 투자를 하고 있는 것으로 분석되었다.

본 저 후반부 '별지'에 권력자들이 투자한 주식의 상세 내역과 최근 1년 주식 가격 변동률을 첨부하였다. 주식 가격 변동률이 권력자들의 주식 투자 수익률은 아님을 유의해주시기 바란다.

권력자들은 주식으로 얼마를 벌었을까?

권력자들이 공개한 재산 내역으로는 아파트, 토지와는 달리 주식 투자 수익률을 계산하는 것은 불가능하다. 주식의 매입과 매도의 시점을 확인할 수 없는 탓이다. 다만, 그들이 보유한 종목을 분석해보면 권력자들이 가치를 부여하고 있는 주식이 어떠한 것이고, 그들이 가치를 부여한 주식의 성장성은 어떠한지를 확인할 수 있다.

권력자 모두가 '투자의 귀재'는 아니다. 필자가 분석한 104개 종목 중 최근 1년간 주가 상승률이 종합주가지수 상승률과 비교했을 때, 종합주가지수 상승률보다 높게 상승한 종목 수는 64개였고, 하락한 종목은 40개에 달하는 것으로 분석되었다. 종합주가지수 상승률[186]과 대비해서 더 높게 상승한 종목은 아래와 같다. 각 주식 종목의 미래를 점쳐

---

185 2020년 12월 7일 한국거래소(KRX)에 거래되는 종목수를 기준으로 작성하였다.
186 종합 주가 지수는 2019년 '2,197.67'에서, 2020년 12월 4일 기준 '2,731.45'로 전년 대비 24.3% 상승하였다. 〈출처: 한국거래소〉

보는 것은 현명한 독자들의 몫으로 남겨본다.

(단위: 원)

종목명	'19년 종가 (A)	'20. 12. 4. 종가(B)	상승률 (B-A)/A	종합 주가 지수 변동률
알서포트	2,660	15,300	475.2%	24.3%
HMM	3,550	12,750	259.2%	24.3%
신일제약	7,150	24,150	237.8%	24.3%
오리엔탈정공	800	2,590	223.8%	24.3%
셀트리온헬스케어	53,000	149,700	182.5%	24.3%
두산중공업	5,720	14,900	160.5%	24.3%
카카오	153,500	389,500	153.7%	24.3%
제넥신	62,500	151,200	141.9%	24.3%
한화솔루션	18,850	45,100	139.3%	24.3%
웹젠	16,300	34,950	114.4%	24.3%
남선알미늄	3,230	4,225	30.8%	24.3%
동국제강	5,950	7,770	30.6%	24.3%
현대글로비스	143,000	186,000	30.1%	24.3%
삼성전기	125,000	162,500	30.0%	24.3%
삼성전자	55,800	71,500	28.1%	24.3%
SFA반도체	4,305	5,420	25.9%	24.3%
LG이노텍	72,100	90,500	25.5%	24.3%
셀트리온	181,000	380,000	109.9%	24.3%
KNN	1,215	2,340	92.6%	24.3%
삼성바이오로직	433,000	825,000	90.5%	24.3%
한솔홈데코	1,095	2,085	90.4%	24.3%
동일고무벨트	5,510	9,680	75.7%	24.3%
제노포커스	5,700	9,760	71.2%	24.3%
오션브릿지	10,300	16,950	64.6%	24.3%
현대차	120,500	196,500	63.1%	24.3%

종목명	'19년 종가 (A)	'20. 12. 4. 종가(B)	상승률 (B-A)/A	종합 주가 지수 변동률
선광	16,600	26,600	60.2%	24.3%
만도	35,200	54,600	55.1%	24.3%
두산인프라코어	5,550	8,280	49.2%	24.3%
넷마블	92,400	132,000	42.9%	24.3%
미래에셋대우	7,550	10,350	37.1%	24.3%
SK증권	607	831	36.9%	24.3%
한국정보통신	6,870	9,350	36.1%	24.3%
현대일렉트릭	11,550	15,600	35.1%	24.3%
휴비츠	6,090	8,220	35.0%	24.3%
포스코ICT	5,290	7,120	34.6%	24.3%
알에프텍	7,960	10,650	33.8%	24.3%
KSS해운	7,730	10,300	33.2%	24.3%
네패스	24,050	31,650	31.6%	24.3%

CHAPTER
5

자산 규모별 권력자 투자
따라 해보기

17장
범(虎) 가는 데 바람 가는 법,
권력자 등에 올라타야 안전하다

똑똑한 사람들의 멍청한 선택

경제학 이론에서 가장 핵심적인 가정(假定)은 각 경제의 주체들이 선택을 하는 경우, 최적화(optimizing)된 판단을 거쳐 선택을 한다는 데 있다. 과연 각 경제의 주체들은 최적화된 판단만을 하는 것일까? 『똑똑한 사람들의 멍청한 선택』의 저자 리처드 탈러[187]는 그의 저서에서 경제의 주체들이 최적화된 판단만을 하는 것은 아니라고 강변(强辯)한다.

그의 주장은 우리 생활에서도 입증된다. 이를테면, 시장에서 콩나물 같은 물건값을 깎는 데 노고를 들임에도, 훨씬 고가인 명품 가방을 파는 가게에서는 선뜻 깎아 달라고 이야기하는 노고를 들이는 건 망설여한다. 똑같은 돈임에도 본인이 피땀 흘려 번 돈은 아껴 쓰는 데 비해 복권에 당첨되거나 주식으로 별다른 노력을 들이지 않고 번 돈은 비교적 쉽게 소비한다. 사실 따지고 보면 똑같은 돈인데 말이다. 경제학에서 말하고 있는 최적화된 판단 기준에 따르면 콩나물 값을 깎는 것보

---

[187] 리처드 탈러(Richard H. Thaler): 시카고 대학 경영대학원교수로, 경제학과 심리학의 측면에서 비이성적 인간행동의 비밀을 밝혀낸 성과로 2017년 노벨경제학상을 수상하였다.

다 명품 가방 가격을 깎는 게 훨씬 합리적이다. 마찬가지로, 월급을 아끼는 것 이상으로 주식과 복권을 통해 가외(加外)로 벌어들인 소득도 금액의 많고 적음에 따라 아껴야 하는 정도를 결정해야 한다. 그럼에도 대부분의 사람은 이를 간과한 채 살아가는 게 현실이다. 이러한 비이성적 인간의 행동은 다양한 분야에서 목격된다.

비이성적 행동의 부정적인 결과를 예방하기 위해 디폴트값, 소위 말하는 '넛지(nudge) 이론'을 적용해 인간의 행동이 합리적으로 이뤄질 수 있도록 한 조치들은 우리 생활 곳곳에서 확인된다. 특히, 행동 주체들의 주의력을 한 방향으로 집중시키는 경우에 큰 힘을 발휘한다. 네덜란드 스키폴 공항에서 '아드 키붐(Aad Kieboom)'이 처음으로 고안해낸 공중화장실 남자 소변기에 그려 넣은 검은색 파리는 변기 밖으로 튀는 소변의 양을 80%나 감소시키는 것으로 조사되었고, 학교나 직장 내 자율 배식대의 음식 배열을 바꾸는 경우에도 음식 자체의 변화 없이 음식별 소비량이 달라지게 하는 것으로 조사되었다.

'넛지'를 이용해 소비자들의 지갑에서 쉽게 돈을 빼가는 경우도 얼마든지 있다. 예를 들어 첫 달 무료라는 달콤한 유혹으로 소비자들로부터 유료 서비스에 가입하게 한 뒤, 시간이 흐르면 이러한 사실을 망각한 소비자들로부터 그들이 이용하지도 않는 서비스 제공의 대가로 은밀하게 돈을 빼가는 사례 등 추가로 예를 들지 않아도 유사한 사례들은 무수히 많다. 또, 보험 설계와 휴대 전화 요금제 선택에서도 유사한 사례를 접하게 된다. 필요 없는 혹은 일어날 확률이 지극히 낮은 특약을 기본 디폴트값으로 설정하여 매달 일정 금액을 빼가거나 다 쓰지도 못할 정도의 통화 시간이나 데이터양을 제공하는 것을 조건으로 요금제를 설정하여 필요 이상의 비용을 소비자에게 부담시키는 사례는 비일비재하다. 경제학의 기본 전제인 최적화된 판단이 기본부터 무너져 내리는 현상을 우리는 곳곳에서 목도(目睹)하게 되는 것이다.

인생은 매 순간순간이 판단과 선택의 연속이다. 내가 그때 그 주식을 사놓았더라면 내가 그때 그 땅을 샀어야 했는데 혹은 내가 그때 그 사람이 내민 손을 뿌리치지 말았어야 했는데 식의 후회는 돌이킬 수도 없다. 매 순간순간 선택을 해야 함에 있어 우리가 신중하게 판단해야 하는 이유다.

너무나 어려운 선택, 어떻게 해야 하나

2020년 우리 사회는 아파트 가격 상승과 부동산 경기가 과열되는 것을 막기 위한 거듭된 규제 정책 시행 등으로 인해 이전과는 비교할 수 없을 정도의 부동산 관련 언론 보도가 쏟아졌다. 부동산 가격이 상승하는 데에는 여러 이유가 있을 것이다. 일단 코로나19로 인해 전 세계적으로 경기 위축을 막기 위해 제로 금리에 가까울 정도로 금리를 낮췄고, 추상적인 개념 속에서나 자리 잡고 있었던 기본 소득에 대한 본격적인 논의를 앞당길 정도로 온 국민을 각인시킨 전 국민 재난 지원금 지급 등 사회 취약 계층 및 지역 곳곳에 정부 재정을 풀었다. 덕분에 시장에는 유동성이 넘쳐나게 되었다. 유동성 증대는 아파트 가격, 주가 상승 등에 상당 부분 영향을 미치게 되었다. 먼저 아파트, 주식을 마련했던 사람들은 내심 쾌재를 외쳤고, 그렇지 못한 사람들은 망연자실(茫然自失)해 했다. 정부는 이러한 불균형을 소득 재분배 정책과 조세 제도 등의 개정을 통해 바로잡을 계획이지만 이러한 문제는 언제든 닥치기 마련이다. 특히나, 기후 변화나 전 세계적인 경제 환경 변화의 속도가 점점 가속화되면서 우리는 언제 또다시 이러한 위기에 처하게 될지 모르는 게 우리가 맞이하고 있는 작금(昨今)의 현실이다.

선택은 어려운 일이다. 특히나, 본인이 거주해야 하는 아파트나 미래의 부를 위해 투자하는 토지, 주식 등을 결정하는 것은 쉬운 일이 아니다. 주택만 보더라도(실제 실거주 이외 자산 증식 측면에 전혀 목적이 없는 경우를 제외하고) 고려해야 할 요소들이 한두 가지가 아니다. 대중교통 이용 편의성, 아파트 브랜드, 발전 가능성, 노후화 정도, 생활 시설 이용 편의성, 치안, 자금 조달 가능성, 아파트 관리 수준, 자녀들을 둔 경우라면 학군까지 이루 헤아릴 수 없을 정도로 많다. 토지는 또 어떠한가? 토지의 성격을 규정하고 있는 전, 대지, 잡종지, 맹지 등 그 용어부터 낯설다. 계획관리지역, 자연보전지역 등 뭐가 뭔지 도통 알 수가 없다. 또, 국민 모두가 주택, 토지, 주식에 전문가가 되면 좋으련만 그렇게 될 수도 없고, 그렇게 되는 것이 사회 전체적으로 봤을 때 바람직한 현상도 아니다. 생산적인 곳에 노력이 들어가는 것이 아니기 때문이다.

『결핍의 경제학』의 저자 센딜 멀레이너선과 엘다 샤퍼[188]는 그들의 저서에서 사람마다 관심을 가질 수 있는 대역폭이 정해져 있다고 주장한다.[189] 대역폭 안에서는 합리적인 행동을 하지만, 대역폭을 벗어나게 되면 행동의 합리성이 현저하게 떨어지게 된다는 것이다. 모든 국민 개

---

[188] 센딜 멀레이너선(Sendhil Mullainathan): 하버드대학교 경제학과 교수로 행동경제학 및 개발경제학 분야의 전문가이다.
엘다 샤퍼(Eldar Shafir): 프린스턴대학교 심리학과 교수로 인지과학 및 의사결정 분야의 전문가이다.

[189] 센딜 멀레이너선·엘다 샤퍼, 『결핍의 경제학』, 이경식 옮김, 알에이치코리아, 2014, 411~423쪽

개인들이 투자한 아파트, 토지, 주식에서 성공을 거두면 행복하겠지만 그렇지 못하는 이유가 대역폭을 벗어난 곳에서 이뤄진 판단 때문에 해피엔딩으로 결말을 맺지 못하는 것이다.

그렇다면 어떻게 해야 하나? 가장 이상적인 답변은 각 개인이 대역폭을 늘려 최고의 투자 전문가가 되면 된다. 하지만 현실은 그렇게 녹록지 않다. 대역폭을 늘리는 것은 단시간 내에 해결되는 문제가 아니다. 우리에게 주어진 시간은 멈춤 없이 흘러간다. 그 시간 속에서 대역폭을 늘려가는 것 이상으로 우리는 하루하루를 감내하며 살아가기조차 버거운 게 현실이다.

스스로 발품을 팔고 정보를 뒤져 선택을 하지만, 어딘지 모르게 자신이 없다. 많은 사람으로부터 조언을 듣지만 결국에 선택은 본인의 몫이다. 그 선택의 순간 광야(曠野)에 혼자서 있는 것처럼 외롭고 두렵다. 이 광야에서 백마 타고 온 초인이 도움을 주면 좋으련만 현실은 그렇지 못하다. 이육사[190]의 시처럼 목놓아 부르고 싶지만 들어줄 사람은 없는 것이다.

인생에 있어서 집을 마련하고, 또 미래를 위해 투자를 결정하는 것은 각자의 삶에서 중요한 부분을 차지한다. 그럼에도 많은 사람들이 최적화된 선택을 하는 것은 아니다. 그러함에도 본인의 결정에 축복이 있길 간절히 바라는 것은 매한가지이다. 어딘지 앞뒤가 맞지 않는다.

불확실한 결정을 하고 행운이 깃들길 염원하는 것보다 권력자들의 선택을 따라 하는 것이 훨씬 합리적이다. 그들의 성과는 데이터로 입증

---

190 이육사(李陸史): 일제 강점기 민족의 양심을 지키며 일제에 항거하며 활동한 시인으로 민족의 의지를 그의 시에 담은 것으로 유명하다. 대표 작품으로는 〈절정〉, 〈광야〉, 〈청포도〉 등이 있다.

되고 있다. 설혹 그들의 과거 결정이 합리적이지 못하였다 하더라고 그들은 '시대의 흐름을 바뀌게 할 수 있는 사람들'이다. 그들과 한편이 되어야 한다. 그들도 인간이다. 그들 스스로가 권력자이기에 앞서 호모 이코노미쿠스[191]인 것이다. 그들 스스로 자신의 이해와 그들이 스스로 알고 있는 것과 배치(背馳)되게 그들만의 '부의 지도'를 그려나가는 것은 고통스럽다. 범(虎) 가는 데 바람 가는 법이다. 우리는 그들 등에 올라타야 한다. 그래야 적어도 우리는 불이익을 받지 않게 될 것이다.

---

191 호모 이코노미쿠스: 경제 사회 속에서 살아가는 돈과 밀접한 우리 현대인을 일컫는 말이다.

18장
5억 미만 자산 그룹

※ 대상자 특정으로 인한 부작용 방지를 위해 지번 중 일부를 '▲'로 표기함

5억 미만 자산 보유 권력자 포트폴리오

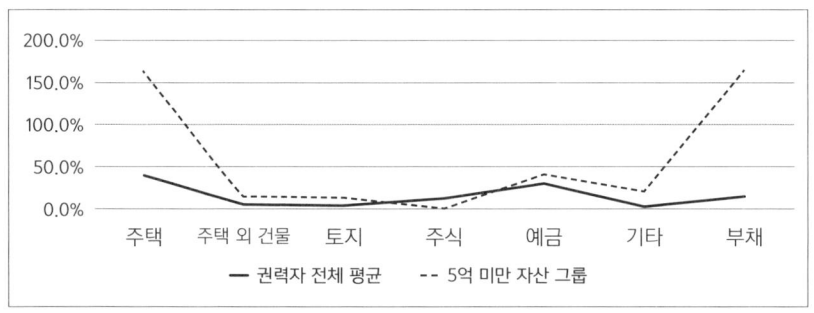

〈평균 자산 구성 세부 현황〉

(단위: 억 원)

구분		주택	주택 외 건물	토지	주식	예금	기타	부채	순자산 합계[192]
전체 평균	금액	12.05	2.56	2.32	3.71	8.98	2.11	4.42	27.32
	비중	44.1%	9.4%	8.5%	13.6%	32.9%	7.7%	16.2%	100.0%
5억 미만	금액	4.84	0.46	0.43	0.14	1.40	0.73	4.99	3.02
	비중	160.3%	15.3%	14.2%	4.8%	46.5%	24.3%	165.4%	100.0%

---

192 순 자산 합계=주택+주택 외 건물+ … +기타 - **'부채'** 로 산출하였다.

주: 1. 주택: 단독 주택, 공동 주택, 주거용 오피스텔, 복합건물(주택+상가), 국외 주택 포함.
　2. 주택 외 건물: 상가, 사무실, 창고 포함.
　3. 주식: 상장 주식, 비상장 주식, 회사채 포함.
　4. 예금: 적금, 보험 포함.
　5. 기타: 미술품, 채권, 회원권, 보석류 포함.
　6. 부채: 금융 기관 채무, 사인 간 채무 포함.

'5억 미만' 권력자 자산가 그룹은 동 그룹대의 자산을 보유한 일반 국민과는 확연히 다른 모습의 자산 구성을 보여주고 있다. 평균 부채가 4.99억 원으로 순자산 3.02억 원을 월등히 상회하고 있다. 이는 전반적으로 전체 자산 종목이 완만한 그래프 기울기를 보이고 있는 전체 권력자 평균과 비교했을 때 더욱 두드러지게 나타나는 현상임을 알 수 있다.

'5억 미만' 자산가 그룹 권력자는 주식 이외에 모든 영역에서 그 비장이 권력자 전체 평균을 상회하고 있다. 이는 상대적으로 다른 권력자들에 비해 적은 자산을 만회하기 위한 공격적인 자산 운용인지 그 정도의 부채가 규모가 아니면 그들이 기대하는 삶의 모습을 그들의 현실에 구현하기가 어려워서인지는 정확히 알 수 없다. 다만, 그들이 매년 벌어들이는 소득이 일반 국민과 여타 공직자들의 소득에 비해 적지 않은 급여를 받고 있는 점을 감안할 때 부채로부터 필연적으로 파생되는 이자의 부담은 적을 것이란 걸 예상해 볼 수 있다.

2020년 기준 입법부 국회의원의 연봉은 언론 보도 등을 통해 대략 1억 5천만 원 내외가 될 것이라고 추정된다. 또, 보수 관계 법률[193]에 정해진 행정부 고위공직자와 사법부 고위법관들의 소득은 다음과 같다.

193　행정부: 「공무원 보수규정」, 사법부: 「법관의 보수에 관한 규칙」 등을 통해 확인할 수 있다.

〈고정급적 연봉제 적용대상 공무원의 연봉표〉

(단위: 천 원)

구분	연봉액	구분	연봉액
대통령	238,227	장관 및 장관급에 준하는 공무원	135,809
국무총리	184,685	인사 혁신처장, 법제처장, 식품 의약품 안전처장, 통상 교섭 본부장 및 과학 기술 혁신 본부장	133,849
부총리 및 감사원장	139,725	차관 및 차관급에 준하는 공무원	131,894

〈법관의 봉급표〉

(월 지급액, 단위: 원)

직명	호봉	봉급액
대법원장		11,904,300
대법관		8,431,600
일반 법관	17호	8,419,300
	16호	8,403,100

'5억 미만' 자산가 그룹 권력자는 그들이 가진 자산 총액에 비해 상대적으로 많은 소득을 가지고 있었고, 공격적인 성향으로 자산을 운용하고 있었다. 그야말로 '하이 리스크 하이 리턴'을 기대하고 있는 자산운용의 표본에 가까운 모습이다.

5억 미만 자산 보유 권력자의 '아파트'와 '토지'

'5억 미만' 자산을 보유한 권력자들이 보유하거나 투자하고 있는 '아파트'와 '토지'의 실제 목록은 다음과 같다. 독자 개개인이 보유하고 있는 자산의 총액에 따라 각자의 '부의 지도'를 그려나가는 데 실질적인 참고 자료로 활용되었으면 하는 바람이다(본 저 후반부 '별지'란에 해당 물건에 대한 수익률 등의 자료를 기재하였다).

〈아파트〉

소재지			아파트명	소재지			아파트명
시·도	시·군·구	읍·면·동		시·도	시·군·구	읍·면·동	
경기도	고양시	행신동	무원마을 5단지	경기도	용인시	보정동	행원마을동아솔레시티
경기도	광주시	오포읍	능평리 오포우림필유골드	경기도	평택시	독곡동	대림아파트
경기도	광주시	오포읍	신현 라온프라이빗	경기도	평택시	지산동	지산코아루
경기도	김포시	운양동	전원마을월드6차아파트	경기도	화성시	병점동	정든마을 신창비바패밀리 2차
경기도	부천시	상동	반달마을 극동신라	경기도	화성시	청계동	동탄2신도시 호반베르디움 더 클래식
경기도	성남시	수내동	푸른마을 쌍용	경남	김해시	대청동	부영9차아파트
경기도	수원시	호매실동	삼익2차아파트	경북	김천시	부곡동	현대아파트
경기도	시흥시	장현동	장현Ⅱ엔플러스빌	광주시	남구	진월동	대주1차아파트
경기도	안양시	관양동	평촌더샵 센트럴시티	대구시	달서구	성당동	성당동더샵
경기도	안양시	평촌동	꿈마을우성아파트	경기도	용인시	신봉동	신봉LG자이 1차아파트
경기도	안양시	호계동	호계e편한세상	경기도	용인시	신봉동	신봉마을 동일하이빌3단지
경기도	용인시	동천동	한빛마을 래미안이스트팰리스 1단지	경기도	용인시	언남동	하마비마을 동일하이빌2차
경기도	용인시	마북동	교동마을 구성자이 3차	경기도	용인시	죽전동	동부센트레빌아파트

소재지			아파트명	소재지			아파트명
시·도	시·군·구	읍·면·동		시·도	시·군·구	읍·면·동	
경기도	용인시	풍덕천동	삼성1차 아파트	서울시	마포구	중동	강림월드타운
경기도	파주시	야당동	자연에가3차	서울시	서초구	서초동	마상스2차아파트
대구시	달성군	다사읍	강창삼산1차	서울시	양천구	목동	한신청구아파트
부산시	연제구	연산동	연산더샵아파트	서울시	은평구	진관동	은평뉴타운 상림마을 롯데캐슬
대구시	달성군	다사읍	강창삼산1차	서울시	은평구	진관동	은평뉴타운 상림마을 푸르지오
부산시	연제구	연산동	연산더샵아파트	서울시	중랑구	신내2동	신내11단지 대명아파트
서울시	강남구	대치동	쌍용대치아파트	울산시	동구	전하동	늘푸른아파트
서울시	강남구	대치동	은마아파트	울산시	울주군	범서읍	청구제네스
서울시	강동구	암사동	강동롯데캐슬 퍼스트	인천시	연수구	송도동	베르디움더퍼스트
서울시	노원구	상계동	수락한신아파트	제주도	서귀포시	동홍동	가나노블휘닉스
서울시	도봉구	창동	쌍용아파트	충북	제천시	하소동	청구아파트
서울시	마포구	동교동	광남벨라스	-	-	-	-

〈토지〉

소재지				소재지			
시·도	시·군·구	읍·면·동	지번	시·도	시·군·구	읍·면·동	지번
강원	강릉시	옥계면	도직리 산 85-▲	부산시	기장군	기장읍	청강리 65▲
강원	속초시	장사동	산 4▲	부산시	부산진구	당감동	62-1▲
강원	원주시	무실동	107-2▲	서울시	은평구	진관동	128-2▲
경기도	동두천시	광암동	산 92-▲	세종시	-	금남면	도남리 116-2▲
경기도	양주시	남방동	산 10▲번지	전남	고흥군	도덕면	봉덕리 산 234-▲
경기도	양주시	어둔동	산 4▲번지	전남	보성군	겸백면	남양리 16▲
경기도	의정부시	의정부동	172-3▲	전남	완도군	완도읍	군내리 4▲
경기도	평택시	고덕면	해창리 121▲	전남	해남군	옥천면	대산리 135-▲
경기도	화성시	정남면	문학리 38▲	전북	무주군	설천면	소천리 106▲
경기도	화성시	향남읍	상신리 산 105-1▲	전북	전주시	중화산동	1가 19▲
경기도	화성시	향남읍	증거리 산 3▲	전북	정읍시	산내면	장금리 16-2▲
경남	창녕군	대지면	본초리 88▲	충남	논산시	은진면	성덕리 527-▲
경남	창원시	진전면	1380-1▲	충남	논산시	은진면	성덕리 533-▲
경북	영덕군	강구면	금진리 55▲	충남	서산시	지곡면	무장리 75-2▲
경북	예천군	보문면	기곡리 16▲	충남	청양군	목면	대평리 2▲
경북	예천군	호명면	종산리 4-▲	충북	단양군	적성면	1013-▲
경북	청도군	이서면	구라리 60▲	-	-	-	-

19장
5억 이상 10억 미만 자산 그룹

※ 대상자 특정으로 인한 부작용 방지를 위해 지번 중 일부를 '▲'로 표기함

5억 이상 10억 미만 자산 보유 권력자 포트폴리오

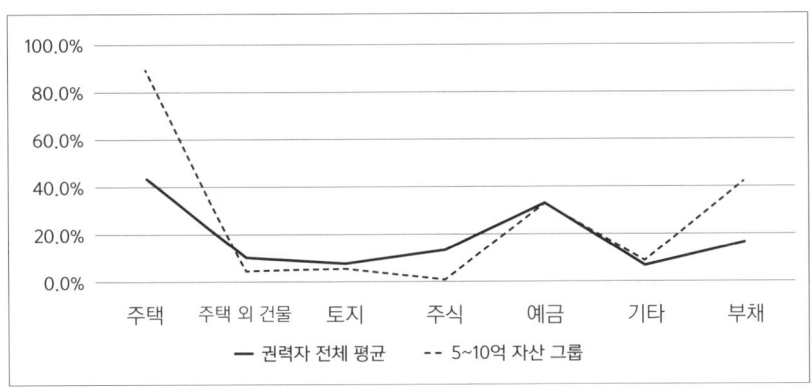

〈평균 자산 구성 세부 현황〉

(단위: 억 원)

구분		주택	주택 외 건물	토지	주식	예금	기타	부채	순자산 합계
전체 평균	금액	12.05	2.56	2.32	3.71	8.98	2.11	4.42	27.32
	비중	44.1%	9.4%	8.5%	13.6%	32.9%	7.7%	16.2%	100.0%
5억~ 10억	금액	6.74	0.34	0.42	0.10	2.47	0.64	3.20	7.52
	비중	89.7%	4.5%	5.6%	1.4%	32.9%	8.5%	42.5%	100.0%

주: 1. 주택: 단독 주택, 공동 주택, 주거용 오피스텔, 복합건물(주택+상가), 국외 주택 포함.
2. 주택 외 건물: 상가, 사무실, 창고 포함.
3. 주식: 상장 주식, 비상장 주식, 회사채 포함.
4. 예금: 적금, 보험 포함.
5. 기타: 미술품, 채권, 회원권, 보석류 포함.
6. 부채: 금융기관 채무, 사인 간 채무 포함.

'5억 이상 10억 미만' 권력자 자산가 그룹의 자산은 '5억 미만' 자산가 그룹과 비교하여 '주택'과 '부채'가 자산에서 차지하는 비중이 줄어들고 있으나, 여전히 권력자 전체 평균을 상회하는 수치다. 다만, '주택 외 건물', '토지', '예금'은 평균을 하회(下廻)하고 있음을 보여준다.

5억 이상 10억 미만 자산 보유 권력자의 '아파트'와 '토지'

'5억 이상 10억 미만' 자산을 보유한 권력자들이 보유하거나 투자하고 있는 '아파트'와 '토지'의 실제 목록은 다음과 같다.

〈아파트〉

소재지			아파트명	소재지			아파트명
시·도	시·군·구	읍·면·동		시·도	시·군·구	읍·면·동	
강원	강릉시	교동	예성그린 1차 아파트	경기도	고양시	중산동	일산센트럴아이파크
경기도	고양시	덕이동	하이파크시티일산아이파크 1단지	경기도	고양시	화정동	한화꿈에그린아파트
경기도	고양시	식사동	위시티일산블루밍3단지	경기도	과천시	부림동	주공아파트 9단지
경기도	고양시	식사동	위시티일산블루밍5단지	경기도	광명시	광명동	광명해모로이연아파트
경기도	고양시	일산동	후곡마을17단지아파트	경기도	광명시	일직동	광명역써밋플레이스
경기도	고양시	장항동	킨텍스원시티 1블럭	경기도	군포시	산본동	롯데묘향아파트

CHAPTER 5 자산 규모별 권력자 투자 따라 해보기

소재지			아파트명	소재지			아파트명
시·도	시·군·구	읍·면·동		시·도	시·군·구	읍·면·동	
경기도	군포시	산본동	화남아파트	경남	사천시	정동면	대영풀리비안아파트
경기도	김포시	운양동	전원마을월드3단지 아파트	경남	양산시	평산동	봉우아파트
경기도	김포시	장기동	청송마을 (현대3차)	광주시	광산구	운남동	우방아이유쉘
경기도	남양주시	평내동	평내마을 중흥에스클래스 1단지	광주시	남구	방림동	방림휴먼시아
경기도	부천시	상동	푸른마을 한라아파트	광주시	북구	문흥동	일신아파트
경기도	부천시	중동	그린타운 삼성	광주시	북구	문흥동	현대2차아파트
경기도	성남시	금곡동	분당두산위브트레지움	대구시	수성구	범물동	한라창신태성맨션
경기도	성남시	금곡동	분당하우스토리	대구시	중구	대봉동	대봉화성그린빌아파트
경기도	성남시	단대동	푸르지오	대전시	서구	도안동	도안리슈빌
경기도	성남시	서현동	시범단지한양아파트	대전시	서구	둔산동	은하수아파트
경기도	성남시	서현동	효자촌 현대아파트	대전시	서구	월평동	한아름아파트
경기도	성남시	수진동	삼부아파트	대전시	중구	목동	목양마을아파트
경기도	성남시	은행동	은행주공아파트	대전시	중구	문화동	주공3단지 아파트
경기도	수원시	오목천동	청구아파트 2차	부산시	북구	만덕동	금정산엘에이치 뉴웰시티
경기도	수원시	이의동	써밋플레이스 광교	부산시	연제구	거제동	롯데캐슬아파트
경기도	안산시	고잔동	호수공원 대림1	부산시	연제구	연산동	연산자이아파트
경기도	안양시	안양동	삼성래미안아파트	서울시	강남구	개포동	래미안블레스티지
경기도	안양시	평촌동	꿈마을한신아파트	서울시	강남구	논현동	경남논현아파트
경기도	안양시	평촌동	향촌롯데아파트	서울시	강남구	세곡동	세곡푸르지오
경기도	용인시	보정동	성원아파트	서울시	강남구	수서동	강남데시앙포레
경기도	용인시	풍덕천동	수지현대아파트	서울시	강남구	압구정동	미성아파트
경기도	의왕시	내손동	래미안 에버하임	서울시	강서구	내발산동	천우네오젠
경기도	의왕시	포일동	포일숲속마을 3단지	서울시	강서구	등촌동	동성아파트
경기도	파주시	목동동	산내마을 8단지	서울시	강서구	등촌동	미주진로아파트
경기도	하남시	망월동	미사강변도시 한신휴플러스	서울시	강서구	화곡동	길성그랑프리텔

소재지			아파트명	소재지			아파트명
시·도	시·군·구	읍·면·동		시·도	시·군·구	읍·면·동	
서울시	광진구	구의동	현대프라임아파트	세종시	-	새롬동	새뜸마을 11단지
서울시	구로구	고척동	대우아파트	세종시	-	새롬동	새뜸마을4단지
서울시	도봉구	방학동	대상타운현대	세종시	-	소담동	새샘마을 6단지 LH펜타힐스
서울시	도봉구	쌍문동	경남아파트	세종시	-	아름동	범지기마을 10단지
서울시	동작구	상도동	힐스테이트 상도 센트럴파크	세종시	-	아름동	범지기마을 10단지
서울시	서초구	잠원동	신반포한신아파트	세종시	-	어진동	더샵센트럴시티
서울시	성동구	옥수동	극동그린아파트	세종시	-	어진동	포스코더샵레이크파크
서울시	영등포구	문래동6가	현대1차아파트	세종시	-	어진동	포스코더샵레이크파크
서울시	용산구	효창동	울트라멤버스아파트	세종시	-	종촌동	가재마을 4단지
서울시	은평구	진관동	은평뉴타운기자촌 11단지	울산시	남구	삼산동	삼산현대아파트
서울시	은평구	진관동	제각말 푸르지오	울산시	남구	야음동	신정현대홈타운
서울시	종로구	구기동	렉스팰리스	울산시	중구	약사동	삼성래미안1차
서울시	마포구	공덕동	마포현대아파트	울산시	중구	우정동	우정아이파크
서울시	서대문구	북가좌동	DMC아이파크	전남	목포시	석현동	근화네오빌아파트
서울시	서대문구	홍제동	무악재한화아파트	전남	순천시	덕암동	삼풍백합아파트
서울시	서초구	방배동	삼익아파트	전남	여수시	소호동	주은금호아파트
서울시	서초구	방배동	신동아아파트	전북	익산시	모현동	5차 현대아파트
서울시	서초구	방배동	현대오페라하우스	전북	전주시	동서학동	진흥하이츠아파트
서울시	서초구	서초동	서초래미안아파트	전북	전주시	호성동1가	호성주공1차아파트
세종시	-	도담동	도램마을 15단지	충남	계룡시	금암동	신성미소지움1차
세종시	-	새롬동	더샵힐스테이트	충남	천안시	안서동	대림e편한세상아파트

〈토지〉

소재지				소재지			
시·도	시·군·구	읍·면·동	지번	시·도	시·군·구	읍·면·동	지번
강원	강릉시	포남동	568-▲	경북	영주시	봉현면	오현리 21-▲
강원	고성군	토성면	용촌리 363-3▲	경북	영주시	봉현면	한천리 321-▲
강원	정선군	남면	유평리 555-▲	경북	예천군	은풍면	탑리 10▲
강원	평창군	미탄면	창리 702-▲	경북	예천군	은풍면	탑리 23▲
경기도	가평군	가평읍	산유리 산 227-▲	경북	예천군	은풍면	탑리 41▲
경기도	남양주시	진접읍	팔야리 산 84-▲	경북	예천군	은풍면	탑리 45▲
경기도	양평군	개군면	내리 353-▲	경북	예천군	은풍면	탑리 54▲
경기도	양평군	개군면	부리 산 ▲	경북	울진군	매화면	매화리 706-1▲
경기도	양평군	양서면	복포리 산 39-▲	경북	포항시	장기면	읍내리 산 17-▲
경기도	연천군	장남면	원당리 388-1▲	광주시	광산구	오산동	산 3▲
경기도	이천시	설성면	수산리 20▲	광주시	남구	화장동	1043-1▲
경기도	포천시	영중면	금주리 산 84-▲	광주시	북구	금곡동	326-▲
경기도	포천시	일동면	길명리 339-▲	울산광역시	울주군	두동면	만화리 산 13▲
경기도	화성시	팔탄면	율암리 산 56-2▲	울산광역시	중구	다운동	802-▲
경남	고성군	삼산면	병산리 116-▲	인천시	옹진군	북도면	장봉리 442-1▲
경남	고성군	삼산면	병산리 123-▲	인천시	중구	무의동	산 91-▲
경남	고성군	삼산면	병산리 2▲	전남	곡성군	곡성읍	월봉리 203-▲
경남	남해군	고현면	이어리 541-1▲	전남	광양시	다압면	고사리 산 29-▲
경남	밀양시	삼랑진읍	검세리 산 1▲	전남	나주시	동강면	옥정리 402-▲
경남	양산시	동면	가산리 837-▲	전남	나주시	동강면	옥정리 산 79-▲
경남	양산시	매곡동	4▲	전남	여수시	삼산면	거문리 52-▲
경남	의령군	용덕면	용소리 산 11▲	전남	여수시	삼산면	거문리 7▲
경남	하동군	악양면	매계리 89▲	전남	함평군	월야면	예덕리 21▲
경남	하동군	악양면	정서리 21▲	전남	함평군	해보면	대창리 661-▲
경남	함안군	대산면	장암리 산 2▲	전북	군산시	서수면	서수리 산 137-▲
경북	경주시	율동	298-▲	전북	군산시	임피면	술산리 673-▲
경북	상주시	모서면	호음리 61▲	전북	김제시	성덕면	대목리 91▲

소재지				소재지			
시·도	시·군·구	읍·면·동	지번	시·도	시·군·구	읍·면·동	지번
전북	김제시	성덕면	대목리 산 642-▲	충남	공주시	의당면	가산리 375-1▲
전북	김제시	성덕면	대석리 121▲	충남	보령시	웅천읍	수부리 61-▲
전북	김제시	성덕면	대석리 1425-1▲	충남	부여군	외산면	151-▲
전북	김제시	성덕면	대석리 355-▲	충남	부여군	외산면	전장리 17▲
전북	김제시	성덕면	대석리 368-▲	충남	천안시	다가동	406-1▲
전북	김제시	성덕면	대석리 3921-▲	충남	천안시	동면	화계리 220-▲
전북	김제시	성덕면	대석리 409-▲	충남	천안시	목천읍	신계리 139-▲
전북	김제시	황산동	523-1▲	충남	천안시	영성동	78-▲번지
전북	익산시	함라면	금성리 13-1▲	충북	영동군	매곡면	수원리 89▲
전북	익산시	황등면	죽촌리 576-▲	충북	청주시	강내면	산단리 산 161-▲
전북	정읍시	산외면	정량리 산 24-▲	충북	충주시	엄정면	용산리 40-▲
제주도	제주시	구좌읍	한동리 289▲	-	-	-	-

20장
10억 이상 30억 미만 자산 그룹

※ 대상자 특정으로 인한 부작용 방지를 위해 지번 중 일부를 '▲'로 표기함

10억 이상 30억 미만 자산 보유 권력자 포트폴리오

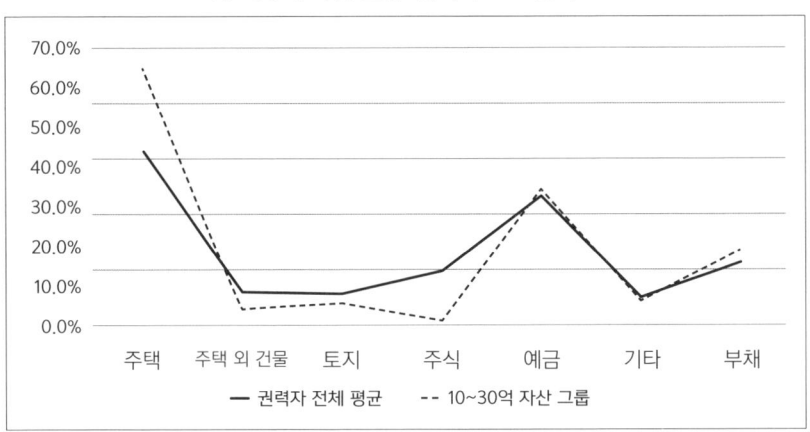

〈평균 자산구성 세부 현황〉

(단위: 억 원)

구분		주택	주택 외 건물	토지	주식	예금	기타	부채	순자산 합계
전체 평균	금액	12.05	2.56	2.32	3.71	8.98	2.11	4.42	27.32
	비중	44.1%	9.4%	8.5%	13.6%	32.9%	7.7%	16.2%	100.0%
10억~ 30억	금액	11.40	0.77	1.07	0.26	6.08	1.21	3.34	17.44
	비중	65.4%	4.4%	6.1%	1.5%	34.8%	6.9%	19.2%	100.0%

주: 1. 주택: 단독 주택, 공동 주택, 주거용 오피스텔, 복합건물(주택+상가), 국외 주택 포함.
2. 주택 외 건물: 상가, 사무실, 창고 포함.
3. 주식: 상장 주식, 비상장 주식, 회사채 포함.
4. 예금: 적금, 보험 포함.
5. 기타: 미술품, 채권, 회원권, 보석류 포함.
6. 부채: 금융 기관 채무, 사인 간 채무 포함.

'10억 이상 30억 미만' 권력자 자산가 그룹의 자산은 10억 미만의 그룹과 비교하여 '부채'의 비중이 현격하게 줄어들고, '주택'의 비중 또한 완만하게 줄어들고 있음이 확인된다.

10억 이상 30억 미만 자산 보유 권력자의 '아파트'와 '토지'

'10억 이상 30억 미만' 자산을 보유한 권력자들이 보유하거나 투자하고 있는 '아파트'와 '토지'의 실제 목록은 다음과 같다.

〈아파트〉

* 중복 기재된 아파트는 다수 권력자들이 보유한 아파트임

소재지			아파트명	소재지			아파트명
시·도	시·군·구	읍·면·동		시·도	시·군·구	읍·면·동	
강원	춘천시	우두동	강변코아루아파트	경기도	고양시	백석동	일산요진와이시티
경기도	고양시	대화동	대화마을6단지아파트	경기도	고양시	신원동	우림필유아파트
경기도	고양시	동산동	동산마을 호반베르디움	경기도	고양시	주엽동	강선마을(건영)
경기도	고양시	마두동	강촌아파트(동안)	경기도	고양시	주엽동	강선마을(건영) *2인 보유
경기도	고양시	마두동	강촌우방아파트	경기도	고양시	행신동	소만마을아파트
경기도	고양시	마두동	백마마을 2단지 극동삼환아파트	경기도	고양시	화정동	은빛마을 5단지 삼익아파트

소재지			아파트명	소재지			아파트명
시·도	시·군·구	읍·면·동		시·도	시·군·구	읍·면·동	
경기도	과천시	별양동	래미안슈르	경기도	성남시	서현동	시범단지한양아파트
경기도	과천시	별양동	주공아파트 4단지 *2인 보유	경기도	성남시	서현동	시범단지한양아파트
경기도	과천시	별양동	주공아파트 5단지	경기도	성남시	서현동	효자촌 현대아파트
경기도	과천시	부림동	주공아파트 8단지	경기도	성남시	운중동	산운마을 휴먼시아아파트
경기도	과천시	원문동	래미안슈르	경기도	성남시	이매동	아름마을건영아파트
경기도	광명시	철산동	주공아파트 13단지	경기도	성남시	정자동	미켈란쉐르빌
경기도	광명시	하안동	이편한세상 센트레빌아파트	경기도	성남시	정자동	상록마을라이프 1단지아파트
경기도	광주시	탄벌동	경남아너스빌2단지	경기도	성남시	정자동	파크뷰
경기도	구리시	교문동	금호어울림아파트	경기도	성남시	정자동	한솔마을 2단지
경기도	구리시	교문동	덕현아파트	경기도	성남시	창곡동	래미안위례아파트
경기도	구리시	교문동	하나한성아파트	경기도	수원시	곡반정동	삼성아파트
경기도	구리시	인창동	삼보아파트	경기도	수원시	우만동	보은맨션
경기도	구리시	토평동	토평마을이편한세상	경기도	수원시	정자동	수원 SK sky view
경기도	군포시	산본동	한양목련아파트	경기도	시흥시	정왕동	배곧신도시 SK뷰
경기도	김포시	풍무동	유현마을 현대프라임빌	경기도	시흥시	정왕동	세종1차아파트
경기도	남양주시	다산동	부영e그린1차	경기도	안산시	사동	선경아파트
경기도	남양주시	별내동	쌍용예가아파트	경기도	안산시	사동	요진아파트
경기도	부천시	소사본동	두산아파트	경기도	안산시	신길동	삼익아파트
경기도	부천시	중동	팰리스카운티	경기도	안산시	초지동	호수마을풍림
경기도	성남시	금곡동	청솔마을 계룡아파트	경기도	안성시	금산동	삼부아파트
경기도	성남시	금곡동	청솔마을 대원아파트	경기도	안양시	관양동	현대아파트
경기도	성남시	금곡동	청솔마을서광	경기도	안양시	비산동	은하수청구아파트
경기도	성남시	백현동	판교푸르지오그랑블	경기도	안양시	평촌동	꿈마을우성아파트
경기도	성남시	삼평동	붓들마을9단지 금호어울림	경기도	안양시	평촌동	꿈마을현대아파트
경기도	성남시	서현동	시범단지삼성아파트	경기도	안양시	호계동	샘마을대우아파트

소재지			아파트명	소재지			아파트명
시·도	시·군·구	읍·면·동		시·도	시·군·구	읍·면·동	
경기도	안양시	호계동	한마음임광2차	경북	의성군	의성읍	청구제네스 2차
경기도	양주시	덕계동	양주푸르지오	경북	포항시	대도동	현대맨션
경기도	오산시	수청동	물향기마을 휴먼시아꿈에그린	광주시	광산구	수완동	해솔마을 현지에버빌
경기도	오산시	양산동	세마이편한세상아파트	광주시	광산구	월곡동	일신아파트
경기도	용인시	보정동	용인보정 꿈에그린	광주시	북구	두암동	현대아파트
경기도	용인시	보정동	용인보정 꿈에그린	광주시	북구	운암동	나산건강아파트
경기도	용인시	성복동	버들치마을 힐스테이트 3차	대구시	달서구	도원동	강산타운아파트
경기도	용인시	성복동	성동마을엘지빌리지1차	대구시	달서구	도원동	사계절타운아파트
경기도	용인시	언남동	장미마을삼성래미안2차	대구시	달서구	이곡동	성서2차화성타운
경기도	용인시	죽전동	건영캐스빌	대구시	달서구	이곡동	성서주공 3차아파트
경기도	용인시	죽전동	죽전퍼스트하임	대구시	달성군	옥포읍	세광무지개마을
경기도	용인시	죽전동	중앙하이츠	대구시	수성구	만촌동	메트로팔레스1
경기도	용인시	중동	어정마을동백 아이파크아파트	대구시	수성구	만촌동	메트로팔레스2
경기도	의왕시	내손동	의왕내손 이편한세상	대구시	수성구	지산동	지산1단지아파트
경기도	의왕시	삼동	대우장미아파트	대구시	수성구	지산동	지산한라타운
경기도	의정부시	호원동	삼익1차아파트	대전시	대덕구	오정동	신동아아파트
경기도	하남시	선동	미사강변 센트리버	대전시	동구	용운동	꿈에그린아파트
경기도	화성시	반월동	신영통현대타운 2차	대전시	동구	효동	현대아파트
경남	김해시	관동동	팔판마을6단지푸르지오	대전시	서구	둔산동	샘머리아파트2단지
경남	김해시	전하동	두산전하빌라4차	대전시	서구	둔산동	파랑새아파트
경남	진주시	초전동	초전1차푸르지오	대전시	유성구	봉명동	호반베르디움아파트
경남	창원시	성주동	유니온빌리지아파트	대전시	유성구	전민동	엑스포아파트
경남	창원시	신월동	신월주공아파트	대전시	유성구	죽동	대원칸타빌
경남	창원시	월영동	현대아파트3	대전시	유성구	지족동	노은꿈에그린 2블록
경북	경산시	진량읍	부기리 진량에덴타운	부산시	금정구	부곡동	부곡동 SK아파트

소재지			아파트명	소재지			아파트명
시·도	시·군·구	읍·면·동		시·도	시·군·구	읍·면·동	
부산시	동래구	안락동	동래화목타운	서울시	강남구	도곡동	도곡2차 아이파크
부산시	부산진구	부암동	협성피닉스타운	서울시	강남구	도곡동	도곡렉슬
부산시	사상구	주례동	엘지신주례아파트	서울시	강남구	도곡동	도곡렉슬
부산시	사하구	하단동	가락타운2단지아파트	서울시	강남구	도곡동	도곡한라비발디아파트
부산시	서구	서대신동	대신롯데캐슬	서울시	강남구	도곡동	삼익아파트
부산시	수영구	남천동	남천삼익비치아파트	서울시	강남구	도곡동	타워팰리스1
부산시	해운대구	반여동	아시아선수촌아파트	서울시	강남구	도곡동	한신엠비씨
부산시	해운대구	좌동	LIG건영아파트	서울시	강남구	도곡동	한신엠비씨
부산시	해운대구	좌동	경남선경아파트	서울시	강남구	도곡동	한신엠비씨
서울시	강남구	개포동	엘지개포자이	서울시	강남구	삼성동	센트럴 IPARK
서울시	강남구	개포동	주공아파트 1단지	서울시	강남구	삼성동	센트럴 IPARK
서울시	강남구	개포동	주공아파트 1단지	서울시	강남구	삼성동	진흥아파트
서울시	강남구	개포동	주공아파트 1단지	서울시	강남구	삼성동	푸른솔 아파트
서울시	강남구	개포동	주공아파트 6단지	서울시	강남구	수서동	한아름아파트
서울시	강남구	개포동	현대1차아파트	서울시	강남구	압구정동	현대아파트
서울시	강남구	개포동	현대1차아파트	서울시	강남구	역삼동	래미안펜타빌아파트
서울시	강남구	논현동	동현아파트	서울시	강남구	역삼동	역삼래미안아파트
서울시	강남구	대치동	대치아파트	서울시	강남구	역삼동	역삼래미안아파트
서울시	강남구	대치동	쌍용대치2차아파트	서울시	강남구	일원동	샘터마을아파트
서울시	강남구	대치동	쌍용대치아파트	서울시	강남구	일원동	샘터마을아파트
서울시	강남구	대치동	쌍용대치아파트	서울시	강남구	청담동	한신오페라하우스2차
서울시	강남구	대치동	은마아파트	서울시	강남구	청담동	홍화빌라
서울시	강남구	대치동	은마아파트	서울시	강동구	고덕동	고덕주공 9단지
서울시	강남구	대치동	은마아파트	서울시	강동구	고덕동	래미안힐스테이트고덕
서울시	강남구	대치동	한보미도맨션1	서울시	강동구	둔촌동	둔촌주공아파트
서울시	강남구	도곡동	개포4차 우성아파트	서울시	강동구	둔촌동	라이프아파트
서울시	강남구	도곡동	개포한신아파트	서울시	강동구	암사동	프라이어팰리스
서울시	강남구	도곡동	경남아파트	서울시	강북구	미아동	SK북한산시티아파트

소재지			아파트명	소재지			아파트명
시·도	시·군·구	읍·면·동		시·도	시·군·구	읍·면·동	
서울시	강북구	번동	금호아파트	서울시	동작구	대방동	대방1차 이편한세상
서울시	강서구	가양동	도시개발아파트	서울시	동작구	사당동	롯데캐슬
서울시	강서구	내발산동	우장산힐스테이트	서울시	동작구	사당동	롯데캐슬
서울시	강서구	등촌동	동성아파트	서울시	동작구	사당동	삼성아파트
서울시	강서구	등촌동	주공5 아파트	서울시	동작구	상도동	래미안상도3차아파트
서울시	강서구	염창동	강변코아루아파트	서울시	동작구	상도동	래미안상도3차아파트
서울시	강서구	염창동	삼정그린코아	서울시	동작구	흑석동	한강현대아파트
서울시	관악구	봉천동	은천1 아파트	서울시	동작구	흑석동	한강현대아파트
서울시	관악구	신림동	건영3차아파트	서울시	마포구	공덕동	공덕삼성아파트
서울시	광진구	광장동	극동아파트	서울시	마포구	도화동	우성아파트
서울시	광진구	광장동	현대파크빌	서울시	마포구	신공덕	공덕아이파크
서울시	광진구	광장동	현대파크빌	서울시	마포구	신공덕동	신공덕1차삼성래미안
서울시	광진구	구의동	현대프라임아파트	서울시	마포구	신공덕동	신공덕이편한세상
서울시	광진구	군자동	광진두산위브파크	서울시	마포구	신공덕동	펜트라우스
서울시	광진구	자양동	더샵스타시티	서울시	마포구	아현동	마포래미안푸르지오 1단지
서울시	광진구	자양동	현대아파트	서울시	마포구	창전동	서강 쌍용예가
서울시	구로구	개봉동	현대아파트 1단지	서울시	마포구	창전동	서강 쌍용예가
서울시	구로구	오류동	동부골든아파트	서울시	서대문구	영천동	독립문삼호아파트
서울시	노원구	공릉동	효성화운트빌	서울시	서초구	내곡동	서초더샵포레
서울시	도봉구	방학동	방학동삼성래미안1	서울시	서초구	반포동	미도아파트
서울시	도봉구	창동	동아청솔아파트	서울시	서초구	반포동	미도아파트
서울시	동대문구	장안동	장안위더스빌아파트	서울시	서초구	반포동	반포 주공1단지
서울시	동대문구	전농동	SK아파트	서울시	서초구	반포동	반포리체아파트
서울시	동대문구	제기동	한신아파트	서울시	서초구	반포동	반포미도아파트
서울시	동작구	노량진동	신동아리버파크	서울시	서초구	반포동	반포자이
서울시	동작구	노량진동	쌍용예가아파트	서울시	서초구	반포동	서초블랑빌
서울시	동작구	대방동	대방1차 이편한세상	서울시	서초구	반포동	신반포3지구 아파트

소재지			아파트명	소재지			아파트명
시·도	시·군·구	읍·면·동		시·도	시·군·구	읍·면·동	
서울시	서초구	반포동	한신 3차아파트	서울시	서초구	서초동	풍림아이원플러스
서울시	서초구	반포동	한신서래아파트	서울시	서초구	서초동	현대성우 주상복합아파트
서울시	서초구	반포동	한신서래아파트	서울시	서초구	우면동	동양고속아파트
서울시	서초구	방배동	경남아파트	서울시	서초구	우면동	동양고속아파트
서울시	서초구	방배동	삼성래미안1차	서울시	서초구	우면동	서초호반써밋
서울시	서초구	방배동	삼익아파트	서울시	서초구	우면동	서초호반써밋
서울시	서초구	방배동	쌍용예가클래식	서울시	서초구	우면동	서초힐스
서울시	서초구	방배동	쌍용예가클래식	서울시	서초구	잠원동	신반포한신아파트
서울시	서초구	서초동	래미안 서초 에스티지S	서울시	서초구	잠원동	신반포한신아파트
서울시	서초구	서초동	롯데캐슬클래식	서울시	서초구	잠원동	신반포한신아파트
서울시	서초구	서초동	삼풍아파트	서울시	서초구	잠원동	신반포한신아파트
서울시	서초구	서초동	삼풍아파트	서울시	서초구	잠원동	신반포한신아파트
서울시	서초구	서초동	서초1차 대림 e-편한세상	서울시	서초구	잠원동	신반포한신아파트
서울시	서초구	서초동	서초1차 대림 e-편한세상	서울시	서초구	잠원동	잠원한신아파트
서울시	서초구	서초동	서초2차 이편한세상	서울시	서초구	잠원동	잠원훼미리아파트
서울시	서초구	서초동	서초래미안아파트	서울시	성동구	금호동	신금호파크자이
서울시	서초구	서초동	서초래미안아파트	서울시	성동구	상왕십리동	텐즈힐
서울시	서초구	서초동	서초래미안아파트	서울시	성동구	옥수동	극동그린아파트
서울시	서초구	서초동	서초롯데캐슬 프레지던트	서울시	성동구	행당동	행당한진타운
서울시	서초구	서초동	서초아트자이	서울시	성동구	행당동	행당한진타운
서울시	서초구	서초동	수광빌라트	서울시	성북구	길음동	동부센트레빌아파트
서울시	서초구	서초동	아이파크빌	서울시	성북구	동소문동	돈암동일하이빌
서울시	서초구	서초동	아크로비스타	서울시	성북구	정릉동	경남아파트
서울시	서초구	서초동	유원아파트	서울시	성북구	종암동	삼성래미안

소재지			아파트명	소재지			아파트명
시·도	시·군·구	읍·면·동		시·도	시·군·구	읍·면·동	
서울시	송파구	가락동	래미안파크팰리스	서울시	양천구	신정동	신정e-편한세상
서울시	송파구	가락동	헬리오시티	서울시	영등포구	당산동4가	당산현대아파트
서울시	송파구	가락동	헬리오시티	서울시	영등포구	당산동5가	당산삼성래미안
서울시	송파구	문정2동	훼밀리아파트	서울시	영등포구	문래동	문래힐스테이트
서울시	송파구	방이동	올림픽선수기자촌아파트	서울시	영등포구	양평동3가	현대아파트
서울시	송파구	방이동	올림픽선수기자촌아파트	서울시	영등포구	여의도동	미성아파트
서울시	송파구	방이동	올림픽선수기자촌아파트	서울시	영등포구	여의도동	삼부아파트
서울시	송파구	송파동	가락삼익맨숀	서울시	영등포구	여의도동	시범아파트
서울시	송파구	신천동	장미아파트	서울시	영등포구	여의도동	여의도자이
서울시	송파구	신천동	장미아파트	서울시	영등포구	여의도동	장미아파트
서울시	송파구	오금동	오금동쌍용스윗닷홈	서울시	영등포구	여의도동	한양아파트
서울시	송파구	오금동	현대2-4차	서울시	영등포구	여의도동	화랑아파트
서울시	송파구	오금동	현대2-4차	서울시	용산구	이촌동	강촌아파트
서울시	송파구	잠실동	잠실엘스아파트	서울시	용산구	이촌동	강촌아파트
서울시	송파구	장지동	송파파인타운 3단지	서울시	용산구	이촌동	왕궁아파트
서울시	송파구	풍납동	송파해모로아파트	서울시	용산구	이촌동	이촌아파트
서울시	양천구	목동	목동 e편한세상아파트	서울시	용산구	이촌동	중산아파트
서울시	양천구	목동	목동 e편한세상아파트	서울시	용산구	이촌동	한강대우
서울시	양천구	목동	목동성원아파트	서울시	용산구	효창동	효창파크푸르지오
서울시	양천구	목동	목동신시가지아파트	서울시	은평구	불광동	북한산힐스테이트 1차
서울시	양천구	목동	벽산아파트	서울시	종로구	창신동	쌍용아파트
서울시	양천구	목동	진도아파트	서울시	중구	남대문로5가	남산트라팰리스
서울시	양천구	목동	한신청구아파트	서울시	중구	순화동	순화동 더 샵
서울시	양천구	신정동	신시가지 목동아파트 13단지	서울시	중구	신당동	남산타운

소재지			아파트명	소재지			아파트명
시·도	시·군·구	읍·면·동		시·도	시·군·구	읍·면·동	
서울시	중구	신당동	청구이편한세상	인천시	부평구	삼산동	신성미소지움
서울시	중랑구	면목동	면목두산아파트	인천시	서구	연희동	청라자이아파트
세종시	-	고운동	가락마을 17단지	인천시	연수구	청학동	한별렉스힐
세종시	-	다정동	가온마을 12단지	인천시	중구	운서동	금호베스티빌
세종시	-	다정동	가온마을 4단지	전남	목포시	옥암동	제일아파트
세종시	-	대평동	해들마을 4단지	전남	무안군	무안읍	대선해시앙아파트
세종시	-	도담동	도램마을 12단지	전북	군산시	수송동	군산수송세영리첼아파트
세종시	-	반곡동	수루배마을 3단지	전북	완주군	봉동읍	모아엘가아파트
세종시	-	보람동	호려울마을 1단지	전북	익산시	모현동1가	주공아파트
세종시	-	아름동	범지기마을 9단지	전북	익산시	모현동2가	모현현대6차아파트
세종시	-	어진동	더샵센트럴시티	전북	익산시	어양동	익산자이아파트
세종시	-	어진동	포스코더샵레이크파크	제주도	서귀포시	대정읍	삼정지에듀
세종시	-	조치원읍	정리 풍산아파트	충남	천안시	성환읍	성환이편한세상
세종시	-	종촌동	가재마을 11단지	충남	홍성군	홍성읍	미림청솔아파트
세종시	-	종촌동	가재마을5단지	충남	홍성군	홍성읍	신동아파밀리에아파트
세종시	-	종촌동	가재마을5단지	충북	청주시	가경동	진로아파트
세종시	-	한솔동	첫마을아파트7단지	충북	청주시	개신동	현대아파트
세종시	-	한솔동	첫마을아파트7단지	충북	청주시	복대동	금호어울림아파트
울산시	남구	신정동	강변센트럴하이츠	충북	청주시	성화동	남양휴튼아파트
울산시	남구	옥동	옥서홈타운	충북	청주시	오송읍	연제리 힐데스하임아파트
울산시	북구	천곡동	우방아파트	충북	청주시	용암동	세원한아름아파트
인천시	미추홀구	주안동	광명아파트	충북	청주시	용정동	한라비발디아파트
인천시	남동구	만수동	만수주공아파트	충북	충주시	연수동	세원한아름아파트
인천시	부평구	삼산동	서해그랑블	충북	충주시	칠금동	코오롱동신아파트

〈토지〉

소재지				소재지			
시·도	시·군·구	읍·면·동	지번	시·도	시·군·구	읍·면·동	지번
강원	강릉시	옥계면	금진리 산 7▲	강원	평창군	대관령면	횡계리 산 101-▲
강원	고성군	죽왕면	문암진리 산 19-▲	강원	평창군	대관령면	횡계리 산 285-1▲
강원	고성군	죽왕면	오봉리 산 15▲	강원	평창군	방림면	운교리 77▲
강원	동해시	비천동	산 7▲	강원	평창군	방림면	운교리 78▲
강원	양양군	손양면	하양혈리 산 20-2▲	강원	평창군	방림면	운교리 820-▲
강원	영월군	무릉도원면	운학리 산 5▲	강원	평창군	방림면	운교리 832-▲
강원	원주시	단구동	131-1▲	강원	평창군	봉평면	덕거리 775-▲
강원	원주시	문막읍	건등리 933-▲	강원	평창군	봉평면	무이리 산 312-12▲
강원	원주시	문막읍	건등리 산 68-▲	강원	홍천군	두촌면	철정리 691-▲
강원	원주시	문막읍	동화리 산 3▲	강원	홍천군	서면	모곡리 334-2▲
강원	원주시	부론면	정산리 산 2▲	경기도	가평군	상면	행현리 758-▲
강원	원주시	신림면	신림리 20▲	경기도	가평군	설악면	엄소리 466-▲
강원	원주시	호저면	산현리 370-▲	경기도	광주시	곤지암읍	삼리 341-▲
강원	인제군	인제읍	가리산리 626-▲	경기도	구리시	토평동	460-▲
강원	인제군	인제읍	덕적리 산 1▲	경기도	김포시	고촌읍	풍곡리 75-4▲
강원	철원군	갈말읍	문혜리 산 280-▲	경기도	남양주시	금곡동	산 64-▲
강원	춘천시	동면	감정리 산 13▲	경기도	남양주시	와부읍	월문리 1060-▲
강원	춘천시	동면	장학리 97▲	경기도	남양주시	진건읍	송능리 산 23-▲
강원	춘천시	동산면	봉명리 45▲	경기도	부천시	도당동	산 66-1▲
강원	춘천시	동산면	원창리 산 33▲	경기도	성남시	대장동	산 9-▲
강원	춘천시	북산면	내평리 산 3▲	경기도	시흥시	월곶동	520-35▲
강원	춘천시	사북면	고탄리 59▲	경기도	안산시	선부동	1088-1▲
강원	춘천시	사북면	지암리 40▲	경기도	안산시	신길동	43▲
강원	춘천시	서면	방동리 산 6-▲	경기도	안산시	신길동	51▲
강원	춘천시	온의동	산 53-1▲	경기도	안산시	신길동	216-42▲
강원	평창군	대관령면	횡계리 357-2▲	경기도	안산시	신길동	344-▲

소재지			아파트명	소재지			아파트명
시·도	시·군·구	읍·면·동		시·도	시·군·구	읍·면·동	
경기도	안산시	신길동	67-▲ 번지	경기도	화성시	봉담읍	분천리 36▲
경기도	안성시	고삼면	월향리 210-1▲	경기도	화성시	서신면	전곡리 557-▲
경기도	안성시	공도읍	양기리 363-▲	경기도	화성시	서신면	전곡리 산 122-▲
경기도	안성시	공도읍	양기리 381-▲	경기도	화성시	우정읍	화산리 345-▲
경기도	안성시	보개면	오두리 산 2-▲	경기도	화성시	우정읍	화산리 산 36-▲
경기도	안양시	비산동	547-3▲	경기도	화성시	팔탄면	율암리 483-2▲
경기도	양주시	율정동	12▲	경남	거창군	가조면	사병리 10▲
경기도	양평군	강하면	동오리 산 25-1▲	경남	거창군	가조면	사병리 61-▲
경기도	양평군	단월면	봉상리 산 102-▲	경남	고성군	마암면	신리 산 12▲
경기도	양평군	양서면	목왕리 532-▲	경남	고성군	마암면	장산리 149-▲
경기도	양평군	청운면	삼성리 97-▲	경남	고성군	마암면	장산리 155-1▲
경기도	여주시	대신면	가산리 267-▲	경남	남해군	서면	노구리 653-▲
경기도	여주시	북내면	신남리 5-▲	경남	밀양시	무안면	성덕리 664-▲
경기도	여주시	흥천면	복대리 688-▲	경남	밀양시	무안면	웅동리 산 395-▲
경기도	연천군	왕징면	강서리 81▲	경남	밀양시	삼랑진읍	검세리 575-1▲
경기도	오산시	금암동	산 4▲	경남	밀양시	삼랑진읍	안태리 99▲
경기도	용인시	고기동	542-▲	경남	밀양시	초동면	오방리 43▲
경기도	용인시	상하동	183-▲	경남	산청군	생초면	이서리 29▲
경기도	용인시	원삼면	사암리 93▲	경남	산청군	생초면	향양리 산 1▲
경기도	용인시	원삼면	죽능리 13-▲	경남	산청군	생초면	향양리 산 5▲
경기도	이천시	마장면	이평리 367-▲	경남	양산시	명동	▲
경기도	이천시	마장면	표교리 산 8▲	경남	양산시	명동	산 5▲
경기도	이천시	율면	산양리 42▲	경남	양산시	상북면	석계리 산 10-▲
경기도	파주시	광탄면	영장리 64-▲	경남	의령군	정곡면	죽전리 50▲번지
경기도	파주시	법원읍	갈곡리 산9▲	경남	진주시	명석면	오미리 512-▲
경기도	포천시	설운동	28▲	경남	진주시	명석면	외율리 87▲
경기도	포천시	신북면	기지리 67▲	경남	진주시	명석면	외율리 산 23▲
경기도	화성시	봉담읍	내리 산 9▲	경남	진주시	명석면	외율리 산 549-▲

소재지				소재지			
시·도	시·군·구	읍·면·동	지번	시·도	시·군·구	읍·면·동	지번
경남	창녕군	이방면	초곡리 494-▲	경북	경주시	외동읍	냉천리 산 4▲
경남	창원시	동읍	노연리 산 97-▲	경북	고령군	우곡면	속리 397-▲
경남	창원시	진전면	오서리 97-▲	경북	구미시	고아읍	항곡리 47▲
경남	통영시	도산면	원산리 119▲	경북	구미시	도개면	월림리 100▲
경남	하동군	양보면	박달리 347-▲	경북	구미시	장천면	금산리 383-▲
경남	하동군	양보면	박달리 산 8-▲	경북	구미시	장천면	오로리 73▲
경남	하동군	양보면	운암리 38▲	경북	구미시	장천면	오로리 74▲
경남	하동군	청암면	묵계리 1509-▲	경북	군위군	군위읍	외량리 11▲
경남	하동군	청암면	묵계리 155▲	경북	김천시	구성면	작내리 276-1▲
경남	하동군	청암면	묵계리 573-▲	경북	김천시	김천면	금송리 산 136-▲
경남	함안군	가야읍	검암리 108▲	경북	김천시	농소면	노곡리 산 7▲
경남	함안군	내산면	부목리 161-▲	경북	김천시	농소면	봉곡리 1512-20▲
경남	함안군	산인면	내인리 36▲	경북	김천시	농소면	봉곡리 24▲
경남	함안군	칠북면	봉촌리 978-▲	경북	김천시	농소면	연명리 산 50-▲
경남	함안군	칠북면	봉촌리 산 363-▲	경북	김천시	아포읍	지리 263-▲
경남	합천군	덕곡면	포두리 132▲	경북	문경시	영순면	율곡리 84▲
경남	합천군	봉산면	노곡리 493-▲	경북	문경시	점촌동	128-▲
경남	합천군	봉산면	노곡리 49▲	경북	봉화군	명호면	고계리 675-▲번지
경남	합천군	봉산면	노곡리 49▲	경북	봉화군	소천면	임기리 1423-▲
경남	합천군	야로면	묵촌리 17▲	경북	상주시	낙동면	성동리 산 2▲번지
경남	합천군	율곡면	임북리 94-▲	경북	안동시	도산면	태자리 산 332-▲
경남	합천군	율곡면	항곡리 55▲	경북	영덕군	병곡면	영리 산 191-▲
경남	합천군	율곡면	항곡리 71▲	경북	영주시	봉현면	유전리 산 2▲
경남	합천군	율곡면	항곡리 82-1▲	경북	영천시	고경면	대성리 15▲
경북	경산시	압량면	신촌리 305-▲	경북	영천시	고경면	오류리 산 19-▲
경북	경산시	와촌면	음양리 산 94-▲	경북	영천시	화남면	산 90-▲
경북	경산시	임당동	341-▲	경북	예천군	용궁면	대은리 78▲
경북	경주시	외동읍	괘릉리 723-▲	경북	예천군	용궁면	무지리 145-▲

소재지			아파트명	소재지			아파트명
시·도	시·군·구	읍·면·동		시·도	시·군·구	읍·면·동	
경북	예천군	용궁면	무지리 236-▲	대구	중구	남성로	6▲
경북	예천군	용궁면	산택리 107-▲	대구	중구	남성로	남성로 66-▲
경북	예천군	지보면	대죽리 63▲	대전	대덕구	장동	60▲
경북	의성군	구천면	미천리 52▲	대전	유성구	구룡동	65▲
경북	의성군	구천면	청산리 4▲	대전	유성구	방동	산 40-▲
경북	의성군	봉양면	문흥리 16▲	부산시	강서구	녹산동	124▲
경북	의성군	봉양면	문흥리 218-▲	부산시	강서구	녹산동	1241-1▲
경북	의성군	봉양면	문흥리 232-▲	부산시	금정구	두구동	1267-▲
경북	의성군	봉양면	문흥리 241-▲	부산시	금정구	선동	산 4▲
경북	의성군	봉양면	분토리 산 13▲	서울시	마포구	서교동	329-▲
경북	청도군	매전면	온막리 94▲	서울시	마포구	합정동	82-1▲ 번지
경북	칠곡군	동명면	기성리 1058-▲	서울시	서초구	방배동	899-▲
경북	포항시	장기면	금곡리 96▲	서울시	서초구	서초동	1335-▲
경북	포항시	장기면	산서리 산 26▲	세종시	-	소정면	대곡리 412-▲
경북	포항시	장기면	읍내리 30▲	세종시	-	장군면	봉안리 451-1▲
경북	포항시	장기면	읍내리 90-▲	세종시	-	장군면	은용리 112-1▲
경북	포항시	장기면	읍내리 산 ▲	세종시	-	전동면	51-▲번지
경북	포항시	흥해읍	성곡리 769-▲	울산광역시	남구	두왕동	산 9▲
광주시	광산구	남산동	18▲	울산광역시	남구	선암동	산 34-▲
광주시	광산구	남산동	산 1▲	울산광역시	울주군	두서면	서하리 산 11▲
광주시	광산구	박호동	산 11▲	울산광역시	울주군	삼동면	조일리 산 21▲
광주시	광산구	왕동	산 126-▲	울산광역시	울주군	삼동면	조일리 산 22▲
광주시	동구	운림동	산 45-▲	울산광역시	울주군	청량면	용암리 산 178-▲
대구	달성군	다사읍	부곡리 323-▲	인천시	강화군	교동면	952-▲
대구	달성군	다사읍	부곡리 33▲	인천시	강화군	내가면	고천리 1339-▲
대구	달성군	다사읍	부곡리 41▲	인천시	강화군	하점면	1174-1▲
대구	달성군	다사읍	부곡리 56▲	인천시	강화군	화도면	여차리 산 12▲
대구	중구	남성로	6▲	인천시	서구	가좌동	산 170-▲

소재지				소재지			
시·도	시·군·구	읍·면·동	지번	시·도	시·군·구	읍·면·동	지번
전남	강진군	옴천면	영산리 산 26▲	전남	보성군	득량면	해평리 887-▲
전남	고흥군	풍양면	한동리 22-▲	전남	보성군	미력면	미력리 466-▲
전남	곡성군	목사동면	신전리 17-▲	전남	보성군	미력면	미력리 산 5▲
전남	곡성군	목사동면	용봉리 3▲	전남	보성군	복내면	봉천리 444-▲
전남	곡성군	오산면	가곡리 산 21▲	전남	순천시	대룡동	88▲
전남	광양시	봉강면	지곡리 82▲	전남	순천시	대룡동	880-▲
전남	광양시	옥룡면	추산리 9▲	전남	순천시	승주읍	신학리 산 7▲
전남	광양시	진상면	청암리 31▲	전남	순천시	월등면	계월리 산 7▲
전남	구례군	토지면	내서리 46▲	전남	순천시	풍산면	유정리 44▲
전남	나주시	금천면	오강리 275-▲	전남	영암군	미암면	채지리 산 80-1▲
전남	나주시	금천면	오강리 28▲	전남	영암군	미암면	호포리 산 1-▲
전남	나주시	다시면	운봉리 산 94-▲	전남	영암군	삼호읍	산호리 129▲
전남	나주시	대기동	408-▲	전남	장성군	남면	삼태리 859-▲
전남	나주시	대기동	410-▲	전남	장성군	장성읍	안평리 971-▲
전남	담양군	대덕면	매산리 산 9▲	전남	장성군	장성읍	안평리 산 35-4▲
전남	담양군	대덕면	매산리 산 97-▲	전남	함평군	월야면	월계리 38▲
전남	담양군	대덕면	장산리 산 124-▲	전남	함평군	월야면	월계리 447-▲
전남	담양군	대전면	서옥리 산 82-▲	전남	함평군	월야면	월계리 450-▲
전남	담양군	창평면	외동리 산 2▲	전남	함평군	월야면	월계리 766-▲
전남	무안군	무안읍	성남리 산 29-▲	전남	해남군	마산면	학의리 322-▲
전남	무안군	삼향읍	임성리 산 67-▲	전남	해남군	현산면	황산리 109-1▲
전남	무안군	청계면	월선리 산 14▲	전남	해남군	화산면	율동리 24▲
전남	무안군	해제면	창매리 449-▲	전남	화순군	춘양면	회송리 1▲
전남	무안군	해제면	친장리 168-▲	전북	고창군	부안면	오산리 18▲
전남	보성군	득량면	오봉리 2039-▲	전북	고창군	부안면	오산리 195-▲
전남	보성군	득량면	오봉리 2074-2▲	전북	고창군	흥덕면	송암리 산 64-▲
전남	보성군	득량면	오봉리 473-▲	전북	군산시	나포면	나포리 산 149-▲
전남	보성군	득량면	해평리 2488-▲	전북	군산시	나포면	주곡리 산 34-▲

소재지				소재지			
시·도	시·군·구	읍·면·동	지번	시·도	시·군·구	읍·면·동	지번
전북	군산시	임피면	산 45-▲	전북	임실군	신덕면	삼길리 산 15▲
전북	군산시	임피면	읍내리 370-▲	전북	임실군	신덕면	오궁리 산 1▲
전북	군산시	회현면	학당리 15▲	전북	임실군	신덕면	호암리 1458-▲
전북	군산시	회현면	학당리 96▲	전북	전주시	서서학동	산 25▲
전북	군산시	회현면	학당리 산 8▲	전북	전주시	전미동1가	1091-▲
전북	남원시	사매면	월평리 65▲	전북	정읍시	산내면	능교리 산 3▲
전북	무주군	부남면	대유리 산 68-▲	전북	정읍시	신태인읍	백산리 118▲
전북	무주군	설천면	두길리 76▲	전북	정읍시	정우면	장순리 946-▲
전북	부안군	부안읍	선온리 11-▲	전북	정읍시	정우면	초강리 1120-▲
전북	순창군	구림면	율복리 391-▲	전북	정읍시	칠보면	와우리 110▲
전북	순창군	구림면	율복리 산 4▲	전북	진안군	동향면	1835-▲
전북	순창군	쌍치면	운암리 산 2▲	전북	진안군	동향면	2450-▲ 번지
전북	순창군	풍산면	금곡리 60▲	전북	진안군	동향면	능금리 140▲
전북	순창군	풍산면	반월리 46▲	전북	진안군	상전면	192-1▲
전북	완주군	구이면	광곡리 산 4▲	제주도	북제주군	한경면	낙천리 89▲
전북	완주군	용진읍	신리지 1459-▲	제주도	서귀포시	남원읍	신흥리 104▲
전북	익산시	용안면	중신리 470-▲	제주도	서귀포시	대정읍	동일리 1720-▲
전북	익산시	춘포면	춘포리 621-1▲	제주도	서귀포시	대정읍	일과리 40▲
전북	임실군	신덕면	삼길리 1255-▲	제주도	서귀포시	표선면	가시리 301▲
전북	임실군	신덕면	삼길리 15▲	제주도	서귀포시	회수동	11▲
전북	임실군	신덕면	삼길리 16▲	제주도	제주시	애월읍	곽지리 1476-▲
전북	임실군	신덕면	삼길리 30▲	제주도	제주시	한경면	조수리 260▲
전북	임실군	신덕면	삼길리 325-▲	제주도	제주시	한경면	조수리 261▲
전북	임실군	신덕면	삼길리 34▲	제주도	제주시	한경면	조수리 297▲
전북	임실군	신덕면	삼길리 986-▲	충남	논산시	은진면	시묘리 629-▲
전북	임실군	신덕면	삼길리 99▲	충남	당진시	읍내동	145▲
전북	임실군	신덕면	삼길리 산 127-▲	충남	보령시	천북면	하만리 산 126-▲
전북	임실군	신덕면	삼길리 산 14▲	충남	보령시	화산동	산 4▲

소재지				소재지			
시·도	시·군·구	읍·면·동	지번	시·도	시·군·구	읍·면·동	지번
충남	부여군	규암면	내리 751-▲	충북	단양군	단양읍	장현리 ▲
충남	부여군	규암면	진변리 54-▲	충북	보은군	내북면	법주리 36▲
충남	부여군	초촌면	소사리 618-▲	충북	보은군	내북면	법주리 산 18-▲
충남	서산시	운산면	가좌리 19-2▲	충북	영동군	심천면	약목리 616-▲
충남	서산시	해미면	석포리 65▲	충북	옥천군	이원면	의평리 105-▲
충남	서천군	화양면	대하리 17▲	충북	음성군	삼성면	청용리 산 70-1▲
충남	아산시	도고면	금산리 121-▲	충북	음성군	생극면	신양리 77▲
충남	아산시	도고면	금산리 산 7-▲	충북	음성군	음성읍	사정리 산 12▲
충남	아산시	송악면	외암리 334-▲	충북	제천시	덕산면	월악리 249-▲
충남	아산시	영인면	신화리 61▲	충북	제천시	왕암동	67-2▲
충남	예산군	예산읍	향천리 산 52-▲	충북	제천시	천남동	산 8-6▲
충남	천안시	직산읍	삼은리 78-▲	충북	청원군	문의면	마동리 81-▲
충남	청양군	남양면	봉암리 산 39-▲	충북	청원군	오창읍	가좌리 24▲
충남	청양군	대치면	주정리 산 5-▲	충북	청원군	오창읍	가좌리 30▲
충남	청양군	장평면	락지리 산 37-▲	충북	청원군	오창읍	양청리 726-▲
충남	태안군	근흥면	정죽리 20▲	충북	청주시	낭성면	귀래리 180-▲
충남	태안군	근흥면	정죽리 23▲	충북	청주시	문의면	품곡리 237-1▲
충남	태안군	근흥면	정죽리 80-▲	충북	청주시	문의면	품곡리 9▲
충남	태안군	근흥면	정죽리 산 16▲	충북	청주시	옥산면	국사리 산 14▲
충남	홍성군	은하면	대율리 산 5▲	충북	청주시	옥산면	호죽리 357-▲
충남	홍성군	홍동면	문당리 산 1▲	충북	충주시	대소원면	완오리 산 4▲
충북	괴산군	괴산읍	동부리 39▲	충북	충주시	수안보면	고운리 산 3▲
충북	괴산군	청천면	귀만리 465-▲	충북	충주시	주덕읍	65▲
충북	괴산군	칠성면	두천리 356-▲	-	-	-	-

21장
30억 이상 50억 미만 자산 그룹
※ 대상자 특정으로 인한 부작용 방지를 위해 지번 중 일부를 '▲'로 표기함

30억 이상 50억 미만 자산 보유 권력자 포트폴리오

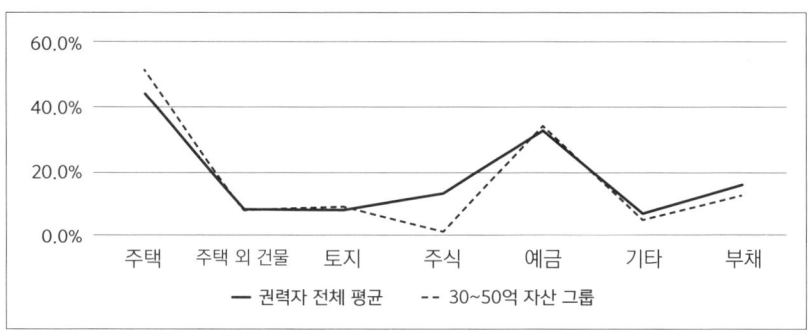

〈평균 자산 구성 세부 현황〉

(단위: 억 원)

구분		주택	주택 외 건물	토지	주식	예금	기타	부채	순자산 합계
전체 평균	금액	12.05	2.56	2.32	3.71	8.98	2.11	4.42	27.32
	비중	44.1%	9.4%	8.5%	13.6%	32.9%	7.7%	16.2%	100.0%
30억~ 50억	금액	19.57	3.28	3.79	0.96	12.93	2.23	5.01	37.75
	비중	51.8%	8.7%	10.0%	2.6%	34.3%	5.9%	13.3%	100.0%

주: 1. 주택: 단독 주택, 공동 주택, 주거용 오피스텔, 복합 건물(주택+상가), 국외 주택 포함.
2. 주택 외 건물: 상가, 사무실, 창고 포함.
3. 주식: 상장 주식, 비상장 주식, 회사채 포함.
4. 예금: 적금, 보험 포함.
5. 기타: 미술품, 채권, 회원권, 보석류 포함.
6. 부채: 금융기관 채무, 사인 간 채무 포함.

'30억 이상 50억 미만' 권력자 자산가 그룹의 자산은 30억 미만의 그룹과 비교하여 '부채'의 비중이 현격하게 줄어들고, '주택'의 비중 또한 완만하게 줄어들고 있음이 확인된다. 또 '토지'의 비중은 평균 이상으로 상향되고, '주식' 비중은 평균보다 낮게 형성됨이 확인된다.

30억 이상 50억 미만 자산 보유 권력자의 '아파트'와 '토지'

'30억 이상 50억 미만' 자산을 보유한 권력자들이 보유하거나 투자하고 있는 '아파트'와 '토지'의 실제 목록은 다음과 같다.

〈아파트〉

* 중복기재된 아파트는 다수 권력자들이 보유한 아파트임

소재지			아파트명	소재지			아파트명
시·도	시·군·구	읍·면·동		시·도	시·군·구	읍·면·동	
강원	강릉시	교동	강릉교동롯데캐슬 1단지	경기도	광명시	하안동	이편한세상 센트레빌아파트
강원	동해시	평릉동	동해엘리시아 아파트	경기도	성남시	삼평동	봇들마을7단지
강원	춘천시	동내면	현대성우오스타아파트	경기도	성남시	수내동	양지마을 청구아파트
강원	춘천시	석사동	현진에버빌2차	경기도	성남시	신흥동	신동아파라디움
강원	춘천시	우두동	강변코아루아파트	경기도	성남시	정자동	상록마을우성아파트

소재지			아파트명	소재지			아파트명
시·도	시·군·구	읍·면·동		시·도	시·군·구	읍·면·동	
경기도	안산시	사동	안산고잔6차 푸르지오	서울시	강남구	도곡동	도곡렉슬
경기도	안양시	박달동	한라비발디아파트	서울시	강남구	도곡동	래미안도곡카운티
경기도	안양시	박달동	한라비발디아파트	서울시	강남구	도곡동	삼익아파트
경기도	양주시	덕정동	주공4단지아파트	서울시	강남구	도곡동	한신엠비씨
경기도	용인시	풍덕천동	신정마을 현대프라임아파트	서울시	강남구	압구정동	현대아파트
경기도	의정부시	신곡동	신곡은하수아파트	서울시	강남구	압구정동	현대아파트
경북	의성군	의성읍	청구제네스 1차	서울시	강남구	압구정동	현대아파트
광주시	광산구	월곡동	영천마을주공10단지	서울시	강남구	압구정동	현대아파트
광주시	남구	봉선동	포스코아파트	서울시	강남구	일원동	목련타운
대구시	수성구	두산동	대우트럼프월드 수성아파트	서울시	강남구	자곡동	래미안강남힐즈
대전시	서구	정림동	강변들 보람아파트	서울시	강남구	청담동	건영아파트
부산시	남구	대연동	대연비치	서울시	강동구	둔촌동	둔촌주공아파트
부산시	북구	만덕동	럭키만덕아파트	서울시	관악구	신림동	신림푸르지오
부산시	북구	화명동	대림쌍용강변타운	서울시	구로구	구로동	중앙구로하이츠아파트
부산시	사하구	하단동	가락타운1단지아파트	서울시	동작구	사당동	사당자이아파트
서울시	강남구	개포동	개포시영아파트	서울시	동작구	상도동	갑을명가아파트
서울시	강남구	개포동	래미안블레스티지	서울시	동작구	흑석동	흑석한강푸르지오
서울시	강남구	개포동	주공아파트 1단지	서울시	서대문구	대현동	럭키대현아파트
서울시	강남구	개포동	주공아파트 1단지	서울시	서초구	반포동	래미안퍼스티지
서울시	강남구	개포동	현대1차아파트	서울시	서초구	반포동	반포 주공1단지
서울시	강남구	개포동	현대아파트	서울시	서초구	반포동	반포 주공1단지
서울시	강남구	논현동	현대인텔렉스	서울시	서초구	반포동	반포경남아파트
서울시	강남구	대치동	대치아이파크	서울시	서초구	반포동	반포미도2차아파트
서울시	강남구	대치동	선경 1차아파트	서울시	서초구	반포동	아크로리버파크
서울시	강남구	대치동	은마아파트	서울시	서초구	반포동	에이아이디차관
서울시	강남구	대치동	은마아파트	서울시	서초구	반포동	한신3차

소재지			아파트명	소재지			아파트명
시·도	시·군·구	읍·면·동		시·도	시·군·구	읍·면·동	
서울시	서초구	반포동	한신서래아파트	서울시	송파구	잠실동	갤러리아팰리스
서울시	서초구	방배동	롯데캐슬포레스트	서울시	양천구	목동	목동신시가지아파트
서울시	서초구	방배동	방배아트자이	서울시	양천구	목동	목동신시가지아파트
서울시	서초구	방배동	현대멤피스아파트	서울시	양천구	목동	목동신시가지아파트
서울시	서초구	서초동	무지개아파트	서울시	영등포구	여의도동	광장아파트
서울시	서초구	서초동	삼풍아파트	서울시	용산구	동자동	센트레빌 아스테리움
서울시	서초구	서초동	삼풍아파트	서울시	용산구	서빙고동	신동아아파트
서울시	서초구	서초동	서초래미안아파트	서울시	용산구	서빙고동	신동아아파트
서울시	서초구	서초동	아크로비스타	서울시	용산구	서빙고동	신동아아파트
서울시	서초구	서초동	현대 ESA 2차 아파트	서울시	용산구	한강로1가	대우 월드마크 용산
서울시	서초구	잠원동	신반포한신아파트	서울시	중구	신당동	남산타운
서울시	서초구	잠원동	신반포한신아파트	세종시	–	다정동	가온마을 1단지
서울시	서초구	잠원동	잠원한신아파트	세종시	–	도담동	도램마을 20단지
서울시	서초구	잠원동	현대아파트	세종시	–	아름동	범지기마을 10단지
서울시	성동구	금호동1가	벽산아파트	인천시	계양구	작전동	동보2차아파트
서울시	성동구	옥수동	래미안 옥수 리버젠	인천시	부평구	부평동	래미안부평
서울시	송파구	석촌동	잠실한솔아파트	인천시	서구	연희동	중흥S클래스
서울시	송파구	신천동	잠실푸르지오 월드마크아파트	충북	청주시	분평동	주공4차아파트
서울시	송파구	신천동	장미아파트	–	–	–	–

〈토지〉

소재지				소재지			
시·도	시·군·구	읍·면·동	지번	시·도	시·군·구	읍·면·동	지번
강원	강릉시	성산면	관음리 산 51-▲	경기도	안성시	원곡면	칠곡리 산 15▲
강원	속초시	교동	482-28▲	경기도	안성시	죽산면	당목리 산 58-▲
강원	양구군	남면	송우리 35▲	경기도	양주시	은현면	용암림 815-1▲
강원	춘천시	사북면	가일리 14▲	경기도	양평군	개군면	부리 산 23-▲
강원	춘천시	사북면	가일리 산 3▲	경기도	연천군	왕징면	산 12▲
강원	춘천시	사북면	원평리 52-▲	경기도	연천군	중면	21▲
강원	춘천시	사북면	원평리 6▲	경기도	연천군	중면	중사리 108▲
강원	춘천시	사북면	원평리 산 1▲	경기도	용인시	모현면	오산리 104-▲
강원	춘천시	사북면	원평리 산 2▲	경기도	용인시	신봉동	759-1▲
강원	춘천시	사북면	원평리 산 2▲	경기도	용인시	원삼면	죽능리 13-▲
강원	평창군	대관령면	차항리 산 199-2▲	경기도	용인시	이동면	천리 479-▲
강원	평창군	봉평면	평촌리 550-▲	경기도	용인시	포곡읍	영문리 391-▲
경기도	과천시	과천동	26▲	경기도	파주시	탄현면	성동리 664-▲
경기도	광명시	소하동	산 8▲	경기도	평택시	합정동	846-▲
경기도	광주시	남한산성면	엄미리 산 237-▲	경기도	포천시	내촌면	진목리 산 26▲
경기도	남양주시	와부읍	덕소리 206-▲	경기도	화성시	마도면	백곡리 산 184-2▲
경기도	남양주시	와부읍	덕소리 20▲	경기도	화성시	양감면	사창리 산 12▲
경기도	남양주시	와부읍	덕소리 48-1▲	경남	고성군	대가면	금산리 산 190-▲
경기도	남양주시	와부읍	덕소리 산 33-▲	경남	밀양시	무안면	내진리 46▲
경기도	남양주시	와부읍	월문리 561-▲	경남	밀양시	무안면	동산리 17▲
경기도	남양주시	화도읍	금남리 산 56-▲	경남	밀양시	삼문동	714-1▲
경기도	성남시	대장동	산 63-▲	경남	밀양시	삼문동	715-▲
경기도	성남시	대장동	산 63-▲	경남	밀양시	청도면	고법리 23▲
경기도	성남시	백현동	590-▲	경남	창원시	계덕동	15▲
경기도	시흥시	하중동	142-2▲	경남	통영시	사량면	양지리 28▲
경기도	안성시	산하리	산 13▲	경북	경주시	안강읍	강교리 산 65-▲
경기도	안성시	산하리	산 21▲	경북	고령군	성산면	고탄리 산 105-▲

소재지			아파트명	소재지			아파트명
시·도	시·군·구	읍·면·동		시·도	시·군·구	읍·면·동	
경북	고령군	성산면	고탄리 산 47-▲	울산광역시	울주군	삼남면	방기리 956-▲
경북	김천시	응명동	235-▲	울산광역시	울주군	상북면	향산리 136-▲
경북	봉화군	봉성면	동양리 산 1▲	울산광역시	울주군	상북면	향산리 26▲
경북	봉화군	봉성면	동양리 산 2▲	울산광역시	울주군	웅촌면	초천리 19▲
경북	봉화군	봉성면	동양리 산 6▲	인천시	서구	불로동	산 197-▲
경북	봉화군	봉성면	산 134-▲	인천시	서구	오류동	52-▲번지
경북	봉화군	봉성면	우곡리 20▲	인천시	서구	왕길동	664-▲
경북	봉화군	봉성면	우곡리 22▲	인천시	중구	운남동	산 12▲
경북	봉화군	봉성면	창평리 55-▲	전남	강진군	강진읍	동성리 527-1▲
경북	성주군	선남면	신부리 16▲	전남	여수시	율촌면	산수리 산 19▲
경북	영주시	평은면	강동리 산 ▲	전남	여수시	화정면	개도리 산 716-▲
대구	달성군	가창면	오리 산 33▲	전남	영광군	염산면	옥실리 1106-▲
대구	달성군	가창면	행정리 산 1▲	전남	영광군	염산면	축동리 2▲
대구	달성군	현풍면	대리 603-1▲	전북	군산시	서수면	관원리 산 260-▲
대구	수성구	상동	70▲	전북	군산시	옥구읍	옥정리 39-▲
대전	중구	유천동	181-1▲	전북	군산시	옥구읍	옥정리 산 81-▲
부산시	강서구	강동동	159-▲	전북	남원시	월락동	536-▲
부산시	금정구	두구동	29▲	전북	정읍시	칠보면	반곡리 산 2▲
부산시	사상구	주례동	60-4▲	제주도	서귀포시	안덕면	감산리 689-▲
서울시	강동구	명일동	305-▲	제주도	서귀포시	중문동	84▲
서울시	강서구	공항동	산 20-▲	제주도	서귀포시	중문동	86▲
서울시	관악구	신림동	1428-▲	제주도	서귀포시	중문동	1711-▲
서울시	동작구	노량진동	148-5▲	제주도	제주시	애월읍	광령리 산 49-▲
서울시	성북구	성북동	226-7▲	제주도	제주시	애월읍	유수암리 6▲
서울시	성북구	정릉동	87▲	제주도	제주시	오라삼동	262▲
서울시	송파구	석촌동	288-▲	제주도	제주시	외도일동	93▲
서울시	용산구	이태원동	260-1▲	충남	공주시	우성면	목천리 908-▲
서울시	종로구	평창동	412-1▲	충남	논산시	벌곡면	어곡리 산 4▲

소재지				소재지			
시·도	시·군·구	읍·면·동	지번	시·도	시·군·구	읍·면·동	지번
충남	서산시	부석면	봉락리 산 122-▲	충북	청주시	가덕면	사동리 산 5-▲
충남	서산시	부석면	봉락리 산 123-▲	충북	청주시	미원면	어암리 17-▲
충남	서산시	팔봉면	양길리 산 1▲	충북	청주시	미원면	어암리 21-▲
충남	아산시	송악면	강장리 산 ▲	충북	청주시	수동	325-▲
충남	아산시	송악면	유곡리 산 1▲	충북	청주시	오창읍	기암리 23-▲
충남	아산시	염치읍	염성리 산 4-1▲	충북	청주시	오창읍	석우리 34▲
충남	아산시	읍내동	산 ▲	충북	충주시	살미면	설운리 1▲
충남	천안시	풍세면	풍서리 산 22-▲	충북	충주시	살미면	설운리 산 3▲
충북	제천시	봉양읍	산 184-▲	충북	충주시	호암동	산38-▲
충북	제천시	봉양읍	연박리 산 18▲	-	-	-	-

22장
50억 이상 자산 그룹

※ 대상자 특정으로 인한 부작용 방지를 위해 지번 중 일부를 '▲'로 표기함

50억 이상 자산 보유 권력자 포트폴리오

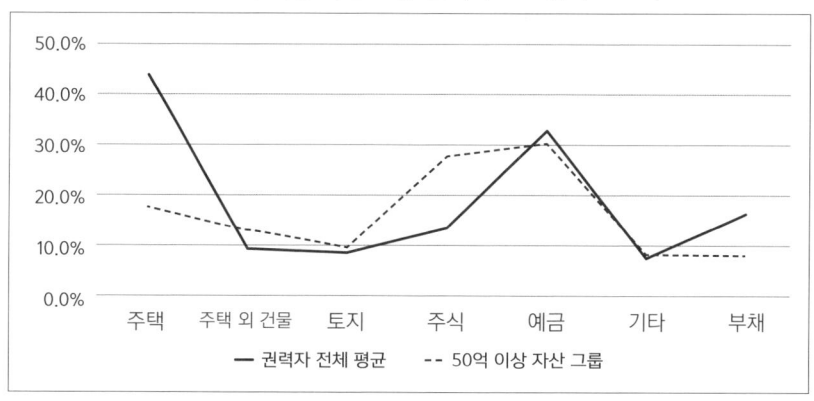

〈평균 자산 구성 세부 현황〉

(단위: 억 원)

구분		주택	주택 외 건물	토지	주식	예금	기타	부채	순자산 합계
전체 평균	금액	12.05	2.56	2.32	3.71	8.98	2.11	4.42	27.32
	비중	44.1%	9.4%	8.5%	13.6%	32.9%	7.7%	16.2%	100.0%
50억 이상	금액	25.48	19.13	13.81	39.38	43.32	11.98	11.49	141.61
	비중	18.0%	13.5%	9.8%	27.8%	30.6%	8.5%	8.1%	100.0%

CHAPTER 5 자산 규모별 권력자 투자 따라 해보기

주: 1. 주택: 단독 주택, 공동 주택, 주거용 오피스텔, 복합 건물(주택+상가), 국외 주택 포함.
2. 주택 외 건물: 상가, 사무실, 창고 포함.
3. 주식: 상장 주식, 비상장 주식, 회사채 포함.
4. 예금: 적금, 보험 포함.
5. 기타: 미술품, 채권, 회원권, 보석류 포함.
6. 부채: 금융기관 채무, 사인 간 채무 포함.

'50억 이상' 권력자 자산가 그룹의 자산은 50억 미만의 그룹과 비교하여 '주택', '부채'의 비중이 현격하게 줄어들고, '토지'의 비중은 평균 이상으로 상향되고, '주식' 비중은 평균보다 급등하는 것이 확인된다.

50억 이상 자산 보유 권력자의 '아파트'와 '토지'

'50억 이상' 자산을 보유한 권력자들이 보유하거나 투자하고 있는 '아파트'와 '토지'의 실제 목록은 다음과 같다.

〈아파트〉

* 중복 기재된 아파트는 다수 권력자들이 보유한 아파트임

소재지			아파트명	소재지			아파트명
시·도	시·군·구	읍·면·동		시·도	시·군·구	읍·면·동	
경기도	과천시	부림동	주공아파트 8단지	경북	영주시	휴천동	남산현대아파트
경기도	성남시	구미동	무지개(2단지) 엘지아파트	경북	포항시	연일읍	대림한숲타운 1차
경기도	성남시	서현동	시범단지한양아파트	광주시	남구	봉선동	한국아델리움 1차
경기도	수원시	인계동	선경리빙빌라트	대전시	유성구	노은동	열매마을8단지
경기도	안양시	호계동	현대2차홈타운	대전시	유성구	봉명동	유성자이
경기도	의왕시	내손동	의왕내손 이편한세상	부산시	남구	용호동	오륙도 SK VIEW아파트
경기도	의정부시	신곡동	드림밸리아파트	서울시	강남구	개포동	경남아파트
경북	안동시	동부동	한양아파트	서울시	강남구	개포동	우성3차아파트

소재지			아파트명	소재지			아파트명
시·도	시·군·구	읍·면·동		시·도	시·군·구	읍·면·동	
서울시	강남구	대치동	래미안 대치 팰리스	서울시	성동구	상왕십리동	텐즈힐
서울시	강남구	대치동	선경 1차아파트	서울시	송파구	문정동	문정래미안
서울시	강남구	대치동	한보미도맨션1	서울시	송파구	송파동	가락삼익맨숀
서울시	강남구	삼성동	센트럴 IPARK	서울시	송파구	신천동	파크리오
서울시	강남구	삼성동	신동아듀크빌	서울시	송파구	잠실동	아시아선수촌아파트
서울시	강남구	삼성동	진흥아파트	서울시	송파구	잠실동	우성아파트
서울시	강남구	압구정동	미성아파트	서울시	송파구	잠실동	트리지움아파트
서울시	강남구	압구정동	한양 1차	서울시	송파구	잠실동	트리지움아파트
서울시	강남구	압구정동	현대아파트	서울시	양천구	목동	목동신시가지아파트
서울시	강남구	일원동	목련타운	서울시	양천구	목동	목동신시가지아파트
서울시	강남구	청담동	효성빌라 청담	서울시	영등포구	여의도동	대우트럼프월드 1차
서울시	강동구	고덕동	래미안힐스테이트고덕	서울시	용산구	도원동	삼성래미안
서울시	동대문구	이문동	이문e편한세상	서울시	용산구	이촌동	엘지한강자이아파트
서울시	마포구	도화동	마포트라팰리스	서울시	용산구	이태원동	청화아파트
서울시	마포구	상수동	신구강변연가아파트	서울시	용산구	한강로3가	용산 씨티파크
서울시	서초구	반포동	반포자이	서울시	용산구	한남동	한남더힐
서울시	서초구	방배동	롯데캐슬아르떼	세종시	-	도담동	세종 힐스테이트
서울시	서초구	서초동	삼풍아파트	세종시	-	종촌동	가재마을5단지
서울시	서초구	서초동	아크로비스타	인천시	미추홀구	학익동	학익동풍림아이원아파트
서울시	서초구	서초동	아크로비스타	충남	논산시	강경읍	강경클래시움아파트
서울시	서초구	서초동	트라움하우스3차	충남	서산시	석림동	신주공아파트
서울시	서초구	서초동	현대슈퍼빌	충북	옥천군	옥천읍	하늘빛 아파트

〈토지〉

소재지				소재지			
시·도	시·군·구	읍·면·동	지번	시·도	시·군·구	읍·면·동	지번
강원	강릉시	구정면	어단리 산 126-▲	경기도	고양시	주교동	산 13▲
강원	강릉시	성산면	위촌면 산 15▲	경기도	고양시	화전동	233-1▲
강원	강릉시	성산면	위촌면 산 16▲	경기도	고양시	화전동	234-▲
강원	강릉시	안현동	94-14▲	경기도	광주시	남종면	수청리 34▲
강원	강릉시	유산동	38▲	경기도	광주시	도척면	유정리 산 1▲
강원	고성군	토성면	안흥리 산 15▲	경기도	김포시	월곶면	용강리 산 47-▲
강원	고성군	토성면	인흥리 산 15▲	경기도	남양주시	화도읍	묵현리 518-▲
강원	원주시	지정면	가곡리 1033-▲	경기도	성남시	갈현동	32▲
강원	인제군	상남면	상남리 산 14▲	경기도	안양시	동안구	비산동 105▲
강원	평창군	방림면	운교리 산34▲	경기도	양평군	강상면	병산리 1000-▲
강원	평창군	봉평면	유포리 14▲	경기도	양평군	용문면	광탄리 183-1▲
강원	평창군	봉평면	유포리 147-▲	경기도	양평군	용문면	광탄리 241-▲
강원	평창군	봉평면	유포리 15▲	경기도	여주군	점동면	처리 59▲
강원	평창군	봉평면	유포리 산 52▲	경기도	여주시	교동	산 4-2▲
강원	평창군	봉평면	흥정리 194-▲	경기도	여주시	점동면	처리 31▲
강원	홍천군	북방면	구만리 18▲	경기도	오산시	두곡동	산 15-▲
강원	홍천군	북방면	구만리 180-▲	경기도	용인시	고매동	376-3▲
강원	홍천군	북방면	원소리 29▲	경기도	용인시	고매동	376-6▲
강원	홍천군	북방면	원소리 30▲	경기도	용인시	고매동	376-8▲
강원	홍천군	북방면	원소리 551-▲	경기도	용인시	고매동	산 55-2▲
강원	홍천군	북방면	원소리 56▲	경기도	용인시	마북동	산 2-1▲
강원	홍천군	북방면	원소리 산 10▲	경기도	용인시	모현면	초부리 46▲
경기도	고양시	고양동	산 1-1▲	경기도	용인시	모현면	초부리 46▲
경기도	고양시	주교동	85▲	경기도	용인시	모현면	초부리 산 11▲
경기도	고양시	주교동	85▲	경기도	용인시	모현면	초부리 산 113-▲
경기도	고양시	주교동	109▲	경기도	용인시	양지면	남곡리 산 5▲
경기도	고양시	주교동	164-▲	경기도	용인시	이동면	묘봉리 산 2▲

소재지			아파트명	소재지			아파트명
시·도	시·군·구	읍·면·동		시·도	시·군·구	읍·면·동	
경기도	이천시	장호원읍	어석리 72-▲	경남	양산시	하북면	용연리 676-▲
경기도	이천시	장호원읍	어석리 산1-▲	경남	양산시	하북면	용연리 70▲
경기도	파주시	법원읍	법원리 산 151-2▲	경남	양산시	하북면	용연리 911-▲
경기도	파주시	월롱면	영태리 473-2▲	경남	양산시	하북면	용연리 산 4▲
경기도	파주시	월롱면	영태리 산 99-▲	경남	진주시	내동면	삼계리 산 116-▲
경기도	평택시	지산동	34▲	경남	진주시	호탄동	644-▲
경기도	평택시	지산동	168-11▲	경남	창원시	동읍	덕산리 28▲
경기도	평택시	지산동	168-▲	경남	창원시	동읍	덕산리 29▲
경기도	평택시	지산동	347-▲	경남	창원시	서상동	707-1▲
경기도	평택시	청북읍	어소리 19▲	경남	하동군	북천면	서황리 37▲
경기도	평택시	현덕면	화양리 산 20▲	경남	하동군	북천면	서황리 377-▲
경기도	포천시	동교동	30▲	경남	하동군	북천면	서황리 491-▲
경기도	포천시	소흘읍	무림리 46-▲	경남	하동군	북천면	서황리 547-▲
경기도	포천시	소흘읍	무림리 산 2▲	경남	하동군	북천면	서황리 548-▲
경기도	화성시	남양읍	송림리 산 15▲	경남	하동군	북천면	서황리 61▲
경기도	화성시	남양읍	원천리 산 116-▲	경남	하동군	북천면	서황리 61▲
경기도	화성시	서신면	궁평리 산 8▲	경남	하동군	북천면	서황리 622-▲
경기도	화성시	서신면	궁평리 산 89-▲	경남	하동군	북천면	서황리 산 2▲
경남	남해군	서면	중현리 1165-▲	경북	경주시	내남면	망성리 1023-10▲
경남	남해군	서면	중현리 150▲	경북	경주시	외동읍	개곡리 11▲
경남	남해군	서면	중현리 산 169-▲	경북	군위군	고로면	화북리 산 29▲
경남	남해군	서면	중현리 산 191-▲	경북	김천시	구성면	구미리 95-2▲
경남	밀양시	산내면	용전리 산 45-▲	경북	김천시	구성면	미평리 65▲
경남	밀양시	하남읍	파서리 106▲	경북	김천시	구성면	미평리 66▲
경남	양산시	어곡동	163▲	경북	안동시	도사면	단천리 68▲
경남	양산시	어곡동	산 315-▲	경북	영덕군	영덕읍	우곡리 산 27-▲
경남	양산시	어곡동	용연리 1175-▲	경북	영주시	풍기읍	백리 산 5▲
경남	양산시	하북면	용연리 66▲	경북	포항시	오천읍	구정리 311-▲

소재지				소재지			
시·도	시·군·구	읍·면·동	지번	시·도	시·군·구	읍·면·동	지번
경북	포항시	오천읍	구정리 52▲	서울시	서초구	서초동	1327-▲
경북	포항시	장기면	창지리 43▲	서울시	서초구	서초동	1657-▲
경북	포항시	장기면	창지리 산 73-▲	서울시	송파구	잠실동	196-1▲
경북	포항시	장성동	1384-▲	전남	강진군	작천면	갈동리 산 389-1▲
경북	포항시	장성동	148-▲	전남	곡성군	곡성읍	구원리 258-▲
경북	포항시	장성동	148-▲	전남	곡성군	곡성읍	구원리 513-▲
경북	포항시	장성동	산 23▲	전남	곡성군	삼기면	근촌리 산 1▲
경북	포항시	죽도동	607-▲	전남	곡성군	오곡면	봉조리 산 ▲
경북	포항시	호미곶면	강사리 589-▲	전남	곡성군	입면	금산리 441-▲
경북	포항시	흥해읍	용전리 31▲	전남	곡성군	입면	금산리 453-1▲
대구	남구	대명동	1691-▲	전남	곡성군	입면	금산리 산 113-▲
부산시	남구	문현동	산 57-▲	전남	곡성군	입면	금산리 산 120-▲
부산시	동래구	사직동	58▲	전남	담양군	용면	쌍태리 44▲
부산시	동래구	수안동	108-▲	전남	담양군	월산면	화방리 38▲
부산시	북구	만덕동	산 16▲	전남	보성군	득량면	예당리 224▲
부산시	사상구	주례동	221-▲	전남	여수시	소라면	대포리 산 15▲
부산시	사하구	구평동	산 37-▲	전남	여수시	소라면	덕양리 산 15▲
부산시	해운대구	반송동	745-▲	전남	여수시	소라면	덕양리 산 191-1▲
부산시	해운대구	반송동	산 68-▲	전남	여수시	여천동	산 6▲
부산시	해운대구	석대동	15▲	전남	여수시	율촌면	월산리 1431-▲
부산시	해운대구	중동	1394-5▲	전남	여수시	율촌면	조화리 723-▲
서울시	강남구	도곡동	산 32-▲	전남	여수시	율촌면	취적리 184-▲
서울시	강남구	세곡동	산 4▲	전남	여수시	화치동	산16-▲
서울시	강남구	역삼동	824-1▲	전북	전주시	호성동2가	756-▲
서울시	관악구	신림동	산 181-▲	제주도	서귀포시	서홍동	127▲
서울시	구로구	고척동	50-▲ 번지	제주도	서귀포시	표선면	표선리 72-▲
서울시	마포구	성산동	181-1▲	충남	공주시	신풍면	쌍대리 산 1-▲
서울시	서초구	내곡동	산 7▲	충남	논산시	연무읍	고내리 383-▲

소재지				소재지			
시·도	시·군·구	읍·면·동	지번	시·도	시·군·구	읍·면·동	지번
충남	논산시	연산면	신양리 산 7▲	충남	서산시	해미면	기지리 104-▲
충남	논산시	연산면	연산리 산 16-1▲	충남	태안군	소원면	모항리 462-2▲
충남	논산시	연산면	장전리 산▲	충남	태안군	이원면	관리 산 12▲
충남	보령시	명천동	70▲	충남	태안군	이원면	내리 산 13▲
충남	서산시	부석면	봉락리 산 61-▲	충남	홍성군	홍동면	문당리 713-▲
충남	서산시	잠홍동	473-▲	충북	음성군	삼성면	34-▲ 번지
충남	서산시	잠홍동	480-▲	충북	진천군	문백면	태락리 산 2-▲
충남	서산시	잠홍동	산 27-▲	충북	충주시	노은면	가신리 산 1▲

별지 1

권력자 자산 목록 일람표

01장
공동 주택(아파트)

① 서울특별시(*한국부동산원 매매 지수 변동률: 2019~2020년 해당 지역 평균 변동값임)

'비고'란 보유 인원수는 해당 단지에 아파트를 보유한 총인원수를 지칭함(해당 면적 보유 인원 ×)

소재지		아파트		실거래최고가 (단위: 만 원)		최근 1년 수익률	부동산원 매매 지수 변동률*	비고
시·군·구	읍·면·동	아파트명	면적 (㎡)	2019년 (A)	2020년 (B)	(B-A)/A		
강남구	개포동	개포시영아파트	-	-	-	-	3.2%	거래 없음
강남구	개포동	경남아파트	96.98	203,000	215,000	5.9%	3.2%	
강남구	개포동	래미안블레스티지	84.95	254,000	264,000	3.9%	3.2%	2명 보유
강남구	개포동	래미안블레스티지	126.97	338,000	355,000	5.0%	3.2%	2명 보유
강남구	개포동	엘지개포자이	134.30	195,000	206,000	5.6%	3.2%	
강남구	개포동	우성3차아파트	104.43	187,000	210,000	12.3%	3.2%	
강남구	개포동	주공아파트 1단지	35.87	250,000	163,000	-34.8%	3.2%	5명 보유
강남구	개포동	주공아파트 1단지	49.56	241,000	235,000	-2.5%	3.2%	5명 보유

소재지		아파트		실거래최고가 (단위: 만 원)		최근 1년 수익률	부동산원 매매지수 변동률*	비고
시·군·구	읍·면·동	아파트명	면적 (㎡)	2019년 (A)	2020년 (B)	(B-A)/A		
강남구	개포동	주공아파트 1단지	53.63	225,000	-	-	3.2%	5명 보유
강남구	개포동	주공아파트 1단지	58.08	273,500	315,000	15.2%	3.2%	5명 보유
강남구	개포동	주공아파트 1단지	61.57	310,000	-	-	3.2%	5명 보유
강남구	개포동	주공아파트 6단지	83.21	220,000	234,500	6.6%	3.2%	
강남구	개포동	현대1차아파트	95.40	195,500	190,000	-2.8%	3.2%	3명 보유
강남구	개포동	현대1차아파트	128.62	208,000	250,000	20.2%	3.2%	3명 보유
강남구	개포동	현대1차아파트	177.19	275,000	285,000	3.6%	3.2%	3명 보유
강남구	개포동	현대아파트	133.68	160,000	179,500	12.2%	3.2%	
강남구	논현동	경남논현아파트	59.56	84,000	130,000	54.8%	3.2%	
강남구	논현동	동현아파트	84.92	170,000	177,000	4.1%	3.2%	
강남구	논현동	현대인텔렉스	133.49	106,500	-	-	3.2%	거래 없음
강남구	대치동	대치아이파크	84.95	230,000	247,000	7.4%	3.2%	
강남구	대치동	대치아파트	-	-	-	-	3.2%	거래 없음
강남구	대치동	래미안 대치 팰리스	84.97	291,000	300,000	3.1%	3.2%	
강남구	대치동	선경 1차아파트	84.35	263,500	266,500	1.1%	3.2%	2명 보유
강남구	대치동	쌍용대치 2차아파트	84.49	190,000	-	-	3.2%	5명 보유
강남구	대치동	쌍용대치아파트	83.56	200,000	210,000	5.0%	3.2%	3명 보유

소재지		아파트		실거래최고가 (단위: 만 원)		최근 1년 수익률	부동산원 매매 지수 변동률*	비고
시·군·구	읍·면·동	아파트명	면적 (㎡)	2019년 (A)	2020년 (B)	(B-A)/A		
강남구	대치동	은마아파트	76.79	215,000	222,000	3.3%	3.2%	6명 보유
강남구	대치동	은마아파트	84.43	235,000	238,000	1.3%	3.2%	6명 보유
강남구	대치동	한보미도맨션1	84.48	260,000	258,000	-0.8%	3.2%	2명 보유
강남구	대치동	한보미도맨션1	128.01	301,000	303,000	0.7%	3.2%	2명 보유
강남구	도곡동	개포4차 우성아파트	84.60	175,000	218,000	24.6%	3.2%	
강남구	도곡동	개포한신아파트	83.86	205,000	218,000	6.3%	3.2%	
강남구	도곡동	경남아파트	84.94	158,000	175,000	10.8%	3.2%	
강남구	도곡동	도곡2차 아이파크	198.13	173,000	-	-	3.2%	거래 없음
강남구	도곡동	도곡렉슬	84.99	248,000	288,000	16.1%	3.2%	2명 보유
강남구	도곡동	도곡렉슬	114.99	295,000	320,000	8.5%	3.2%	2명 보유
강남구	도곡동	도곡한라비발디 아파트	84.95	159,000	172,500	8.5%	3.2%	
강남구	도곡동	래미안도곡카운티	106.39	252,000	280,000	11.1%	3.2%	
강남구	도곡동	삼익아파트	104.01	170,000	169,500	-0.3%	3.2%	2명 보유
강남구	도곡동	삼익아파트	153.71	173,000	210,000	21.4%	3.2%	2명 보유
강남구	도곡동	타워팰리스1	120.78	217,500	240,000	10.3%	3.2%	
강남구	도곡동	한신엠비씨	84.74	175,000	-	-	3.2%	4명 보유
강남구	도곡동	한신엠비씨	117.57	200,000	-	-	3.2%	4명 보유

소재지		아파트		실거래최고가 (단위: 만 원)		최근 1년 수익률	부동산원 매매 지수 변동률*	비고
시·군·구	읍·면·동	아파트명	면적 (㎡)	2019년 (A)	2020년 (B)	(B-A)/A		
강남구	삼성동	센트럴 IPARK	84.99	227,000	281,000	23.8%	3.2%	3명 보유
강남구	삼성동	신동아듀크빌	240.90	1,768,000	1,968,000	11.3%	3.2%	
강남구	삼성동	진흥아파트	170.01	290,000	-	-	3.2%	2명 보유
강남구	삼성동	진흥아파트	207.82	345,000	310,000	-10.1%	3.2%	2명 보유
강남구	삼성동	푸른솔 아파트	84.90	162,500	-	-	3.2%	거래 없음
강남구	세곡동	세곡푸르지오	84.95	116,000	135,000	16.4%	3.2%	
강남구	수서동	강남데시앙포레	84.92	158,000	180,000	13.9%	3.2%	
강남구	수서동	한아름아파트	97.63	155,000	164,000	5.8%	3.2%	
강남구	압구정동	미성아파트	105.62	248,000	259,000	4.4%	3.2%	
강남구	압구정동	미성아파트	105.62	248,000	259,000	4.4%	3.2%	
강남구	압구정동	한양 1차	91.21	248,000	262,000	5.6%	3.2%	
강남구	압구정동	현대아파트	170.81	369,000	427,000	15.7%	3.2%	6명 보유
강남구	역삼동	래미안펜타빌 아파트	158.58	260,000	275,000	5.8%	3.2%	
강남구	역삼동	역삼래미안아파트	80.87	209,000	243,000	16.3%	3.2%	2명 보유
강남구	일원동	목련타운	99.79	175,000	208,000	18.9%	3.2%	2명 보유
강남구	일원동	목련타운	134.71	215,000	227,000	5.6%	3.2%	2명 보유
강남구	일원동	샘터마을아파트	101.97	180,000	194,000	7.8%	3.2%	2명 보유
강남구	일원동	샘터마을아파트	134.43	200,000	228,000	14.0%	3.2%	2명 보유
강남구	자곡동	래미안강남힐즈	91.95	147,000	158,000	7.5%	3.2%	

소재지		아파트		실거래최고가 (단위: 만 원)		최근 1년 수익률 (B-A)/A	부동산원 매매 지수 변동률*	비고
시·군·구	읍·면·동	아파트명	면적 (㎡)	2019년 (A)	2020년 (B)			
강남구	청담동	건영아파트	84.59	188,000	190,000	1.1%	3.2%	
강남구	청담동	한신오페라하우스 2차	120.22	165,000	175,000	6.1%	3.2%	
강남구	청담동	홍화빌라	206.85	250,000	260,000	4.0%	3.2%	
강남구	청담동	효성빌라 청담	226.74	-	620,000	-	3.2%	거래 없음
강동구	고덕동	고덕주공 9단지	103.56	100,000	109,000	9.0%	2.8%	
강동구	고덕동	래미안 힐스테이트고덕	59.96	106,000	129,000	21.7%	2.8%	2명 보유
강동구	고덕동	래미안 힐스테이트고덕	84.94	141,000	155,000	9.9%	2.8%	2명 보유
강동구	둔촌동	둔촌주공아파트	88.43	186,000	186,000	0.0%	2.8%	2명 보유
강동구	둔촌동	라이프아파트	84.71	57,300	74,000	29.1%	2.8%	
강동구	암사동	강동롯데캐슬 퍼스트	84.98	115,000	147,000	27.8%	2.8%	
강동구	암사동	프라이어팰리스	84.98	102,000	134,500	31.9%	2.8%	
강북구	미아동	SK북한산시티 아파트	84.92	55,700	77,500	39.1%	6.1%	
강북구	번동	금호아파트	84.96	41,800	60,000	43.5%	6.1%	
강서구	가양동	도시개발아파트	59.34	44,000	55,000	25.0%	4.1%	
강서구	내발산동	우장산힐스테이트	84.98	105,800	120,500	13.9%	4.1%	
강서구	내발산동	천우네오젠	84.82	46,000	49,500	7.6%	4.1%	
강서구	등촌동	동성아파트	101.88	80,900	92,000	13.7%	4.1%	2명 보유
강서구	등촌동	미주진로아파트	84.96	70,200	83,500	18.9%	4.1%	
강서구	등촌동	주공5 아파트	58.14	63,000	76,500	21.4%	4.1%	
강서구	염창동	강변코아루아파트	84.77	74,900	96,000	28.2%	4.1%	

소재지		아파트		실거래최고가 (단위: 만 원)		최근 1년 수익률	부동산원 매매 지수 변동률*	비고
시·군·구	읍·면·동	아파트명	면적 (㎡)	2019년 (A)	2020년 (B)	(B-A)/A		
강서구	염창동	삼정그린코아	84.35	82,500	-	-	4.1%	거래 없음
강서구	화곡동	길성그랑프리텔	83.03	49,500	55,000	11.1%	4.1%	
관악구	봉천동	은천1 아파트	84.83	65,500	75,000	14.5%	4.9%	
관악구	신림동	건영3차아파트	84.82	60,000	75,000	25.0%	4.9%	
관악구	신림동	신림푸르지오	84.87	74,300	81,800	10.1%	4.9%	
광진구	광장동	극동아파트	84.55	142,000	155,000	9.2%	3.8%	
광진구	광장동	현대파크빌	59.94	84,500	95,000	12.4%	3.8%	2명 보유
광진구	광장동	현대파크빌	84.81	140,000	163,000	16.4%	3.8%	2명 보유
광진구	구의동	현대프라임아파트	59.82	99,000	111,500	12.6%	3.8%	2명 보유
광진구	구의동	현대프라임아파트	84.99	140,000	146,500	4.6%	3.8%	2명 보유
광진구	군자동	광진두산위브파크	130.35	98,000	99,700	1.7%	3.8%	
광진구	자양동	더샵스타시티	96.98	125,000	151,500	21.2%	3.8%	
광진구	자양동	현대아파트	84.55	70,000	95,000	35.7%	3.8%	
구로구	개봉동	현대아파트 1단지	84.99	65,700	82,500	25.6%	6.1%	
구로구	고척동	대우아파트	84.99	51,700	67,500	30.6%	6.1%	
구로구	구로동	중앙구로하이츠 아파트	82.30	60,000	74,500	24.2%	6.1%	
구로구	오류동	동부골든아파트	84.96	43,000	47,500	10.5%	6.1%	
노원구	공릉동	효성화운트빌	99.91	72,600	89,800	23.7%	5.5%	
노원구	상계동	수락한신아파트	84.95	42,000	49,800	18.6%	5.5%	
도봉구	방학동	대상타운현대	84.78	69,500	79,000	13.7%	4.5%	
도봉구	방학동	방학동삼성래미안1	84.93	67,300	75,000	11.4%	4.5%	
도봉구	쌍문동	경남아파트	46.30	23,500	31,000	31.9%	4.5%	

소재지		아파트		실거래최고가 (단위: 만 원)		최근 1년 수익률	부동산원 매매 지수 변동률*	비고
시·군·구	읍·면·동	아파트명	면적 (㎡)	2019년 (A)	2020년 (B)	(B-A)/A		
도봉구	창동	동아청솔아파트	84.97	82,000	92,800	13.2%	4.5%	
도봉구	창동	쌍용아파트	84.76	76,000	89,700	18.0%	4.5%	
동대문구	이문동	이문e편한세상	84.97	74,500	87,000	16.8%	4.4%	
동대문구	장안동	장안위더스빌아파트	84.99	56,300	57,400	2.0%	4.4%	
동대문구	전농동	SK아파트	84.95	70,000	97,000	38.6%	4.4%	
동대문구	제기동	한신아파트	84.76	70,500	89,800	27.4%	4.4%	
동작구	노량진동	신동아리버파크	84.88	84,500	104,700	23.9%	4.1%	
동작구	노량진동	쌍용예가아파트	84.91	100,000	110,700	10.7%	4.1%	
동작구	대방동	대방1차 이편한세상	84.32	100,000	126,000	26.0%	4.1%	2명 보유
동작구	사당동	롯데캐슬	84.96	90,000	105,000	16.7%	4.1%	2명 보유
동작구	사당동	사당자이아파트	84.49	79,600	88,700	11.4%	4.1%	
동작구	사당동	삼성아파트	59.91	47,000	53,000	12.8%	4.1%	
동작구	상도동	갑을명가아파트	81.64	62,500	71,000	13.6%	4.1%	
동작구	상도동	래미안상도3차아파트	84.96	110,800	124,700	12.5%	4.1%	2명 보유
동작구	상도동	힐스테이트 상동 센트럴파크	84.79	116,500	134,000	15.0%	4.1%	
동작구	흑석동	한강현대아파트	83.47	125,000	138,000	10.4%	4.1%	2명 보유
동작구	흑석동	흑석한강푸르지오	84.98	130,000	149,500	15.0%	4.1%	
마포구	공덕동	공덕삼성아파트	32.77	102,000	-	-	5.1%	거래 없음
마포구	공덕동	마포현대아파트	84.87	85,000	112,000	31.8%	5.1%	
마포구	도화동	마포트라팰리스	84.02	84,900	84,000	-1.1%	5.1%	
마포구	도화동	우성아파트	54.72	80,000	85,000	6.3%	5.1%	

소재지		아파트		실거래최고가 (단위: 만 원)		최근 1년 수익률 (B-A)/A	부동산원 매매지수 변동률*	비고
시·군·구	읍·면·동	아파트명	면적 (㎡)	2019년 (A)	2020년 (B)			
마포구	동교동	광남벨라스	84.84	72,700	68,500	-5.8%	5.1%	
마포구	상수동	신구강변연가 아파트	–	–	–	–	5.1%	거래 없음
마포구	신공덕동	공덕아이파크	84.96	123,000	140,000	13.8%	5.1%	
마포구	신공덕동	신공덕1차 삼성래미안	84.90	120,000	138,500	15.4%	5.1%	
마포구	신공덕동	신공덕이편한세상	84.68	108,500	115,000	6.0%	5.1%	
마포구	신공덕동	펜트라우스	84.95	118,700	127,000	7.0%	5.1%	
마포구	아현동	마포래미안 푸르지오 1단지	84.89	153,300	169,000	10.2%	5.1%	
마포구	중동	강림월드타운	68.15	50,800	55,000	8.3%	5.1%	
마포구	창전동	서강 쌍용예가	84.98	119,500	137,500	15.1%	5.1%	2명 보유
서대문구	대현동	럭키대현아파트	83.38	87,800	103,900	18.3%	3.6%	
서대문구	북가좌동	DMC아이파크	84.95	79,500	92,500	16.4%	3.6%	
서대문구	영천동	독립문삼호아파트	84.78	88,000	102,500	16.5%	3.6%	
서대문구	홍제동	무악재한화아파트	84.28	74,000	89,000	20.3%	3.6%	
서초구	내곡동	서초더샵포레	84.81	127,000	140,000	10.2%	1.7%	
서초구	반포동	래미안퍼스티지	84.93	309,000	322,000	4.2%	1.7%	
서초구	반포동	미도아파트	84.96	201,500	205,000	1.7%	1.7%	2명 보유
서초구	반포동	반포 주공1단지	104.89	372,500	376,000	0.9%	1.7%	3명 보유
서초구	반포동	반포 주공1단지	140.33	439,900	445,000	1.2%	1.7%	3명 보유
서초구	반포동	반포경남아파트	97.79	289,970	289,970	0.0%	1.7%	
서초구	반포동	반포리체아파트	84.96	268,000	271,500	1.3%	1.7%	
서초구	반포동	반포미도 2차아파트	59.07	120,000	148,500	23.8%	1.7%	

별지 1 권력자 자산 목록 일람표

소재지		아파트		실거래최고가 (단위: 만 원)		최근 1년 수익률	부동산원 매매 지수 변동률*	비고
시·군·구	읍·면·동	아파트명	면적 (㎡)	2019년 (A)	2020년 (B)	(B-A)/A		
서초구	반포동	반포미도아파트	84.96	201,500	205,000	1.7%	1.7%	
서초구	반포동	반포자이	84.99	260,000	280,000	7.7%	1.7%	2명 보유
서초구	반포동	서초블랑빌	-	-	-	-	1.7%	거래 없음
서초구	반포동	신반포3지구 아파트	-	-	-	-	1.7%	거래 없음
서초구	반포동	아크로리버파크	84.99	310,000	335,000	8.1%	1.7%	
서초구	반포동	에이아이디차관	72.51	227,000	237,000	4.4%	1.7%	
서초구	반포동	한신 3차아파트	108.89	192,100	297,000	54.6%	1.7%	
서초구	반포동	한신3차	108.89	192,100	297,000	54.6%	1.7%	
서초구	반포동	한신서래아파트	64.53	140,000	160,000	14.3%	1.7%	3명 보유
서초구	방배동	경남아파트	-	-	-	-	1.7%	거래 없음
서초구	방배동	롯데캐슬아르떼	84.93	185,000	188,000	1.6%	1.7%	
서초구	방배동	롯데캐슬포레스트	239.33	264,000	267,000	1.1%	1.7%	
서초구	방배동	방배아트자이	84.93	184,800	204,500	10.7%	1.7%	
서초구	방배동	삼성래미안1차	84.91	139,000	149,500	7.6%	1.7%	
서초구	방배동	삼익아파트	151.54	205,000	245,000	19.5%	1.7%	2명 보유
서초구	방배동	신동아아파트	105.86	175,000	190,000	8.6%	1.7%	
서초구	방배동	쌍용예가클래식	89.84	155,000	169,500	9.4%	1.7%	2명 보유
서초구	방배동	현대멤피스아파트	133.31	175,000	187,500	7.1%	1.7%	
서초구	방배동	현대오페라하우스	-	-	-	-	1.7%	거래 없음
서초구	서초동	래미안 서초 에스티지S	84.96	220,000	238,000	8.2%	1.7%	

소재지		아파트		실거래최고가 (단위: 만 원)		최근 1년 수익률	부동산원 매매 지수 변동률*	비고
시·군·구	읍·면·동	아파트명	면적 (㎡)	2019년 (A)	2020년 (B)	(B-A)/A		
서초구	서초동	롯데캐슬클래식	84.98	195,000	225,000	15.4%	1.7%	
서초구	서초동	마상스2차아파트	100.71	87,000	87,000	0.0%	1.7%	
서초구	서초동	무지개아파트	-	-	-	-	1.7%	거래 없음
서초구	서초동	삼풍아파트	79.47	200,000	212,000	6.0%	1.7%	5명 보유
서초구	서초동	서초1차 대림 e-편한세상	130.53	184,500	204,000	10.6%	1.7%	2명 보유
서초구	서초동	서초2차 이편한세상	116.74	160,000	189,000	18.1%	1.7%	
서초구	서초동	서초래미안아파트	96.87	178,000	200,000	12.4%	1.7%	4명 보유
서초구	서초동	서초롯데캐슬 프레지던트	84.97	193,000	215,000	11.4%	1.7%	
서초구	서초동	서초아트자이	144.31	175,000	197,500	12.9%	1.7%	
서초구	서초동	수광빌라트	-	-	-	-	1.7%	거래 없음
서초구	서초동	아이파크빌	179.28	200,000	20,000	-90.0%	1.7%	
서초구	서초동	아크로비스타	205.07	240,000	330,000	37.5%	1.7%	4명 보유
서초구	서초동	유원아파트	84.82	160,000	176,000	10.0%	1.7%	
서초구	서초동	트라움하우스3차	273.86	400,000	520,000	30.0%	1.7%	
서초구	서초동	풍림아이원플러스	35.90	37,500	38,400	2.4%	1.7%	
서초구	서초동	현대 ESA 2차 아파트	136.25	135,000	165,500	22.6%	1.7%	
서초구	서초동	현대성우주상복합 아파트	161.91	159,500	180,000	12.9%	1.7%	
서초구	서초동	현대슈퍼빌	214.92	250,000	258,000	3.2%	1.7%	
서초구	우면동	동양고속아파트	84.96	103,500	111,800	8.0%	1.7%	2명 보유

소재지		아파트		실거래최고가 (단위: 만 원)		최근 1년 수익률	부동산원 매매 지수 변동률*	비고
시·군·구	읍·면·동	아파트명	면적 (㎡)	2019년 (A)	2020년 (B)	(B-A)/A		
서초구	우면동	서초호반써밋	118.04	162,000	190,000	17.3%	1.7%	2명 보유
서초구	우면동	서초힐스	84.98	125,000	145,000	16.0%	1.7%	
서초구	잠원동	신반포한신아파트	93.71	238,500	264,000	10.7%	1.7%	9명 보유
서초구	잠원동	신반포한신아파트	105.89	235,000	268,000	14.0%	1.7%	
서초구	잠원동	잠원한신아파트	94.42	198,000	210,000	6.1%	1.7%	2명 보유
서초구	잠원동	잠원훼미리아파트	59.56	145,000	148,000	2.1%	1.7%	
서초구	잠원동	현대아파트	84.87	180,000	-	-	1.7%	거래 없음
성동구	금호동	신금호파크자이	84.98	142,500	164,000	15.1%	3.4%	
성동구	금호동1가	벽산아파트	84.82	89,700	123,000	37.1%	3.4%	
성동구	상왕십리동	텐즈힐	84.95	130,500	150,000	14.9%	3.4%	2명 보유
성동구	옥수동	극동그린아파트	84.92	100,000	114,000	14.0%	3.4%	2명 보유
성동구	옥수동	래미안 옥수 리버젠	84.81	163,000	194,000	19.0%	3.4%	
성동구	행당동	행당한진타운	84.71	104,000	128,500	23.6%	3.4%	2명 보유
성북구	길음동	동부센트레빌 아파트	84.84	72,700	92,000	26.5%	4.0%	
성북구	동소문동	돈암동일하이빌	84.95	78,500	87,000	10.8%	4.0%	
성북구	정릉동	경남아파트	84.88	55,500	72,000	29.7%	4.0%	
성북구	종암동	삼성래미안	84.95	74,750	93,500	25.1%	4.0%	
송파구	가락동	래미안파크팰리스	84.93	134,500	152,000	13.0%	5.2%	
송파구	가락동	헬리오시티	84.97	151,440	175,600	16.0%	5.2%	2명 보유

소재지		아파트		실거래최고가 (단위: 만 원)		최근 1년 수익률	부동산원 매매 지수 변동률*	비고
시·군·구	읍·면·동	아파트명	면적 (㎡)	2019년 (A)	2020년 (B)	(B-A)/A		
송파구	문정2동	훼밀리아파트	84.75	149,000	175,500	17.8%	5.2%	
송파구	문정동	문정래미안	84.96	120,000	147,000	22.5%	5.2%	
송파구	방이동	올림픽선수기자촌아파트	83.06	178,000	184,500	3.7%	5.2%	3명 보유
송파구	방이동	올림픽선수기자촌아파트	131.76	220,000	250,000	13.6%	5.2%	3명 보유
송파구	석촌동	잠실한솔아파트	84.94	112,500	131,000	16.4%	5.2%	
송파구	송파동	가락삼익맨숀	151.50	165,000	175,000	6.1%	5.2%	2명 보유
송파구	신천동	잠실푸르지오월드마크아파트	84.39	120,000	159,000	32.5%	5.2%	
송파구	신천동	장미아파트	82.45	180,000	193,000	7.2%	5.2%	3명 보유
송파구	신천동	파크리오	84.97	191,000	212,000	11.0%	5.2%	
송파구	오금동	오금동쌍용스윗닷홈	84.94	94,000	106,500	13.3%	5.2%	
송파구	오금동	현대2-4차	84.98	138,000	160,000	15.9%	5.2%	2명 보유
송파구	잠실동	갤러리아팰리스	84.44	140,000	149,000	6.4%	5.2%	
송파구	잠실동	아시아선수촌아파트	99.38	244,500	276,000	12.9%	5.2%	
송파구	잠실동	우성아파트	80.35	145,500	162,000	11.3%	5.2%	
송파구	잠실동	잠실엘스아파트	84.97	215,000	225,000	4.7%	5.2%	
송파구	잠실동	트리지움아파트	84.97	180,000	204,000	13.3%	5.2%	2명 보유
송파구	장지동	송파파인타운 3단지	84.98	98,000	123,000	25.5%	5.2%	
송파구	풍납동	송파해모로아파트	84.96	90,000	95,500	6.1%	5.2%	
양천구	목동	목동 e편한세상 아파트	84.93	100,000	125,000	25.0%	5.7%	2명 보유

별지 1 권력자 자산 목록 일람표

소재지		아파트		실거래최고가 (단위: 만 원)		최근 1년 수익률	부동산원 매매 지수 변동률*	비고
시·군·구	읍·면·동	아파트명	면적 (㎡)	2019년 (A)	2020년 (B)	(B-A)/A		
양천구	목동	목동성원아파트	59.85	66,800	77,850	16.5%	5.7%	
양천구	목동	목동신시가지 아파트	83.23	137,500	160,000	16.4%	5.7%	6명 보유
양천구	목동	목동신시가지 아파트	95.06	150,000	200,000	33.3%	5.7%	6명 보유
양천구	목동	목동신시가지 아파트	122.46	178,000	220,000	23.6%	5.7%	6명 보유
양천구	목동	목동신시가지 아파트	142.51	240,000	265,000	10.4%	5.7%	6명 보유
양천구	목동	목동신시가지 아파트	152.85	240,000	250,000	4.2%	5.7%	6명 보유
양천구	목동	벽산아파트	84.71	109,750	139,000	26.7%	5.7%	
양천구	목동	진도아파트	59.84	77,000	88,000	14.3%	5.7%	
양천구	목동	한신청구아파트	84.77	125,000	145,000	16.0%	5.7%	2명 보유
양천구	신정동	신시가지 목동 아파트 13단지	84.41	120,000	126,300	5.3%	5.7%	
양천구	신정동	신정e-편한세상	84.98	72,500	82,000	13.1%	5.7%	
영등포구	당산동4가	당산현대아파트	84.94	74,000	85,000	14.9%	5.2%	
영등포구	당산동5가	당산삼성래미안	84.94	134,800	150,000	11.3%	5.2%	
영등포구	문래동	문래힐스테이트	84.92	110,000	128,800	17.1%	5.2%	
영등포구	문래동6가	현대1차아파트	79.52	61,800	69,500	12.5%	5.2%	
영등포구	양평동3가	현대아파트	80.92	76,500	94,500	23.5%	5.2%	
영등포구	여의도동	광장아파트	116.53	167,000	195,000	16.8%	5.2%	
영등포구	여의도동	대우트럼프월드 1차	192.21	180,000	195,000	8.3%	5.2%	
영등포구	여의도동	미성아파트	92.56	150,000	160,000	6.7%	5.2%	
영등포구	여의도동	삼부아파트	92.11	163,500	172,000	5.2%	5.2%	
영등포구	여의도동	시범아파트	118.12	195,000	200,000	2.6%	5.2%	

소재지		아파트		실거래최고가 (단위: 만 원)		최근 1년 수익률	부동산원 매매 지수 변동률*	비고
시·군·구	읍·면·동	아파트명	면적 (㎡)	2019년 (A)	2020년 (B)	(B-A)/A		
영등포구	여의도동	여의도자이	210.38	250,000	270,000	8.0%	5.2%	
영등포구	여의도동	장미아파트	158.48	230,000	209,000	-9.1%	5.2%	
영등포구	여의도동	한양아파트	105.72	150,000	165,000	10.0%	5.2%	
영등포구	여의도동	화랑아파트	95.80	155,000	160,000	3.2%	5.2%	
용산구	도원동	삼성래미안	84.69	115,000	126,000	9.6%	3.3%	
용산구	동자동	센트레빌 아스테리움	128.06	140,000	144,000	2.9%	3.3%	
용산구	서빙고동	신동아아파트	95.66	187,000	205,000	9.6%	3.3%	3명 보유
용산구	서빙고동	신동아아파트	140.81	260,000	279,000	7.3%	3.3%	3명 보유
용산구	이촌동	강촌아파트	84.90	163,000	167,000	2.5%	3.3%	2명 보유
용산구	이촌동	강촌아파트	114.59	183,000	204,500	11.7%	3.3%	2명 보유
용산구	이촌동	엘지한강 자이아파트	134.72	247,000	275,000	11.3%	3.3%	
용산구	이촌동	왕궁아파트	102.48	180,000	190,000	5.6%	3.3%	
용산구	이촌동	이촌아파트	-	-	-	-	3.3%	거래 없음
용산구	이촌동	중산아파트	-	-	-	-	3.3%	거래 없음
용산구	이촌동	한강대우	84.98	163,000	178,000	9.2%	3.3%	
용산구	이태원동	청화아파트	105.75	152,000	156,000	2.6%	3.3%	
용산구	한강로1가	대우 월드마크 용산	107.62	103,000	140,000	35.9%	3.3%	
용산구	한강로3가	용산 씨티파크	181.89	215,000	280,000	30.2%	3.3%	
용산구	한남동	한남더힐	235.31	493,000	560,000	13.6%	3.3%	

별지 1 권력자 자산 목록 일람표

소재지		아파트		실거래최고가 (단위: 만 원)		최근 1년 수익률	부동산원 매매 지수 변동률*	비고
시·군·구	읍·면·동	아파트명	면적 (㎡)	2019년 (A)	2020년 (B)	(B-A)/A		
용산구	효창동	울트라멤버스 아파트	-	-	-	-	3.3%	거래 없음
용산구	효창동	효창파크푸르지오	84.45	150,000	154,000	2.7%	3.3%	
은평구	불광동	북한산힐스테이트 1차	84.73	73,000	89,000	21.9%	3.9%	
은평구	진관동	은평뉴타운 상림마을 롯데캐슬	84.79	72,000	89,000	23.6%	3.9%	
은평구	진관동	은평뉴타운 상림마을 푸르지오	84.79	64,000	80,000	25.0%	3.9%	
은평구	진관동	은평뉴타운기자촌 11단지	84.82	73,000	89,500	22.6%	3.9%	
은평구	진관동	제각말 푸르지오	84.89	72,500	89,800	23.9%	3.9%	
종로구	구기동	렉스팰리스	140.56	65,500	-	-	3.6%	거래 없음
종로구	창신동	쌍용아파트	106.62	70,000	77,000	10.0%	3.6%	
중구	남대문로5가	남산트라팰리스	126.78	160,000	165,500	3.4%	3.1%	
중구	순화동	순화동 더 샵	84.99	98,000	107,000	9.2%	3.1%	
중구	신당동	남산타운	84.88	118,000	128,000	8.5%	3.1%	2명 보유
중구	신당동	청구이편한세상	84.95	123,000	139,000	13.0%	3.1%	
중랑구	면목동	면목두산아파트	59.76	44,600	59,000	32.3%	3.7%	
중랑구	신내2동	신내11단지 대명 아파트	59.76	40,500	48,000	18.5%	3.7%	

② 경기도, 인천(*한국부동산원 매매 지수 변동률: 2019~2020년 해당 지역 평균 변동값임)

'비고'란 보유 인원수는 해당 단지에 아파트를 보유한 총 인원수를 지칭함(해당 면적 보유 인원 ×)

〈경기도〉

소재지		아파트		실거래최고가 (단위: 만 원)		최근 1년 수익률	부동산원 매매 지수 변동률*	비고
시·군·구	읍·면·동	아파트명	면적 (㎡)	2019년 (A)	2020년 (B)	(B-A)/A		
고양시	동산동	동산마을 호반베르디움	84.99	53,000	67,000	26.4%	6.0%	
고양시	마두동	강촌아파트(동안)	154.02	60,000	77,500	29.2%	6.0%	
고양시	마두동	강촌우방아파트	134.99	65,000	75,000	15.4%	6.0%	
고양시	마두동	백마마을 2단지 극동삼환아파트	132.80	67,000	84,000	25.4%	6.0%	
고양시	백석동	일산요진와이시티	127.86	133,000	145,000	9.0%	6.0%	
고양시	식사동	위시티일산블루밍 3단지	174.88	64,500	72,000	11.6%	6.0%	
고양시	식사동	위시티일산블루밍 5단지	154.74	64,000	82,000	28.1%	6.0%	
고양시	신원동	우림필유아파트	99.47	51,000	64,500	26.5%	6.0%	
고양시	일산동	후곡마을17단지 아파트	134.58	53,000	74,000	39.6%	6.0%	
고양시	장항동	킨텍스원시티 1블럭	84.44	75,931	120,000	58.0%	6.0%	
고양시	주엽동	강선마을(건영)	100.14	-	48,000	-	6.0%	거래 없음
고양시	주엽동	강선마을(건영)	147.78	50,500	49,000	-3.0%	6.0%	2명 보유

소재지		아파트		실거래최고가 (단위: 만 원)		최근 1년 수익률	부동산원 매매지수 변동률*	비고
시·군·구	읍·면·동	아파트명	면적 (㎡)	2019년 (A)	2020년 (B)	(B-A)/A		
고양시	중산동	일산센트럴아이파크	84.98	53,000	70,000	32.1%	6.0%	
고양시	화정동	한화꿈에그린아파트	106.43	47,300	50,000	5.7%	6.0%	
과천시	별양동	래미안슈르	59.97	109,000	120,000	10.1%	10.4%	
과천시	별양동	주공아파트 4단지	59.84	102,000	130,000	27.5%	10.4%	7명 보유
과천시	별양동	주공아파트 4단지	82.88	148,000	144,500	-2.4%	10.4%	7명 보유
과천시	별양동	주공아파트 5단지	103.64	149,000	164,000	10.1%	10.4%	7명 보유
과천시	별양동	주공아파트 5단지	124.03	173,000	170,000	-1.7%	10.4%	7명 보유
과천시	부림동	주공아파트 8단지	73.02	135,000	137,000	1.5%	10.4%	7명 보유
과천시	부림동	주공아파트 8단지	83.20	157,000	149,000	-5.1%	10.4%	7명 보유
과천시	부림동	주공아파트 9단지	82.01	124,900	135,000	8.1%	10.4%	7명 보유
과천시	원문동	래미안슈르	137.21	160,000	171,000	6.9%	10.4%	
광명시	광명동	광명해모로이연아파트	84.99	66,000	80,800	22.4%	19.2%	
광명시	일직동	광명역 써밋플레이스	84.99	107,000	120,000	12.1%	19.2%	
광명시	철산동	주공아파트 13단지	84.77	79,000	91,000	15.2%	19.2%	
광명시	하안동	이편한세상 센트레빌아파트	84.98	81,500	97,000	19.0%	19.2%	2명 보유
광명시	하안동	이편한세상 센트레빌아파트	146.68	120,000	128,000	6.7%	19.2%	2명 보유

소재지		아파트		실거래최고가 (단위: 만 원)		최근 1년 수익률	부동산원 매매 지수 변동률*	비고
시·군·구	읍·면·동	아파트명	면적 (㎡)	2019년 (A)	2020년 (B)	(B-A)/A		
광주시	오포읍	능평리 오포우림필유골드	174.72	–	69,000	–	6.0%	거래 없음
광주시	오포읍	신현 라온프라이빗	84.08	44,000	53,000	20.5%	6.0%	
광주시	탄벌동	경남아너스빌 2단지	84.93	30,500	32,200	5.6%	6.0%	
구리시	교문동	금호어울림아파트	84.76	47,000	60,500	28.7%	26.1%	
구리시	교문동	덕현아파트	84.57	57,200	75,000	31.1%/A	26.1%	
구리시	교문동	하나한성아파트	84.72	60,000	69,500	15.8%	26.1%	
구리시	인창동	삼보아파트	114.69	71,500	86,000	20.3%	26.1%	
구리시	토평동	토평마을 이편한세상	84.59	79,800	88,500	10.9%	26.1%	
군포시	산본동	롯데묘향아파트	94.43	48,000	57,500	19.8%	13.0%	
군포시	산본동	한양목련아파트	96.35	42,600	55,000	29.1%	13.0%	
군포시	산본동	화남아파트	57.60	17,400	16,500	-5.2%	13.0%	
김포시	운양동	전원마을월드 3단지 아파트	84.98	27,500	29,350	6.7%	9.3%	
김포시	운양동	전원마을월드6차 아파트	134.95	34,000	44,500	30.9%	9.3%	
김포시	장기동	청송마을(현대3차)	84.28	28,300	31,900	12.7%	9.3%	
김포시	풍무동	유현마을 현대프라임빌	84.96	33,500	37,900	13.1%	9.3%	
남양주시	다산동	부영e그린1차	124.61	57,650	72,000	24.9%	11.7%	
남양주시	별내동	쌍용예가아파트	101.76	67,500	78,800	16.7%	11.7%	
남양주시	평내동	평내마을중흥에스 클래스 1단지	84.92	30,500	40,400	32.5%	11.7%	
부천시	상동	반달마을 극동신라	84.91	39,000	52,500	34.6%	11.7%	
부천시	상동	푸른마을 한라아파트	59.99	51,000	59,000	15.7%	11.7%	
부천시	소사본동	두산아파트	134.97	39,300	49,500	26.0%	11.7%	

소재지		아파트		실거래최고가 (단위: 만 원)		최근 1년 수익률	부동산원 매매 지수 변동률*	비고
시·군·구	읍·면·동	아파트명	면적 (㎡)	2019년 (A)	2020년 (B)	(B-A)/A		
부천시	중동	그린타운 삼성	101.70	49,500	68,500	38.4%	11.7%	
부천시	중동	팰리스카운티	84.98	61,800	71,000	14.9%	11.7%	
성남시	구미동	무지개(2단지) 엘지아파트	84.82	73,000	92,500	26.7%	8.5%	
성남시	금곡동	분당두산 위브트레지움	147.52	117,000	136,000	16.2%	8.5%	
성남시	금곡동	분당하우스토리	84.68	79,100	120,000	51.7%	8.5%	
성남시	금곡동	청솔마을 계룡아파트	84.97	89,900	120,000	33.5%	8.5%	
성남시	금곡동	청솔마을 대원아파트	84.97	92,500	108,000	16.8%	8.5%	
성남시	금곡동	청솔마을서광	84.96	89,000	105,500	18.5%	8.5%	
성남시	단대동	푸르지오	84.74	74,800	95,500	27.7%	8.5%	
성남시	백현동	판교푸르지오 그랑블	98.98	186,000	194,000	4.3%	8.5%	
성남시	삼평동	봇들마을7단지	84.82	142,000	151,000	6.3%	8.5%	
성남시	삼평동	봇들마을9단지 금호어울림	101.09	167,000	189,000	13.2%	8.5%	
성남시	서현동	시범단지 삼성아파트	84.69	117,000	129,000	10.3%	8.5%	
성남시	서현동	시범단지 한양아파트	59.13	79,500	86,000	8.2%	8.5%	4명 보유
성남시	서현동	시범단지 한양아파트	84.93	102,000	118,000	15.7%	8.5%	4명 보유
성남시	서현동	시범단지 한양아파트	134.87	125,000	158,000	26.4%	8.5%	4명 보유
성남시	서현동	시범단지 한양아파트	220.83	139,500	155,000	11.1%	8.5%	4명 보유
성남시	서현동	효자촌 현대아파트	59.82	68,000	81,200	19.4%	8.5%	
성남시	서현동	효자촌 현대아파트	84.60	91,000	111,500	22.5%	8.5%	

소재지		아파트		실거래최고가 (단위: 만 원)		최근 1년 수익률	부동산원 매매 지수 변동률*	비고
시·군·구	읍·면·동	아파트명	면적 (㎡)	2019년 (A)	2020년 (B)	(B-A)/A		
성남시	수내동	양지마을 청구아파트	84.60	120,000	140,800	17.3%	8.5%	
성남시	수내동	푸른마을 쌍용	84.72	110,000	129,000	17.3%	8.5%	
성남시	수진동	삼부아파트	84.96	62,700	75,750	20.8%	8.5%	
성남시	신흥동	신동아파라디움	84.63	50,000	64,000	28.0%	8.5%	
성남시	운중동	산운마을 휴먼시아 아파트	101.12	130,000	147,000	13.1%	8.5%	
성남시	은행동	은행주공아파트	83.82	70,000	88,000	25.7%	8.5%	
성남시	이매동	아름마을건영 아파트	101.85	104,500	128,000	22.5%	8.5%	
성남시	정자동	미켈란쉐르빌	134.99	110,000	145,000	31.8%	8.5%	
성남시	정자동	상록마을라이프 1단지아파트	128.70	122,500	145,000	18.4%	8.5%	
성남시	정자동	상록마을우성 아파트	84.97	119,300	147,500	23.6%	8.5%	
성남시	정자동	파크뷰	162.86	185,000	216,000	16.8%	8.5%	
성남시	정자동	한솔마을 2단지	101.85	93,000	119,500	28.5%	8.5%	
성남시	창곡동	래미안위례아파트	101.19	140,000	159,500	13.9%	8.5%	
수원시	곡반정동	삼성아파트	84.83	25,000	29,800	19.2%	21.9%	
수원시	오목천동	청구아파트 2차	84.73	30,000	41,000	36.7%	21.9%	
수원시	우만동	보은맨션	75.33	21,000	31,500	50.0%	21.9%	
수원시	이의동	써밋플레이스 광교	116.34	138,500	150,000	8.3%	21.9%	
수원시	인계동	선경리빙빌라트	88.54	23,600	25,000	5.9%	21.9%	
수원시	정자동	수원 SK sky view	84.91	61,000	78,700	29.0%	21.9%	
수원시	호매실동	삼익2차아파트	84.92	24,400	30,000	23.0%	21.9%	
시흥시	장현동	장현II엔플러스빌	59.46	17,250	17,700	2.6%	6.8%	
시흥시	정왕동	배곧신도시 SK뷰	84.79	47,000	65,400	39.1%	6.8%	
시흥시	정왕동	세종1차아파트	84.94	26,800	32,800	22.4%	6.8%	

소재지		아파트		실거래최고가 (단위: 만 원)		최근 1년 수익률	부동산원 매매지수 변동률*	비고
시·군·구	읍·면·동	아파트명	면적 (㎡)	2019년 (A)	2020년 (B)	(B-A)/A		
안산시	고잔동	호수공원 대림1	99.54	36,500	49,700	36.2%	14.0%	
안산시	사동	선경아파트	84.99	26,300	32,000	21.7%	14.0%	
안산시	사동	안산고잔6차 푸르지오	88.98	35,500	48,500	36.6%	14.0%	
안산시	사동	요진아파트	84.97	23,800	26,750	12.4%	14.0%	
안산시	신길동	삼익아파트	84.86	23,000	25,500	10.9%	14.0%	
안산시	초지동	호수마을풍림	84.96	28,800	34,700	20.5%	14.0%	
안성시	금산동	삼부아파트	74.35	9,600	10,000	4.2%	-4.5%	
안양시	관양동	평촌더샵 센트럴시티	84.98	94,000	110,000	17.0%	13.0%	
안양시	관양동	현대아파트	84.51	65,700	76,500	16.4%	13.0%	
안양시	박달동	한라비발디아파트	59.91	35,500	41,900	18.0%	13.0%	2명 보유
안양시	박달동	한라비발디아파트	84.68	43,500	52,800	21.4%	13.0%	2명 보유
안양시	비산동	은하수청구아파트	84.87	61,000	69,000	13.1%	13.0%	
안양시	안양동	삼성래미안아파트	79.31	60,300	67,000	11.1%	13.0%	
안양시	평촌동	꿈마을우성아파트	101.16	79,000	93,500	18.4%	13.0%	2명 보유
안양시	평촌동	꿈마을우성아파트	132.69	90,000	115,000	27.8%	13.0%	2명 보유
안양시	평촌동	꿈마을한신아파트	96.66	87,000	96,250	10.6%	13.0%	
안양시	평촌동	꿈마을현대아파트	101.52	85,000	91,000	7.1%	13.0%	
안양시	평촌동	향촌롯데아파트	84.84	88,400	96,000	8.6%	13.0%	
안양시	호계동	샘마을대우아파트	88.78	54,700	66,700	21.9%	13.0%	
안양시	호계동	한마음임광2차	107.96	53,400	57,000	6.7%	13.0%	
안양시	호계동	현대2차홈타운	84.97	48,400	66,000	36.4%	13.0%	
안양시	호계동	호계e편한세상	84.99	44,500	53,000	19.1%	13.0%	

소재지		아파트		실거래최고가 (단위: 만 원)		최근 1년 수익률	부동산원 매매 지수 변동률*	비고
시·군·구	읍·면·동	아파트명	면적 (㎡)	2019년 (A)	2020년 (B)	(B-A)/A		
양주시	덕계동	양주푸르지오	84.90	22,000	23,000	4.5%	-0.7%	
양주시	덕정동	주공4단지아파트	93.01	21,300	26,000	22.1%	-0.7%	
오산시	수청동	물향기마을 휴먼시아꿈에그린	101.85	38,500	48,100	24.9%	8.5%	
오산시	양산동	세마이편한세상 아파트	84.98	27,300	39,500	44.7%	8.5%	
용인시	동천동	한빛마을 래미안 이스트팰리스 1단지	117.51	85,000	104,800	23.3%	18.0%	
용인시	마북동	교동마을 구성자이 3차	84.97	40,000	54,500	36.3%	18.0%	
용인시	보정동	성원아파트	84.86	44,800	60,000	33.9%	18.0%	
용인시	보정동	용인보정 꿈에그린	101.71	62,500	85,000	36.0%	18.0%	2명 보유
용인시	보정동	용인보정 꿈에그린	101.73	62,300	87,000	39.6%	18.0%	2명 보유
용인시	보정동	행원마을 동아솔레시티	84.54	56,000	72,500	29.5%	18.0%	
용인시	성복동	버들치마을 힐스테이트 3차	126.48	65,000	89,500	37.7%	18.0%	
용인시	성복동	성동마을 엘지빌리지1차	161.51	74,500	97,000	30.2%	18.0%	
용인시	신봉동	신봉LG자이 1차아파트	83.27	52,250	68,750	31.6%	18.0%	
용인시	신봉동	신봉마을 동일하이빌3단지	84.89	49,500	72,000	45.5%	18.0%	
용인시	언남동	장미마을 삼성래미안2차	84.98	46,300	64,000	38.2%	18.0%	
용인시	언남동	하마비마을 동일하이빌2차	109.83	39,000	53,000	35.9%	18.0%	
용인시	죽전동	건영캐스빌	84.57	47,700	67,900	42.3%	18.0%	

소재지		아파트		실거래최고가 (단위: 만 원)		최근 1년 수익률	부동산원 매매 지수 변동률*	비고
시·군·구	읍·면·동	아파트명	면적 (㎡)	2019년 (A)	2020년 (B)	(B-A)/A		
용인시	죽전동	동부센트레빌 아파트	84.99	38,200	47,900	25.4%	18.0%	
용인시	죽전동	죽전퍼스트하임	84.97	45,000	65,000	44.4%	18.0%	
용인시	죽전동	중앙하이츠	153.78	61,000	85,000	39.3%	18.0%	
용인시	중동	어정마을동백 아이파크아파트	101.99	41,800	51,000	22.0%	18.0%	
용인시	풍덕천동	삼성1차 아파트	99.90	55,000	69,900	27.1%	18.0%	
용인시	풍덕천동	수지현대아파트	84.51	58,000	74,800	29.0%	18.0%	
용인시	풍덕천동	신정마을 현대프라임아파트	117.68	72,500	95,000	31.0%	18.0%	
의왕시	내손동	래미안 에버하임	84.76	66,000	77,000	16.7%	12.1%	
의왕시	내손동	의왕내손 이편한세상	59.93	64,700	75,000	15.9%	12.1%	2명 보유
의왕시	내손동	의왕내손 이편한세상	84.92	75,700	89,500	18.2%	12.1%	2명 보유
의왕시	삼동	대우장미아파트	49.94	19,000	22,700	19.5%	12.1%	
의왕시	포일동	포일숲속마을 3단지	84.90	78,000	83,500	7.1%	12.1%	
의정부시	신곡동	드림밸리아파트	95.48	36,000	39,900	10.8%	4.8%	
의정부시	신곡동	신곡은하수아파트	101.91	30,000	34,400	14.7%	4.8%	
의정부시	호원동	삼익1차아파트	84.66	26,900	35,500	32.0%	4.8%	
파주시	목동동	산내마을 8단지	84.71	29,000	31,800	9.7%	-0.2%	
파주시	야당동	자연에가3차	-	-	-	-	-0.2%	거래 없음
평택시	독곡동	대림아파트	84.90	18,700	20,500	9.6%	-2.2%	
평택시	지산동	지산코아루	160.90	40,000	40,000	0.0%	-2.2%	
하남시	망월동	미사강변도시 한신 휴플러스	84.98	73,700	87,000	18.0%	16.1%	
하남시	선동	미사강변 센트리버	84.94	75,000	92,000	22.7%	16.1%	

소재지		아파트		실거래최고가 (단위: 만 원)		최근 1년 수익률	부동산원 매매 지수 변동률*	비고
시·군·구	읍·면·동	아파트명	면적 (㎡)	2019년 (A)	2020년 (B)	(B-A)/A		
화성시	반월동	신영통현대타운 2차	84.99	24,000	36,000	50.0%	13.1%	
화성시	병점동	정든마을신창비바패밀리 2차	101.98	28,500	42,000	47.4%	13.1%	
화성시	청계동	동탄2신도시호반베르디움 더 클래식	84.98	58,000	70,000	20.7%	13.1%	

〈인천광역시〉

소재지		아파트		실거래최고가 (단위: 만 원)		최근 1년 수익률	부동산원 매매 지수 변동률*	비고
시·군·구	읍·면·동	아파트명	면적 (㎡)	2019년 (A)	2020년 (B)	(B-A)/A		
계양구	작전동	동보2차아파트	84.94	29,500	32,000	8.5%	7.5%	
미추홀구	주안동	광명아파트	49.77	13,000	12,900	-0.8%	6.4%	
미추홀구	학익동	학익동풍림아이원아파트	84.97	32,900	39,500	20.1%	6.4%	
남동구	만수동	만수주공아파트	47.10	17,400	20,950	20.4%	8.8%	
부평구	부평동	래미안부평	84.99	50,000	61,700	23.4%	12.5%	
부평구	삼산동	서해그랑블	84.98	40,000	48,400	21.0%	12.5%	
부평구	삼산동	신성미소지움	84.87	31,000	39,500	27.4%	12.5%	
서구	연희동	청라자이아파트	96.16	44,000	60,000	36.4%	9.9%	
서구	연희동	중흥S클래스	119.58	51,000	62,000	21.6%	9.9%	
연수구	송도동	베르디움더퍼스트	84.99	59,000	65,000	10.2%	11.6%	
연수구	청학동	한별렉스힐	-	-	-	-	11.6%	거래 없음
중구	운서동	금호베스티빌	84.24	29,500	31,300	6.1%	2.7%	

③ 강원도(*한국부동산원 매매 지수 변동률: 2019~2020년 해당 지역 평균 변동값임)

'비고'란 보유 인원수는 해당 단지에 아파트를 보유한 총 인원수를 지칭함(해당 면적 보유 인원 ×)

소재지		아파트		실거래최고가 (단위: 만 원)		최근 1년 수익률	부동산원 매매 지수 변동률*	비고
시·군·구	읍·면·동	아파트명	면적 (㎡)	2019년 (A)	2020년 (B)	(B-A)/A		
강릉시	교동	강릉교동롯데캐슬1단지	84.98	27,300	30,000	9.9%	-2.9%	
강릉시	교동	예성그린 1차 아파트	33.90	3,800	5,500	44.7%	-2.9%	
동해시	평릉동	동해엘리시아 아파트	84.91	22,500	23,000	2.2%	-7.4%	
춘천시	동내면	현대성우오스타아파트	84.96	28,000	28,900	3.2%	-3.8%	
춘천시	석사동	현진에버빌2차	84.96	29,700	31,500	6.1%	-3.8%	
춘천시	우두동	강변코아루아파트	84.87	24,000	22,500	-6.3%	-3.8%	2명 보유

④ 대전, 세종, 충청(*한국부동산원 매매 지수 변동률: 2019~2020년 해당 지역 평균 변동값임)

'비고'란 보유 인원수는 해당 단지에 아파트를 보유한 총 인원수를 지칭함(해당 면적 보유 인원 ×)

〈대전광역시〉

소재지		아파트		실거래최고가 (단위: 만 원)		최근 1년 수익률	부동산원 매매 지수 변동률*	비고
시·군·구	읍·면·동	아파트명	면적 (㎡)	2019년 (A)	2020년 (B)	(B-A)/A		
대덕구	오정동	신동아아파트	84.56	17,900	25,500	42.5%	13.4%	
동구	용운동	꿈에그린아파트	84.49	22,800	28,400	24.6%	20.5%	
동구	효동	현대아파트	84.68	21,500	28,000	30.2%	20.5%	
서구	도안동	도안리슈빌	84.98	48,000	61,700	28.5%	25.7%	
서구	둔산동	샘머리아파트2단지	84.94	42,600	53,000	24.4%	25.7%	
서구	둔산동	은하수아파트	84.90	36,800	46,000	25.0%	25.7%	
서구	둔산동	파랑새아파트	72.87	28,800	32,000	11.1%	25.7%	
서구	월평동	한아름아파트	101.85	44,000	52,000	18.2%	25.7%	
서구	정림동	강변들 보람아파트	84.93	18,600	20,000	7.5%	25.7%	
유성구	노은동	열매마을8단지	99.90	64,800	66,800	3.1%	32.2%	
유성구	봉명동	유성자이	102.31	42,000	54,500	29.8%	32.2%	
유성구	봉명동	호반베르디움아파트	84.98	72,800	97,000	33.2%	32.2%	
유성구	전민동	엑스포아파트	84.17	33,000	45,000	36.4%	32.2%	
유성구	죽동	대원칸타빌	84.98	62,500	65,000	4.0%	32.2%	
유성구	지족동	노은꿈에그린 2블록	84.78	44,000	61,500	39.8%	32.2%	
중구	목동	목양마을아파트	84.92	28,200	35,500	25.9%	24.4%	
중구	문화동	주공3단지 아파트	39.87	8,550	8,500	-0.6%	24.4%	

별지 1 권력자 자산 목록 일람표

⟨세종특별자치시⟩

소재지		아파트		실거래최고가 (단위: 만 원)		최근 1년 수익률	부동산원 매매 지수 변동률*	비고
시·군·구	읍·면·동	아파트명	면적 (㎡)	2019년 (A)	2020년 (B)	(B-A)/A		
-	고운동	가락마을 17단지	59.98	24,000	47,000	95.8%	40.6%	
-	다정동	가온마을 12단지	84.96	72,500	109,500	51.0%	40.6%	
-	다정동	가온마을 1단지	84.97	53,000	80,000	50.9%	40.6%	
-	다정동	가온마을 4단지	84.99	53,000	112,000	111.3%	40.6%	
-	대평동	해들마을 4단지	84.99	60,000	90,000	50.0%	40.6%	
-	도담동	도램마을 12단지	84.95	45,000	65,000	44.4%	40.6%	
-	도담동	도램마을 15단지	84.94	60,000	85,000	41.7%	40.6%	
-	도담동	도램마을 20단지	84.96	42,800	67,000	56.5%	40.6%	
-	도담동	세종 힐스테이트	84.94	60,000	89,000	48.3%	40.6%	
-	반곡동	수루배마을 3단지	84.79	48,000	92,000	91.7%	40.6%	
-	보람동	호려울마을 1단지	84.99	61,500	90,000	46.3%	40.6%	
-	새롬동	더샵힐스테이트	98.64	89,950	135,000	50.1%	40.6%	
-	새롬동	새뜸마을 11단지	84.97	69,000	110,000	59.4%	40.6%	
-	새롬동	새뜸마을4단지	84.98	53,700	72,000	34.1%	40.6%	
-	소담동	새샘마을 6단지 LH펜타힐스	84.75	52,800	72,500	37.3%	40.6%	
-	아름동	범지기마을 10단지	84.98	35,500	71,000	100.0%	40.6%	3명 보유
-	아름동	범지기마을 9단지	84.98	34,000	68,800	102.4%	40.6%	
-	어진동	더샵센트럴시티	84.73	68,000	89,000	30.9%	40.6%	2명 보유
-	어진동	포스코더샵레이크파크	84.99	65,000	85,000	30.8%	40.6%	3명 보유
-	조치원읍	정리 풍산아파트	84.82	8,000	17,000	112.5%	40.6%	
-	종촌동	가재마을 11단지	84.99	40,000	45,000	12.5%	40.6%	
-	종촌동	가재마을 4단지	84.99	37,500	62,700	67.2%	40.6%	
-	종촌동	가재마을5단지	84.94	45,000	78,000	73.3%	40.6%	3명 보유
-	한솔동	첫마을아파트7단지	84.81	38,300	60,000	56.7%	40.6%	2명 보유

〈충청남도〉

소재지		아파트		실거래최고가 (단위: 만 원)		최근 1년 수익률	부동산원 매매 지수 변동률*	비고
시·군·구	읍·면·동	아파트명	면적 (㎡)	2019년 (A)	2020년 (B)	(B-A)/A		
계룡시	금암동	신성미소지움1차	84.96	19,250	25,800	34.0%	9.2%	
논산시	강경읍	강경클래시움아파트	84.96	14,900	13,400	-10.1%	0.6%	
서산시	석림동	신주공아파트	58.14	9,300	9,600	3.2%	-5.8%	
천안시	성환읍	성환이편한세상	84.95	23,000	21,500	-6.5%	4.9%	
천안시	안서동	대림e편한세상아파트	101.59	24,500	24,000	-2.0%	4.9%	
홍성군	홍성읍	미림청솔아파트	84.39	12,900	13,400	3.9%	5.5%	
홍성군	홍성읍	신동아파밀리에아파트	84.89	20,300	23,500	15.8%	5.5%	

〈충청북도〉

소재지		아파트		실거래최고가 (단위: 만 원)		최근 1년 수익률	부동산원 매매 지수 변동률*	비고
시·군·구	읍·면·동	아파트명	면적 (㎡)	2019년 (A)	2020년 (B)	(B-A)/A		
옥천군	옥천읍	하늘빛 아파트	84.99	24,600	25,300	2.8%	-1.5%	
제천시	하소동	청구아파트	84.73	15,300	15,900	3.9%	-8.7%	
청주시	가경동	진로아파트	99.81	19,800	22,300	12.6%	-0.2%	
청주시	개신동	현대아파트	84.94	15,000	14,500	-3.3%	-0.2%	
청주시	복대동	금호어울림아파트	84.62	32,800	41,500	26.5%	-0.2%	
청주시	분평동	주공4차아파트	59.99	15,000	14,000	-6.7%	-0.2%	
청주시	성화동	남양휴튼아파트	102.48	31,000	36,500	17.7%	-0.2%	
청주시	오송읍	연제리 힐데스하임아파트	109.53	33,800	49,500	46.4%	-0.2%	
청주시	용암동	세원한아름아파트	59.76	11,500	12,000	4.3%	-0.2%	
청주시	용정동	한라비발디아파트	84.96	28,500	32,200	13.0%	-0.2%	
충주시	연수동	세원한아름아파트	84.93	14,700	15,550	5.8%	-0.6%	
충주시	칠금동	코오롱동신아파트	84.87	17,000	20,500	20.6%	-0.6%	

⑤ 광주, 전라, 제주(*한국부동산원 매매 지수 변동률: 2019~2020년 해당 지역 평균 변동값임)

〈광주광역시〉

소재지		아파트		실거래최고가 (단위: 만 원)		최근 1년 수익률	부동산원 매매 지수 변동률*	비고
시·군·구	읍·면·동	아파트명	면적 (㎡)	2019년 (A)	2020년 (B)	(B-A)/A		
광산구	수완동	해솔마을 현지에버빌	116.27	71,500	89,000	24.5%	0.0%	
광산구	운남동	우방아이유쉘	–	–	–	–	0.0%	거래 없음
광산구	월곡동	영천마을주공10단지	84.86	29,100	27,900	-4.1%	0.0%	
광산구	월곡동	일신아파트	84.69	16,800	17,300	3.0%	0.0%	
남구	방림동	방림휴먼시아	84.90	38,000	40,500	6.6%	-1.0%	
남구	봉선동	포스코아파트	84.32	65,000	71,500	10.0%	-1.0%	
남구	봉선동	한국아델리움 1차	129.65	128,000	125,000	-2.3%	-1.0%	
남구	진월동	대주1차아파트	84.69	18,600	20,500	10.2%	-1.0%	
북구	두암동	현대아파트	84.97	21,000	20,500	-2.4%	-0.6%	
북구	문흥동	일신아파트	59.99	13,700	12,650	-7.7%	-0.6%	
북구	문흥동	현대2차아파트	84.97	22,400	23,600	5.4%	-0.6%	
북구	운암동	나산건강아파트	84.99	24,300	26,250	8.0%	-0.6%	

〈전라남도〉

소재지		아파트		실거래최고가 (단위: 만 원)		최근 1년 수익률	부동산원 매매 지수 변동률*	비고
시·군·구	읍·면·동	아파트명	면적 (㎡)	2019년 (A)	2020년 (B)	(B-A)/A		
목포시	석현동	근화네오빌아파트	84.95	16,750	15,000	-10.4%	-3.8%	
목포시	옥암동	제일아파트	117.19	18,300	18,000	-1.6%	-3.8%	
무안군	무안읍	대선해시앙아파트	84.84	23,500	22,300	-5.1%	-9.5%	
순천시	덕암동	삼풍백합아파트	59.94	8,500	9,400	10.6%	5.8%	
여수시	소호동	주은금호아파트	73.58	19,500	20,000	2.6%	4.5%	

〈전라북도〉

소재지		아파트		실거래최고가 (단위: 만 원)		최근 1년 수익률	부동산원 매매 지수 변동률*	비고
시·군·구	읍·면·동	아파트명	면적 (㎡)	2019년 (A)	2020년 (B)	(B-A)/A		
군산시	수송동	군산수송세영리첼아파트	84.95	24,600	27,500	11.8%	-3.0%	
완주군	봉동읍	모아엘가아파트	69.84	13,600	14,000	2.9%	-2.6%	
익산시	모현동	5차 현대아파트	84.96	21,200	20,900	-1.4%	-1.9%	
익산시	모현동1가	주공아파트	46.98	9,400	10,000	6.4%	-1.9%	
익산시	모현동2가	모현현대6차아파트	84.96	20,350	21,300	4.7%	-1.9%	
익산시	어양동	익산자이아파트	84.92	32,000	33,500	4.7%	-1.9%	
전주시	동서학동	진흥하이츠아파트	84.36	11,800	10,700	-9.3%	-3.0%	
전주시	호성동1가	호성주공1차아파트	49.65	9,800	9,500	-3.1%	-3.0%	

〈제주특별자치도〉

소재지		아파트		실거래최고가 (단위: 만 원)		최근 1년 수익률	부동산원 매매 지수 변동률*	비고
시·군·구	읍·면·동	아파트명	면적 (㎡)	2019년 (A)	2020년 (B)	(B-A)/A		
서귀포시	대정읍	삼정지에듀	-	-	-	-	-7.3%	거래 없음
서귀포시	동홍동	가나노블휘닉스	83.38	23,300	27,000	15.9%	-7.3%	

⑥ 부산, 경남(*한국부동산원 매매 지수 변동률: 2019~2020년 해당 지역 평균 변동값임)

'비고'란 보유 인원수는 해당 단지에 아파트를 보유한 총 인원수를 지칭함(해당 면적 보유인원 ×)

〈부산광역시〉

소재지		아파트		실거래최고가 (단위: 만 원)		최근 1년 수익률	부동산원 매매 지수 변동률*	비고
시·군·구	읍·면·동	아파트명	면적 (㎡)	2019년 (A)	2020년 (B)	(B-A)/A		
금정구	부곡동	부곡동 SK아파트	84.93	39,000	53,000	35.9%	0.7%	
남구	대연동	대연비치	84.93	66,980	69,000	3.0%	5.0%	
남구	용호동	오륙도 SK VIEW아파트	84.96	52,000	59,500	14.4%	5.0%	
동래구	안락동	동래화목타운	84.95	25,000	31,000	24.0%	5.5%	
부산진구	부암동	협성피닉스타운	84.78	20,250	20,850	3.0%	1.7%	
북구	만덕동	금정산엘에이치뉴웰시티	84.95	40,900	40,900	0.0%	-3.2%	
북구	만덕동	럭키만덕아파트	84.28	15,500	16,000	3.2%	-3.2%	
북구	화명동	대림쌍용강변타운	84.97	43,000	54,500	26.7%	-3.2%	
사상구	주례동	엘지신주례아파트	84.97	27,500	32,000	16.4%	-3.0%	
사하구	하단동	가락타운1단지아파트	84.96	28,200	46,700	65.6%	-3.4%	
사하구	하단동	가락타운2단지아파트	84.96	20,000	20,500	2.5%	-3.4%	
서구	서대신동	대신롯데캐슬	84.99	42,900	44,700	4.2%	-3.4%	
수영구	남천동	남천삼익비치아파트	84.83	102,000	155,000	52.0%	10.4%	
연제구	거제동	롯데캐슬아파트	84.93	36,250	42,850	18.2%	5.9%	
연제구	연산동	연산더샵아파트	84.98	51,300	75,800	47.8%	5.9%	
연제구	연산동	연산자이아파트	84.86	47,000	63,000	34.0%	5.9%	
해운대구	반여동	아시아선수촌아파트	84.80	37,500	53,000	41.3%	13.7%	
해운대구	좌동	LIG건영아파트	59.88	14,300	14,500	1.4%	13.7%	
해운대구	좌동	경남선경아파트	84.93	37,500	45,800	22.1%	13.7%	

⟨경상남도⟩

소재지		아파트		실거래최고가 (단위: 만 원)		최근 1년 수익률	부동산원 매매지수 변동률*	비고
시·군·구	읍·면·동	아파트명	면적 (㎡)	2019년 (A)	2020년 (B)	(B-A)/A		
김해시	관동동	팔판마을6단지푸르지오	91.15	24,000	24,800	3.3%	-5.2%	
김해시	대청동	부영9차아파트	80.74	16,400	16,500	0.6%	-5.2%	
김해시	전하동	두산전하빌라4차	-	-	-	-	-5.2%	거래 없음
사천시	정동면	대영풀리비안아파트	74.95	18,700	17,700	-5.3%	-12.8%	
양산시	평산동	봉우아파트	84.66	11,300	9,000	-20.4%	-4.9%	
진주시	초전동	초전1차푸르지오	84.77	29,000	30,500	5.2%	-7.0%	
창원시	성주동	유니온빌리지아파트	84.94	33,000	40,000	21.2%	1.5%	
창원시	신월동	신월주공아파트	59.12	39,000	65,000	66.7%	1.5%	
창원시	월영동	현대아파트3	84.91	17,600	18,000	2.3%	1.5%	

⑦ 대구, 경북(*한국부동산원 매매 지수 변동률: 2019~2020년 해당 지역 평균 변동값임)

'비고'란 보유 인원수는 해당 단지에 아파트를 보유한 총 인원수를 지칭함(해당 면적 보유 인원 ×)

〈대구광역시〉

소재지		아파트		실거래최고가 (단위: 만 원)		최근 1년 수익률	부동산원 매매 지수 변동률*	비고
시·군·구	읍·면·동	아파트명	면적 (㎡)	2019년 (A)	2020년 (B)	(B-A)/A		
달서구	도원동	강산타운아파트	84.97	27,800	33,500	20.5%	7.0%	
달서구	도원동	사계절타운아파트	84.96	26,500	28,200	6.4%	7.0%	
달서구	성당동	성당동더샵	84.99	37,700	42,000	11.4%	7.0%	
달서구	이곡동	성서2차화성타운	84.96	29,000	30,500	5.2%	7.0%	
달서구	이곡동	성서주공 3차아파트	59.99	17,000	17,850	5.0%	7.0%	
달성군	다사읍	강창삼산1차	84.98	17,500	19,500	11.4%	-1.5%	
달성군	옥포읍	세광무지개마을	84.97	13,000	13,900	6.9%	-1.5%	
수성구	두산동	대우트럼프월드수성아파트	84.70	69,000	86,500	25.4%	11.2%	
수성구	만촌동	메트로팔레스1	84.93	44,000	59,500	35.2%	11.2%	
수성구	만촌동	메트로팔레스2	84.93	48,000	65,000	35.4%	11.2%	
수성구	범물동	한라창신태성맨션	84.85	29,850	39,200	31.3%	11.2%	
수성구	지산동	지산1단지아파트	54.87	35,000	40,000	14.3%	11.2%	
수성구	지산동	지산한라타운	59.85	20,500	26,300	28.3%	11.2%	
중구	대봉동	대봉화성그린빌아파트	210.49	36,000	53,000	47.2%	9.1%	

〈경상남도〉

소재지		아파트		실거래최고가 (단위: 만 원)		최근 1년 수익률	부동산원 매매 지수 변동률*	비고
시·군·구	읍·면·동	아파트명	면적 (㎡)	2019년 (A)	2020년 (B)	(B-A)/A		
경산시	진량읍	부기리 진량에덴타운	84.96	9,500	9,700	2.1%	-3.2%	
김천시	부곡동	현대아파트	84.94	8,000	6,800	-15.0%	-12.3%	
안동시	동부동	한양아파트	-	-	-	-	-3.3%	거래 없음
영주시	휴천동	남산현대아파트	84.96	15,700	17,400	10.8%	-1.2%	
의성군	의성읍	청구제네스 1차	84.77	15,100	16,000	6.0%	-4.9%	
의성군	의성읍	청구제네스 2차	84.77	17,500	18,200	4.0%	-4.9%	
포항시	대도동	현대맨션	-	-	-	-	-2.9%	거래 없음
포항시	연일읍	대림한숲타운 1차	84.95	17,200	17,800	3.5%	-2.9%	

02장
토지

※ 대상자 특정으로 인한 부작용 방지를 위해 지번 중 일부를 '▲'로 표기함

① 서울특별시(*한국부동산원 지가 지수 변동률: 2018~2019년 해당 지역 평균 변동값임)

소재지			공시 지가 (단위: 천 원)		최근 1년 수익률	부동산원 지가 지수 변동률*
시·군·구	읍·면·동	지번	2018년 (A)	2019년 (B)	(B-A)/A	
강남구	도곡동	산 32-▲	765,809	749,855	-2.1%	6.1%
강남구	세곡동	산 4▲	455,175	488,019	7.2%	6.1%
강남구	역삼동	824-1▲	3,826,377	4,422,113	15.6%	6.1%
강동구	명일동	305-▲	1,633,848	1,753,092	7.3%	5.7%
강서구	공항동	산 20-▲	456,192	490,644	7.6%	5.0%
관악구	신림동	1428-▲	5,224,384	5,734,080	9.8%	4.6%
관악구	신림동	산 18▲-5	969,510	1,083,570	11.8%	4.6%
구로구	고척동	5▲-8	1,828,971	1,988,784	8.7%	4.5%
동작구	노량진동	14▲-56	1,017,640	1,108,692	8.9%	5.5%
마포구	서교동	32▲-1	729,325	830,388	13.9%	5.4%
마포구	성산동	18▲-12	768,668	838,210	9.0%	5.4%
마포구	합정동	82-▲0	159,316	249,054	56.3%	5.4%
서초구	내곡동	산 7▲	171,926	189,118	10.0%	5.6%
서초구	방배동	89▲-6	956,011	1,014,574	6.1%	5.6%
서초구	서초동	132▲-7	958,394	1,055,077	10.1%	5.6%
서초구	서초동	133▲-1	7,551	53,301	605.9%	5.6%
서초구	서초동	165▲-4	370,695	2,749,978	641.8%	5.6%

소재지			공시 지가 (단위: 천 원)		최근 1년 수익률	부동산원 지가 지수 변동률*
시·군·구	읍·면·동	지번	2018년 (A)	2019년 (B)	(B-A)/A	
성북구	성북동	226-7▲	28,791	31,703	10.1%	5.0%
성북구	정릉동	87▲	89,430	89,430	0.0%	5.0%
송파구	석촌동	28▲-8	1,110,610	1,240,575	11.7%	5.3%
송파구	잠실동	19▲-10	2,155,860	2,155,860	0.0%	5.3%
용산구	이태원동	26▲-19	1,086,948	1,263,092	16.2%	5.9%
은평구	진관동	128-2▲	713,224	713,224	0.0%	4.6%
종로구	평창동	412-1▲	338,244	363,016	7.3%	4.5%

② 경기도, 인천(*한국부동산원 지가 지수 변동률: 2018~2019년 해당 지역 평균 변동값임)

〈경기도〉

소재지			공시 지가 (단위: 천 원)		최근 1년 수익률	부동산원 지가 지수 변동률*
시·군·구	읍·면·동	지번	2018년 (A)	2019년 (B)	(B-A)/A	
가평군	가평읍	산유리 산 227-▲	8,261	8,835	6.9%	2.9%
가평군	상면	행현리 758-▲	108,000	108,000	0.0%	2.9%
가평군	설악면	엄소리 466-▲	58,976	60,420	2.4%	2.9%
고양시	고양동	산 1-1▲	96,233	99,540	3.4%	4.2%
고양시	주교동	85▲	299,440	302,520	1.0%	4.2%
고양시	주교동	85▲	124,978	128,647	2.9%	4.2%
고양시	주교동	109▲	101,696	106,491	4.7%	4.2%
고양시	주교동	164-▲	173,043	173,043	0.0%	4.2%
고양시	주교동	산 13▲	209,229	209,229	0.0%	4.2%
고양시	화전동	233-1▲	115,562	122,776	6.2%	4.2%

소재지			공시 지가 (단위: 천 원)		최근 1년 수익률	부동산원 지가 지수 변동률*
시·군·구	읍·면·동	지번	2018년 (A)	2019년 (B)	(B-A)/A	
고양시	화전동	234-▲	735,644	792,834	7.8%	4.2%
과천시	과천동	26▲	552,164	611,865	10.8%	6.3%
광명시	소하동	산 8▲	735,548	766,727	4.2%	5.4%
광주시	곤지암읍	삼리 341-▲	219,766	229,325	4.3%	3.9%
광주시	남종면	수청리 34▲	117,724	121,106	2.9%	3.9%
광주시	남한산성면	엄미리 산 237-▲	13,907	13,907	0.0%	3.9%
광주시	도척면	유정리 산 1▲	895,708	895,708	0.0%	3.9%
구리시	토평동	460-▲	488,100	536,900	10.0%	4.1%
김포시	고촌읍	퐁곡리 75-4▲	94,897	103,600	9.2%	4.2%
김포시	월곶면	용강리 산 47-▲	41,740	42,996	3.0%	4.2%
남양주시	금곡동	산 64-▲	31,960	31,960	0.0%	5.4%
남양주시	와부읍	덕소리 206-▲	114,485	114,052	-0.4%	5.4%
남양주시	와부읍	덕소리 20▲	772,464	814,704	5.5%	5.4%
남양주시	와부읍	덕소리 48-1▲	51,975	52,044	0.1%	5.4%
남양주시	와부읍	덕소리 산 33-▲	14,836	14,836	0.0%	5.4%
남양주시	와부읍	월문리 1060-▲	526,332	537,165	2.1%	5.4%
남양주시	와부읍	월문리 561-▲	503,446	545,245	8.3%	5.4%
남양주시	진건읍	송능리 산 23-▲	325,371	382,374	17.5%	5.4%
남양주시	진접읍	팔야리 산 84-▲	177,526	177,526	0.0%	5.4%
남양주시	화도읍	금남리 산 56-▲	3,405	3,665	7.6%	5.4%
남양주시	화도읍	묵현리 518-▲	1,520	1,520	0.0%	5.4%
동두천시	광암동	산 92-▲	2,339	2,381	1.8%	2.6%
부천시	도당동	산 66-1▲	266,755	278,476	4.4%	4.4%
성남시	갈현동	32▲	238,090	244,658	2.8%	5.0%
성남시	대장동	산 63-▲	52,529	55,768	6.2%	5.0%
성남시	대장동	산 63-▲	52,259	55,768	6.7%	5.0%
성남시	대장동	산 9-▲	66,640	66,640	0.0%	5.0%

소재지			공시 지가 (단위: 천 원)		최근 1년 수익률	부동산원 지가 지수 변동률*
시·군·구	읍·면·동	지번	2018년 (A)	2019년 (B)	(B-A)/A	
성남시	백현동	590-▲	957,874	1,031,062	7.6%	5.0%
시흥시	월곶동	520-35▲	427,020	416,202	-2.5%	4.0%
시흥시	하중동	142-2▲	74,670	75,915	1.7%	4.0%
안산시	선부동	1088-1▲	469,404	496,061	5.7%	3.7%
안산시	신길동	43▲	71,743	87,087	21.4%	3.7%
안산시	신길동	51▲	389,327	389,327	0.0%	3.7%
안산시	신길동	216-42▲	767,014	841,353	9.7%	3.7%
안산시	신길동	344-▲	197,781	222,779	12.6%	3.7%
안산시	신길동	67-▲	299,937	318,684	6.3%	3.7%
안성시	고삼면	월향리 210-1▲	89,400	89,400	0.0%	3.1%
안성시	공도읍	양기리 363-▲	197,686	213,990	8.2%	3.1%
안성시	공도읍	양기리 381-▲	161,078	173,074	7.4%	3.1%
안성시	보개면	오두리 산 2-▲	14,371	14,842	3.3%	3.1%
안성시	산하리	산 13▲	109,356	112,572	2.9%	3.1%
안성시	산하리	산 21▲	71,110	71,110	0.0%	3.1%
안성시	원곡면	칠곡리 산 15▲	57,091	59,345	3.9%	3.1%
안성시	죽산면	당목리 산 58-▲	96,423	96,656	0.2%	3.1%
안양시	동안구	비산동 105▲	470,208	499,280	6.2%	4.4%
안양시	비산동	547-3▲	461,440	484,800	5.1%	4.4%
양주시	남방동	산 10▲	207,411	211,824	2.1%	3.2%
양주시	어둔동	산 4▲	24,589	25,581	4.0%	3.2%
양주시	율정동	12▲	275,316	275,316	0.0%	3.2%
양주시	은현면	용암림 815-1▲	336,567	336,567	0.0%	3.2%
양평군	강상면	병산리 1000-▲	26,545	29,854	12.5%	3.2%
양평군	강하면	동오리 산 25-1▲	6,930	7,260	4.8%	3.2%
양평군	개군면	내리 353-▲	16,531	16,793	1.6%	3.2%

별지 1 권력자 자산 목록 일람표

소재지			공시 지가 (단위: 천 원)		최근 1년 수익률	부동산원 지가 지수 변동률*
시·군·구	읍·면·동	지번	2018년 (A)	2019년 (B)	(B-A)/A	
양평군	개군면	부리 산 23-▲	20,394	21,403	4.9%	3.2%
양평군	개군면	부리 산 ▲	74,277	76,553	3.1%	3.2%
양평군	단월면	봉상리 산 102-▲	46,731	46,916	0.4%	3.2%
양평군	양서면	목왕리 532-▲	77,700	87,135	12.1%	3.2%
양평군	양서면	복포리 산 39-▲	150,000	150,000	0.0%	3.2%
양평군	용문면	광탄리 183-1▲	176,709	177,951	0.7%	3.2%
양평군	용문면	광탄리 241-▲	109,980	119,520	8.7%	3.2%
양평군	청운면	삼성리 97-▲	28,413	29,799	4.9%	3.2%
여주군	점동면	처리 59▲	346,830	351,615	1.4%	3.0%
여주시	교동	산 4-2▲	1,186,056	1,222,470	3.1%	3.0%
여주시	대신면	가산리 267-▲	106,898	111,261	4.1%	3.0%
여주시	북내면	신남리 5-▲	6,545	6,717	2.6%	3.0%
여주시	점동면	처리 31▲	129,328	133,438	3.2%	3.0%
여주시	흥천면	복대리 688-▲	114,890	121,273	5.6%	3.0%
연천군	왕징면	강서리 81▲	23,764	23,764	0.0%	2.7%
연천군	왕징면	산 12▲	5,565	5,773	3.7%	2.7%
연천군	장남면	원당리 388-1▲	85,034	85,034	0.0%	2.7%
연천군	중면	21▲	73,950	74,154	0.3%	2.7%
연천군	중면	중사리 108▲	7,017	11,696	66.7%	2.7%
오산시	금암동	산 4▲	113,829	108,976	-4.3%	3.1%
오산시	두곡동	산 15-▲	251,804	249,424	-0.9%	3.1%
용인시	고기동	542-▲	21,723	26,349	21.3%	5.3%
용인시	고매동	376-3▲	1,408,360	1,348,957	-4.2%	5.3%
용인시	고매동	376-6▲	113,402	116,796	3.0%	5.3%
용인시	고매동	376-8▲	170,665	175,773	3.0%	5.3%
용인시	고매동	산 55-2▲	496,405	506,333	2.0%	5.3%

소재지			공시 지가 (단위: 천 원)		최근 1년 수익률	부동산원 지가 지수 변동률*
시·군·구	읍·면·동	지번	2018년 (A)	2019년 (B)	(B-A)/A	
용인시	마북동	산 2-1▲	107,540	105,697	-1.7%	5.3%
용인시	모현면	오산리 104-▲	205,925	233,417	13.4%	5.3%
용인시	모현면	초부리 46▲	202,369	210,319	3.9%	5.3%
용인시	모현면	초부리 46▲	103,376	107,437	3.9%	5.3%
용인시	모현면	초부리 산 11▲	85,120	89,647	5.3%	5.3%
용인시	모현면	초부리 산 113-▲	197,847	208,260	5.3%	5.3%
용인시	상하동	183-▲	803,965	812,979	1.1%	5.3%
용인시	신봉동	759-1▲	363,909	389,790	7.1%	5.3%
용인시	양지면	남곡리 산 5▲	134,611	149,395	11.0%	5.3%
용인시	원삼면	사암리 93▲	145,000	145,000	0.0%	5.3%
용인시	원삼면	죽능리 13-▲	17,366	17,607	1.4%	5.3%
용인시	원삼면	죽능리 13-▲	17,988	18,238	1.4%	5.3%
용인시	이동면	묘봉리 산 2▲	153,881	156,286	1.6%	5.3%
용인시	이동면	천리 479-▲	58,853	60,256	2.4%	5.3%
용인시	포곡읍	영문리 391-▲	37,807	41,278	9.2%	5.3%
의정부시	의정부동	172-3▲	245,311	248,941	1.5%	3.3%
이천시	마장면	이평리 367-▲	58,860	62,041	5.4%	3.7%
이천시	마장면	표교리 산 8▲	157,797	161,844	2.6%	3.7%
이천시	설성면	수산리 20▲	59,806	63,148	5.6%	3.7%
이천시	율면	산양리 42▲	35,481	35,200	-0.8%	3.7%
이천시	장호원읍	어석리 72-▲	25,658	26,492	3.3%	3.7%
이천시	장호원읍	어석리 산1-▲	328,510	328,510	0.0%	3.7%
파주시	광탄면	영장리 64-▲	17,500	17,500	0.0%	2.9%
파주시	법원읍	갈곡리 산9▲	211,277	226,285	7.1%	2.9%
파주시	법원읍	법원리 산 151-2▲	7,094	7,690	8.4%	2.9%
파주시	월롱면	영태리 473-2▲	21,589	21,068	-2.4%	2.9%

소재지			공시 지가 (단위: 천 원)		최근 1년 수익률	부동산원 지가 지수 변동률*
시·군·구	읍·면·동	지번	2018년 (A)	2019년 (B)	(B-A)/A	
파주시	월롱면	영태리 산 99-▲	102,030	101,318	-0.7%	2.9%
파주시	탄현면	성동리 664-▲	1,312,216	1,364,014	3.9%	2.9%
평택시	고덕면	해창리 121▲	93,100	105,674	13.5%	5.0%
평택시	지산동	34▲	71,171	73,105	2.7%	5.0%
평택시	지산동	168-11▲	201,694	250,390	24.1%	5.0%
평택시	지산동	168-▲	127,920	142,063	11.1%	5.0%
평택시	지산동	347-▲	77,132	79,228	2.7%	5.0%
평택시	청북읍	어소리 19▲	51,223	53,846	5.1%	5.0%
평택시	합정동	846-▲	371,493	393,589	5.9%	5.0%
평택시	현덕면	화양리 산 20▲	520,874	529,308	1.6%	5.0%
포천시	내촌면	진목리 산 26▲	14,173	15,088	6.5%	3.0%
포천시	동교동	30▲	34,200	36,000	5.3%	3.0%
포천시	설운동	28▲	287,568	281,777	-2.0%	3.0%
포천시	소흘읍	무림리 46-▲	44,515	44,515	0.0%	3.0%
포천시	소흘읍	무림리 산 2▲	639,000	639,000	0.0%	3.0%
포천시	신북면	기지리 67▲	149,153	151,049	1.3%	3.0%
포천시	영중면	금주리 산 84-▲	47,509	49,456	4.1%	3.0%
포천시	일동면	길명리 339-▲	24,476	25,404	3.8%	3.0%
화성시	남양읍	송림리 산 15▲	491,709	518,289	5.4%	3.9%
화성시	남양읍	원천리 산 116-▲	283,608	289,590	2.1%	3.9%
화성시	마도면	백곡리 산 184-2▲	341,427	346,318	1.4%	3.9%
화성시	봉담읍	내리 산 9▲	90,844	90,844	0.0%	3.9%
화성시	봉담읍	분천리 36▲	13,810	13,932	0.9%	3.9%
화성시	서신면	궁평리 산 8▲	80,074	80,276	0.3%	3.9%
화성시	서신면	궁평리 산 89-▲	979,756	993,673	1.4%	3.9%
화성시	서신면	전곡리 557-▲	84,508	85,792	1.5%	3.9%

소재지			공시 지가 (단위: 천 원)		최근 1년 수익률	부동산원 지가 지수 변동률*
시·군·구	읍·면·동	지번	2018년 (A)	2019년 (B)	(B-A)/A	
화성시	서신면	전곡리 산 122-▲	65,898	66,779	1.3%	3.9%
화성시	양감면	사창리 산 12▲	120,368	122,549	1.8%	3.9%
화성시	우정읍	화산리 345-▲	47,195	49,176	4.2%	3.9%
화성시	우정읍	화산리 산 36-▲	47,715	52,873	10.8%	3.9%
화성시	정남면	문학리 38▲	131,582	131,582	0.0%	3.9%
화성시	팔탄면	율암리 483-2▲	112,040	120,124	7.2%	3.9%
화성시	팔탄면	율암리 산 56-2▲	79,344	81,988	3.3%	3.9%
화성시	향남읍	상신리 산 105-1▲	300,000	300,000	0.0%	3.9%
화성시	향남읍	증거리 산 3▲	135,903	135,903	0.0%	3.9%

〈인천광역시〉

소재지			공시 지가 (단위: 천 원)		최근 1년 수익률	부동산원 지가 지수 변동률*
시·군·구	읍·면·동	지번	2018년 (A)	2019년 (B)	(B-A)/A	
강화군	교동면	952-▲	40,006	40,006	0.0%	3.4%
강화군	내가면	고천리 1339-▲	33,068	33,702	1.9%	3.4%
강화군	하점면	1174-1▲	72,309	72,309	0.0%	3.4%
강화군	화도면	여차리 산 12▲	5,220	5,514	5.6%	3.4%
서구	가좌동	산 170-▲	20,953	20,953	0.0%	4.2%
서구	불로동	산 197-▲	470,394	411,974	-12.4%	4.2%
서구	오류동	52-▲	395,415	431,868	9.2%	4.2%
서구	왕길동	664-▲	3,012,288	3,085,654	2.4%	4.2%
옹진군	북도면	장봉리 442-1▲	135,595	137,885	1.7%	2.9%
중구	무의동	산 91-▲	66,796	70,737	5.9%	3.1%
중구	운남동	산 12▲	91,656	90,450	-1.3%	3.1%

③ 강원도(*한국부동산원 지가 지수 변동률: 2018~2019년 해당 지역 평균 변동값임)

소재지			공시 지가 (단위: 천 원)		최근 1년 수익률	부동산원 지가 지수 변동률*
시·군·구	읍·면·동	지번	2018년 (A)	2019년 (B)	(B-A)/A	
강릉시	구정면	어단리 산 126-▲	15,522	15,821	1.9%	2.9%
강릉시	성산면	관음리 산 51-▲	1,967	2,050	4.2%	2.9%
강릉시	성산면	위촌면 산 15▲	14,165	15,617	10.3%	2.9%
강릉시	성산면	위촌면 산 16▲	5,176	5,493	6.1%	2.9%
강릉시	안현동	94-14▲	73,417	86,116	17.3%	2.9%
강릉시	옥계면	금진리 산 7▲	14,896	15,515	4.2%	2.9%
강릉시	옥계면	도직리 산 85-▲	7,091	7,290	2.8%	2.9%
강릉시	유산동	38▲	40,262	41,660	3.5%	2.9%
강릉시	포남동	568-▲	25,494	25,494	0.0%	2.9%
고성군	죽왕면	문암진리 산 19-▲	310,624	307,054	-1.1%	2.9%
고성군	죽왕면	오봉리 산 15▲	49,096	56,177	14.4%	2.9%
고성군	토성면	안흥리 산 15▲	280,220	297,625	6.2%	2.9%
고성군	토성면	용촌리 363-3▲	74,000	73,585	-0.6%	2.9%
고성군	토성면	인흥리 산 15▲	280,220	297,625	6.2%	2.9%
동해시	비천동	산 7▲	8,103	8,448	4.3%	2.4%
속초시	교동	482-28▲	13,135	14,459	10.1%	3.0%
속초시	장사동	산 4▲	69,960	74,910	7.1%	3.0%
양구군	남면	송우리 35▲	10,465	10,920	4.3%	2.3%
양양군	손양면	하양혈리 산 20-2▲	1,288	1,388	7.8%	3.0%
영월군	무릉도원면	운학리 산 5▲	11,436	12,156	6.3%	2.5%
원주시	단구동	131-1▲	314,691	324,892	3.2%	2.9%
원주시	무실동	107-2▲	44,191	46,586	5.4%	2.9%
원주시	문막읍	건등리 933-▲	76,614	79,326	3.5%	2.9%
원주시	문막읍	건등리 산 68-▲	80,758	82,342	2.0%	2.9%

소재지			공시 지가 (단위: 천 원)		최근 1년 수익률	부동산원 지가 지수 변동률*
시·군·구	읍·면·동	지번	2018년 (A)	2019년 (B)	(B-A)/A	
원주시	문막읍	동화리 산 3▲	21,378	22,095	3.4%	2.9%
원주시	부론면	정산리 산 2▲	2,291	2,573	12.3%	2.9%
원주시	신림면	신림리 20▲	121,201	125,450	3.5%	2.9%
원주시	지정면	가곡리 1033-▲	166,242	202,482	21.8%	2.9%
원주시	호저면	산현리 370-▲	8,446	8,881	5.2%	2.9%
인제군	상남면	상남리 산 14▲	50,189	56,839	13.2%	2.2%
인제군	인제읍	가리산리 626-▲	5,771	6,505	12.7%	2.2%
인제군	인제읍	덕적리 산 1▲	948	1,059	11.7%	2.2%
정선군	남면	유평리 555-▲	18,204	18,860	3.6%	2.1%
철원군	갈말읍	문혜리 산 280-▲	1,797	1,893	5.3%	2.6%
춘천시	동면	감정리 산 13▲	21,620	23,196	7.3%	2.9%
춘천시	동면	장학리 97▲	157,395	164,137	4.3%	2.9%
춘천시	동산면	봉명리 45▲	34,824	36,275	4.2%	2.9%
춘천시	동산면	원창리 산 33▲	23,921	24,418	2.1%	2.9%
춘천시	북산면	내평리 산 3▲	15,976	16,244	1.7%	2.9%
춘천시	사북면	가일리 14▲	4,637	5,204	12.2%	2.9%
춘천시	사북면	가일리 산 3▲	58,591	60,442	3.2%	2.9%
춘천시	사북면	고탄리 59▲	49,638	53,236	7.2%	2.9%
춘천시	사북면	원평리 52-▲	3,523	3,853	9.4%	2.9%
춘천시	사북면	원평리 6▲	8,227	8,998	9.4%	2.9%
춘천시	사북면	원평리 산 1▲	12,667	13,827	9.2%	2.9%
춘천시	사북면	원평리 산 2▲	27,044	29,047	7.4%	2.9%
춘천시	사북면	원평리 산 2▲	4,705	5,248	11.5%	2.9%
춘천시	사북면	지암리 40▲	11,592	12,956	11.8%	2.9%
춘천시	서면	방동리 산 6-▲	2,490	2,715	9.0%	2.9%
춘천시	온의동	산 53-1▲	150,000	150,000	0.0%	2.9%
평창군	대관령면	차항리 산 199-2▲	3,320	3,409	2.7%	2.5%

소재지			공시 지가 (단위: 천 원)		최근 1년 수익률	부동산원 지가 지수 변동률*
시·군·구	읍·면·동	지번	2018년 (A)	2019년 (B)	(B-A)/A	
평창군	대관령면	횡계리 357-2▲	411,321	414,795	0.8%	2.5%
평창군	대관령면	횡계리 산 101-▲	25,073	26,411	5.3%	2.5%
평창군	대관령면	횡계리 산 285-1▲	434,914	445,710	2.5%	2.5%
평창군	미탄면	창리 702-▲	78,144	74,111	-5.2%	2.5%
평창군	방림면	운교리 77▲	30,284	33,669	11.2%	2.5%
평창군	방림면	운교리 78▲	73,458	81,211	10.6%	2.5%
평창군	방림면	운교리 820-▲	87,716	97,222	10.8%	2.5%
평창군	방림면	운교리 832-▲	162,429	180,268	11.0%	2.5%
평창군	방림면	운교리 산34▲	8,414	10,080	19.8%	2.5%
평창군	봉평면	덕거리 775-▲	216,448	221,920	2.5%	2.5%
평창군	봉평면	무이리 산 312-12▲	643	678	5.4%	2.5%
평창군	봉평면	유포리 14▲	1,289,995	1,314,802	1.9%	2.5%
평창군	봉평면	유포리 147-▲	179,765	182,442	1.5%	2.5%
평창군	봉평면	유포리 15▲	249,580	438,530	75.7%	2.5%
평창군	봉평면	유포리 산 52▲	13,411	14,022	4.6%	2.5%
평창군	봉평면	평촌리 550-▲	187,353	201,062	7.3%	2.5%
평창군	봉평면	흥정리 194-▲	31,986	31,265	-2.3%	2.5%
홍천군	두촌면	철정리 691-▲	184,320	189,600	2.9%	2.4%
홍천군	북방면	구만리 18▲	127,561	148,821	16.7%	2.4%
홍천군	북방면	구만리 180-▲	22,977	29,187	27.0%	2.4%
홍천군	북방면	원소리 29▲	3,703	4,231	14.3%	2.4%
홍천군	북방면	원소리 30▲	8,143	9,314	14.4%	2.4%
홍천군	북방면	원소리 551-▲	52,167	59,214	13.5%	2.4%
홍천군	북방면	원소리 56▲	9,190	10,431	13.5%	2.4%
홍천군	북방면	원소리 산 10▲, 산10▲	38,443	44,533	15.8%	2.4%
홍천군	서면	모곡리 334-2▲	37,290	37,290	0.0%	2.4%

④ 대전, 세종, 충청(*한국부동산원 지가 지수 변동률: 2018~2019년 해당 지역 평균 변동값임)

〈대전광역시〉

소재지			공시 지가 (단위: 천 원)		최근 1년 수익률	부동산원 지가 지수 변동률*
시·군·구	읍·면·동	지번	2018년 (A)	2019년 (B)	(B-A)/A	
대덕구	장동	60▲	71,504	75,340	5.4%	2.6%
유성구	구룡동	65▲	47,853	48,706	1.8%	4.9%
유성구	방동	산 40-▲	12,197	12,835	5.2%	4.9%
중구	유천동	181-1▲	198,682	198,682	0.0%	4.5%

〈세종특별자치시〉

소재지			공시 지가 (단위: 천 원)		최근 1년 수익률	부동산원 지가 지수 변동률*
시·군·구	읍·면·동	지번	2018년 (A)	2019년 (B)	(B-A)/A	
-	금남면	도남리 116-2▲	60,731	64,922	6.9%	5.0%
-	소정면	대곡리 412-▲	114,285	123,328	7.9%	5.0%
-	장군면	봉안리 451-1▲	279,864	311,397	11.3%	5.0%
-	장군면	은용리 112-1▲	80,957	157,700	94.8%	5.0%
-	전동면	51-▲번지	49,366	52,893	7.1%	5.0%

〈충청남도〉

소재지			공시 지가 (단위: 천 원)		최근 1년 수익률	부동산원 지가 지수
시·군·구	읍·면·동	지번	2018년(A)	2019년(B)	(B-A)/A	변동률*
공주시	신풍면	쌍대리 산 1-▲	20,072	20,072	0.0%	1.9%
공주시	우성면	목천리 908-▲	41,260	42,105	2.0%	1.9%
공주시	의당면	가산리 375-1▲	106,860	108,524	1.6%	1.9%
논산시	벌곡면	어곡리 산 4▲	12,197	12,197	0.0%	1.7%
논산시	연무읍	고내리 383-▲	5,576	5,576	0.0%	1.7%
논산시	연산면	신양리 산 7▲	4,817	5,011	4.0%	1.7%
논산시	연산면	연산리 산 16-1▲	165,236	165,236	0.0%	1.7%
논산시	연산면	장전리 산▲	32,785	33,597	2.5%	1.7%
논산시	은진면	성덕리 527-▲	54,409	57,832	6.3%	1.7%
논산시	은진면	성덕리 533-▲	74,239	78,606	5.9%	1.7%
논산시	은진면	시묘리 629-▲	85,502	85,502	0.0%	1.7%
당진시	읍내동	145▲	323,371	337,142	4.3%	0.6%
보령시	명천동	70▲	151,421	174,277	15.1%	1.5%
보령시	웅천읍	수부리 61-▲	32,319	34,801	7.7%	1.5%
보령시	천북면	하만리 산 126-▲	125,416	132,779	5.9%	1.5%
보령시	화산동	산 4▲	74,633	72,916	-2.3%	1.5%
부여군	규암면	내리 751-▲	112,266	112,266	0.0%	1.9%
부여군	규암면	진변리 54-▲	13,924	14,272	2.5%	1.9%
부여군	외산면	151-▲	29,533	30,510	3.3%	1.9%
부여군	외산면	전장리 17▲	4,900	6,346	29.5%	1.9%
부여군	초촌면	소사리 618-▲	725,350	725,350	0.0%	1.9%
서산시	부석면	봉락리 산 122-▲	217,742	241,353	10.8%	1.8%
서산시	부석면	봉락리 산 123-▲	13,328	13,685	2.7%	1.8%
서산시	부석면	봉락리 산 61-▲	25,518	26,317	3.1%	1.8%
서산시	운산면	가좌리 19-2▲	15,657	16,167	3.3%	1.8%
서산시	잠홍동	473-▲	124,362	139,590	12.2%	1.8%

소재지			공시 지가 (단위: 천 원)		최근 1년 수익률	부동산원 지가 지수
시·군·구	읍·면·동	지번	2018년(A)	2019년(B)	(B-A)/A	변동률*
서산시	잠홍동	480-▲	811,072	910,062	12.2%	1.8%
서산시	잠홍동	산 27-▲	252,800	264,304	4.6%	1.8%
서산시	지곡면	무장리 75-2▲	4,433	4,645	4.8%	1.8%
서산시	팔봉면	양길리 산 1▲	10,909	10,396	-4.7%	1.8%
서산시	해미면	기지리 104-▲	31,436	35,848	14.0%	1.8%
서산시	해미면	석포리 65▲	9,909	9,909	0.0%	1.8%
서천군	화양면	대하리 17▲	16,192	17,023	5.1%	0.8%
아산시	도고면	금산리 121-▲	46,612	47,197	1.3%	2.2%
아산시	도고면	금산리 산 7-▲	55,681	58,439	5.0%	2.2%
아산시	송악면	강장리 산 ▲	9,850	10,397	5.6%	2.2%
아산시	송악면	외암리 334-▲	39,124	40,495	3.5%	2.2%
아산시	송악면	유곡리 산 1▲	27,591	28,121	1.9%	2.2%
아산시	염치읍	염성리 산 4-1▲	26,807	27,650	3.1%	2.2%
아산시	영인면	신화리 61▲	96,480	92,460	-4.2%	2.2%
아산시	읍내동	산 ▲	51,443	52,068	1.2%	2.2%
예산군	예산읍	향천리 산 52-▲	26,848	27,542	2.6%	1.8%
천안시	다가동	406-1▲	310,843	310,843	0.0%	1.8%
천안시	동면	화계리 220-▲	35,080	37,810	7.8%	1.8%
천안시	목천읍	신계리 139-▲	62,680	64,170	2.4%	1.8%
천안시	영성동	78-▲번지	105,857	111,611	5.4%	1.8%
천안시	직산읍	삼은리 78-▲	143,432	144,894	1.0%	1.8%
천안시	풍세면	풍서리 산 22-▲	61,227	64,378	5.1%	1.8%
청양군	남양면	봉암리 산 39-▲	45,520	51,173	12.4%	1.2%
청양군	대치면	주정리 산 5-▲	39,963	42,280	5.8%	1.2%
청양군	목면	대평리 2▲	14,004	14,626	4.4%	1.2%
청양군	장평면	락지리 산 37-▲	3,669	3,893	6.1%	1.2%
태안군	근흥면	정죽리 20▲	24,118	24,835	3.0%	1.7%

소재지			공시 지가 (단위: 천 원)		최근 1년 수익률	부동산원 지가 지수 변동률*
시·군·구	읍·면·동	지번	2018년(A)	2019년(B)	(B-A)/A	
태안군	근흥면	정죽리 23▲	17,204	17,952	4.3%	1.7%
태안군	근흥면	정죽리 80-▲	31,462	31,462	0.0%	1.7%
태안군	근흥면	정죽리 산 16▲	29,747	30,615	2.9%	1.7%
태안군	소원면	모항리 462-2▲	8,672	8,672	0.0%	1.7%
태안군	이원면	관리 산 12▲	43,330	45,859	5.8%	1.7%
태안군	이원면	내리 산 13▲	16,135	16,135	0.0%	1.7%
홍성군	은하면	대율리 산 5▲	12,416	13,051	5.1%	1.5%
홍성군	홍동면	문당리 713-▲	37,201	37,479	0.7%	1.5%
홍성군	홍동면	문당리 산 1▲	3,950	1,700	−57.0%	1.5%

〈충청북도〉

소재지			공시 지가 (단위: 천 원)		최근 1년 수익률	부동산원 지가 지수 변동률*
시·군·구	읍·면·동	지번	2018년 (A)	2019년 (B)	(B-A)/A	
괴산군	괴산읍	동부리 39▲	18,444	19,165	3.9%	1.6%
괴산군	청천면	귀만리 465-▲	15,513	14,059	−9.4%	1.6%
괴산군	칠성면	두천리 356-▲	55,736	58,104	4.2%	1.6%
단양군	단양읍	장현리 ▲	9,442	9,898	4.8%	1.7%
단양군	적성면	1013-▲	34,190	37,024	8.3%	1.7%
보은군	내북면	법주리 36▲	1,371	1,447	5.5%	1.5%
보은군	내북면	법주리 산 18-▲	675	759	12.4%	1.5%
영동군	매곡면	수원 89▲	75,855	81,474	7.4%	1.8%
영동군	심천면	약목리 616-▲	19,065	19,680	3.2%	1.8%
옥천군	이원면	의평리 105-▲	47,385	48,965	3.3%	1.9%
음성군	삼성면	34-▲	13,376	13,862	3.6%	2.2%

소재지			공시 지가 (단위: 천 원)		최근 1년 수익률	부동산원 지가 지수 변동률*
시·군·구	읍·면·동	지번	2018년 (A)	2019년 (B)	(B−A)/A	
음성군	삼성면	청용리 산 70-1▲	12,540	13,448	7.2%	2.2%
음성군	생극면	신양리 77▲	43,890	46,200	5.3%	2.2%
음성군	음성읍	사정리 산 12▲	11,821	12,297	4.0%	2.2%
제천시	덕산면	월악리 249-▲	11,670	12,097	3.7%	1.6%
제천시	봉양읍	산 184-▲	102,975	103,663	0.7%	1.6%
제천시	봉양읍	연박리 산 18▲	30,385	31,251	2.9%	1.6%
제천시	왕암동	67-2▲	5,376	5,712	6.3%	1.6%
제천시	천남동	산 8-6▲	69,147	76,239	10.3%	1.6%
진천군	문백면	태락리 산 2-▲	9,162	9,704	5.9%	2.4%
청원군	문의면	마동리 81-▲	31,559	34,470	9.2%	2.8%
청원군	오창읍	가좌리 24▲	24,227	27,317	12.8%	2.8%
청원군	오창읍	가좌리 30▲	12,317	12,917	4.9%	2.8%
청원군	오창읍	양청리 726-▲	159,707	170,584	6.8%	2.8%
청주시	가덕면	사동리 산 5-▲	12,783	13,513	5.7%	2.6%
청주시	강내면	산단리 산 161-▲	20,000	20,000	0.0%	2.6%
청주시	낭성면	귀래리 180-▲	7,256	8,816	21.5%	2.6%
청주시	문의면	품곡리 237-1▲	24,019	26,352	9.7%	2.6%
청주시	문의면	품곡리 9▲	26,010	28,560	9.8%	2.6%
청주시	미원면	어암리 17-▲	35,784	40,404	12.9%	2.6%
청주시	미원면	어암리 21-▲	26,208	30,576	16.7%	2.6%
청주시	수동	325-▲	366,854	370,636	1.0%	2.6%
청주시	오창읍	기암리 23-▲	44,003	47,953	9.0%	2.6%
청주시	오창읍	석우리 34▲	262,486	273,898	4.3%	2.6%
청주시	옥산면	국사리 산 14▲	92,707	97,599	5.3%	2.6%
청주시	옥산면	호죽리 357-▲	79,783	82,108	2.9%	2.6%
충주시	노은면	가신리 산 1▲	29,334	31,155	6.2%	1.9%

별지 1 권력자 자산 목록 일람표

소재지			공시 지가 (단위: 천 원)		최근 1년 수익률	부동산원 지가 지수 변동률*
시·군·구	읍·면·동	지번	2018년 (A)	2019년 (B)	(B-A)/A	
충주시	대소원면	완오리 산 4▲	42,164	46,028	9.2%	1.9%
충주시	살미면	설운리 1▲	13,500	13,500	0.0%	1.9%
충주시	살미면	설운리 산 3▲	12,737	13,227	3.8%	1.9%
충주시	수안보면	고운리 산 3▲	81,245	82,366	1.4%	1.9%
충주시	엄정면	용산리 40-▲	20,575	21,967	6.8%	1.9%
충주시	주덕읍	65▲	8,262	8,492	2.8%	1.9%
충주시	호암동	산38-▲	24,152	24,701	2.3%	1.9%

⑤ 광주, 전라, 제주(*한국부동산원 지가 지수 변동률: 2018~2019년 해당 지역 평균 변동값임)

〈광주광역시〉

소재지			공시 지가 (단위: 천 원)		최근 1년 수익률	부동산원 지가 지수 변동률*
시·군·구	읍·면·동	지번	2018년 (A)	2019년 (B)	(B-A)/A	
광산구	남산동	18▲	14,336	15,091	5.3%	5.1%
광산구	남산동	산 1▲	15,774	17,018	7.9%	5.1%
광산구	박호동	산 11▲	37,711	40,209	6.6%	5.1%
광산구	오산동	산 3▲	2,645	2,839	7.3%	5.1%
광산구	왕동	산 126-▲	14,511	15,454	6.5%	5.1%
남구	화장동	1043-1▲	55,360	66,400	19.9%	5.1%
동구	운림동	산 45-▲	41,215	42,341	2.7%	5.1%
북구	금곡동	326-▲	48,531	58,211	19.9%	3.8%

〈전라남도〉

소재지			공시 지가 (단위: 천 원)		최근 1년 수익률	부동산원 지가 지수 변동률*
시·군·구	읍·면·동	지번	2018년 (A)	2019년 (B)	(B-A)/A	
강진군	강진읍	동성리 527-1▲	33,462	33,462	0.0%	3.1%
강진군	옴천면	영산리 산 26▲	1,697	1,836	8.2%	3.1%
강진군	작천면	갈동리 산 389-1▲	36,591	36,591	0.0%	3.1%
고흥군	도덕면	봉덕리 산 234-▲	2,654	2,939	10.7%	3.2%
고흥군	풍양면	한동리 22-▲	13,183	13,651	3.6%	3.2%
곡성군	곡성읍	구원리 258-▲	10,576	11,028	4.3%	3.1%
곡성군	곡성읍	구원리 513-▲	5,850	5,850	0.0%	3.1%
곡성군	곡성읍	월봉리 203-▲	28,314	29,190	3.1%	3.1%

소재지			공시 지가 (단위: 천 원)		최근 1년 수익률	부동산원 지가 지수 변동률*
시·군·구	읍·면·동	지번	2018년 (A)	2019년 (B)	(B-A)/A	
곡성군	목사동면	신전리 17-▲	22,790	23,320	2.3%	3.1%
곡성군	목사동면	용봉리 3▲	5,669	5,807	2.4%	3.1%
곡성군	삼기면	근촌리 산 1▲	4,498	4,760	5.8%	3.1%
곡성군	오곡면	봉조리 산 ▲	16,401	16,719	1.9%	3.1%
곡성군	오산면	가곡리 산 21▲	4,187	4,342	3.7%	3.1%
곡성군	입면	금산리 441-▲	2,556	2,665	4.3%	3.1%
곡성군	입면	금산리 453-1▲	3,521	3,874	10.0%	3.1%
곡성군	입면	금산리 산 113-▲	12,670	13,090	3.3%	3.1%
곡성군	입면	금산리 산 120-▲	3,377	3,488	3.3%	3.1%
광양시	다압면	고사리 산 29-▲	48,346	49,635	2.7%	3.6%
광양시	봉강면	지곡리 82▲	109,537	122,026	11.4%	3.6%
광양시	옥룡면	추산리 9▲	53,219	58,821	10.5%	3.6%
광양시	진상면	청암리 31▲	3,500	3,500	0.0%	3.6%
구례군	토지면	내서리 46▲	8,624	9,175	6.4%	3.7%
나주시	금천면	오강리 275-▲	33,831	41,741	23.4%	4.9%
나주시	금천면	오강리 28▲	40,854	48,567	18.9%	4.9%
나주시	다시면	운봉리 산 94-▲	13,581	13,906	2.4%	4.9%
나주시	대기동	408-▲	27,522	30,580	11.1%	4.9%
나주시	대기동	410-▲	26,140	30,186	15.5%	4.9%
나주시	동강면	옥정리 402-▲	21,556	23,838	10.6%	4.9%
나주시	동강면	옥정리 산 79-▲	27,919	28,831	3.3%	4.9%
담양군	대덕면	매산리 산 9▲	20,952	22,837	9.0%	4.7%
담양군	대덕면	매산리 산 97-▲	1,113	1,205	8.3%	4.7%
담양군	대덕면	장산리 산 124-▲	3,709	3,991	7.6%	4.7%
담양군	대전면	서옥리 산 82-▲	24,828	26,927	8.5%	4.7%
담양군	용면	쌍태리 44▲	12,416	13,440	8.2%	4.7%
담양군	월산면	화방리 38▲	37,548	45,773	21.9%	4.7%

소재지			공시 지가 (단위: 천 원)		최근 1년 수익률	부동산원 지가 지수 변동률*
시·군·구	읍·면·동	지번	2018년 (A)	2019년 (B)	(B-A)/A	
담양군	창평면	외동리 산 2▲	23,255	25,245	8.6%	4.7%
무안군	무안읍	성남리 산 29-▲	17,822	17,822	0.0%	3.5%
무안군	삼향읍	임성리 산 67-▲	7,390	7,390	0.0%	3.5%
무안군	청계면	월선리 산 14▲	2,232	2,440	9.3%	3.5%
무안군	해제면	창매리 449-▲	14,976	16,224	8.3%	3.5%
무안군	해제면	친장리 168-▲	6,809	7,174	5.4%	3.5%
보성군	겸백면	남양리 16▲	3,872	4,025	4.0%	2.8%
보성군	득량면	예당리 224▲	1,341	1,402	4.5%	2.8%
보성군	득량면	오봉리 2039-▲	21,144	23,179	9.6%	2.8%
보성군	득량면	오봉리 2074-2▲	10,314	11,309	9.6%	2.8%
보성군	득량면	오봉리 473-▲	21,435	23,144	8.0%	2.8%
보성군	득량면	해평리 2488-▲	5,394	5,927	9.9%	2.8%
보성군	득량면	해평리 887-▲	11,648	11,648	0.0%	2.8%
보성군	미력면	미력리 466-▲	8,365	8,365	0.0%	2.8%
보성군	미력면	미력리 산 5▲	54,230	58,113	7.2%	2.8%
보성군	복내면	봉천리 444-▲	12,799	12,451	-2.7%	2.8%
순천시	대룡동	88▲	180,400	207,900	15.2%	4.2%
순천시	대룡동	880-▲	427,058	492,391	15.3%	4.2%
순천시	승주읍	신학리 산 7▲	7,566	7,566	0.0%	4.2%
순천시	월등면	계월리 산 7▲	1,854	1,903	2.6%	4.2%
순천시	풍산면	유정리 44▲	2,356	2,476	5.1%	4.2%
여수시	삼산면	거문리 52-▲	20,202	20,979	3.8%	4.0%
여수시	삼산면	거문리 7▲	4,960	5,160	4.0%	4.0%
여수시	소라면	대포리 산 15▲	33,054	34,691	5.0%	4.0%
여수시	소라면	덕양리 산 15▲	20,634	21,656	5.0%	4.0%
여수시	소라면	덕양리 산 191-1▲	123,900	123,900	0.0%	4.0%
여수시	여천동	산 6▲	107,643	115,617	7.4%	4.0%

별지 1 권력자 자산 목록 일람표

소재지			공시 지가 (단위: 천 원)		최근 1년 수익률	부동산원 지가 지수 변동률*
시·군·구	읍·면·동	지번	2018년 (A)	2019년 (B)	(B-A)/A	
여수시	율촌면	산수리 산 19▲	69,558	74,834	7.6%	4.0%
여수시	율촌면	월산리 1431-▲	29,014	32,016	10.3%	4.0%
여수시	율촌면	조화리 723-▲	18,262	18,762	2.7%	4.0%
여수시	율촌면	취적리 184-▲	455,588	512,164	12.4%	4.0%
여수시	화정면	개도리 산 716-▲	5,687	6,388	12.3%	4.0%
여수시	화치동	산16-▲	21,666	22,891	5.7%	4.0%
영광군	염산면	옥실리 1106-▲	2,950	3,033	2.8%	3.3%
영광군	염산면	축동리 2▲	8,005	8,407	5.0%	3.3%
영암군	미암면	채지리 산 80-1▲	23,629	24,334	3.0%	3.1%
영암군	미암면	호포리 산 1-▲	27,406	29,075	6.1%	3.1%
영암군	삼호읍	산호리 129▲	37,100	38,514	3.8%	3.1%
완도군	완도읍	군내리 4▲	5,712	7,140	25.0%	3.3%
장성군	남면	삼태리 859-▲	160,857	157,002	-2.4%	4.9%
장성군	장성읍	안평리 971-▲	52,188	52,188	0.0%	4.9%
장성군	장성읍	안평리 산 35-4▲	3,912	3,912	0.0%	4.9%
함평군	월야면	예덕리 21▲	9,666	9,914	2.6%	3.5%
함평군	월야면	월계리 38▲	568	6,115	976.6%	3.5%
함평군	월야면	월계리 447-▲	5,533	5,832	5.4%	3.5%
함평군	월야면	월계리 450-▲	8,222	8,668	5.4%	3.5%
함평군	월야면	월계리 766-▲	23,853	25,639	7.5%	3.5%
함평군	해보면	대창리 661-▲	24,449	24,449	0.0%	3.5%
해남군	마산면	학의리 322-▲	6,416	6,577	2.5%	3.1%
해남군	옥천면	대산리 135-▲	25,274	26,469	4.7%	3.1%
해남군	현산면	황산리 109-1▲	22,373	23,901	6.8%	3.1%
해남군	화산면	율동리 24▲	5,650	6,870	21.6%	3.1%
화순군	춘양면	회송리 1▲	9,482	9,882	4.2%	4.9%

〈전라북도〉

소재지			공시 지가 (단위: 천 원)		최근 1년 수익률 (B-A)/A	부동산원 지가 지수 변동률*
시·군·구	읍·면·동	지번	2018년 (A)	2019년 (B)		
고창군	부안면	오산리 18▲	8,174	8,862	8.4%	3.1%
고창군	부안면	오산리 195-▲	8,984	9,361	4.2%	3.1%
고창군	흥덕면	송암리 산 64-▲	2,150	2,417	12.4%	3.1%
군산시	나포면	나포리 산 149-▲	11,549	11,549	0.0%	0.3%
군산시	나포면	주곡리 산 34-▲	63,769	63,769	0.0%	0.3%
군산시	서수면	관원리 산 260-▲	2,505	2,673	6.7%	0.3%
군산시	서수면	서수리 산 137-▲	6,120	6,316	3.2%	0.3%
군산시	옥구읍	옥정리 39-▲	27,234	27,234	0.0%	0.3%
군산시	옥구읍	옥정리 산 81-▲	86,746	84,464	-2.6%	0.3%
군산시	임피면	산 45-▲	133,711	134,772	0.8%	0.3%
군산시	임피면	술산리 673-▲	68,279	67,229	-1.5%	0.3%
군산시	임피면	읍내리 370-▲	34,892	32,637	-6.5%	0.3%
군산시	회현면	학당리 150▲	80,280	80,280	0.0%	0.3%
군산시	회현면	학당리 96▲	4,447	4,338	-2.5%	0.3%
군산시	회현면	학당리 산 8▲	6,245	6,245	0.0%	0.3%
김제시	성덕면	대목리 91▲	4,482	4,918	9.7%	3.0%
김제시	성덕면	대목리 산 642-▲	14,795	16,175	9.3%	3.0%
김제시	성덕면	대석리 121▲	47,448	53,379	12.5%	3.0%
김제시	성덕면	대석리 1425-1▲	46,284	52,069	12.5%	3.0%
김제시	성덕면	대석리 355-▲	17,767	20,212	13.8%	3.0%
김제시	성덕면	대석리 368-▲	6,439	7,361	14.3%	3.0%
김제시	성덕면	대석리 3921-▲	8,239	9,394	14.0%	3.0%
김제시	성덕면	대석리 409-▲	10,473	10,992	5.0%	3.0%
김제시	황산동	523-1▲	12,636	13,104	3.7%	3.0%
남원시	사매면	월평리 65▲	8,991	9,324	3.7%	2.8%

별지 1 권력자 자산 목록 일람표

소재지			공시 지가 (단위: 천 원)		최근 1년 수익률	부동산원 지가 지수 변동률*
시·군·구	읍·면·동	지번	2018년 (A)	2019년 (B)	(B-A)/A	
남원시	월락동	536-▲	15,864	16,525	4.2%	2.8%
무주군	부남면	대유리 산 68-▲	281	258	-8.2%	2.8%
무주군	설천면	두길리 76▲	10,000	10,000	0.0%	2.8%
무주군	설천면	소천리 106▲	3,422	24,156	605.9%	2.8%
부안군	부안읍	선온리 11-▲	275,737	284,830	3.3%	3.1%
순창군	구림면	율복리 391-▲	3,855	4,153	7.7%	3.0%
순창군	구림면	율복리 산 4▲	39,403	29,999	-23.9%	3.0%
순창군	쌍치면	운암리 산 2▲	3,574	3,640	1.8%	3.0%
순창군	풍산면	금곡리 60▲	12,361	13,492	9.1%	3.0%
순창군	풍산면	반월리 46▲	9,651	10,800	11.9%	3.0%
완주군	구이면	광곡리 산 4▲	5,415	5,596	3.3%	3.4%
완주군	용진읍	신리지 1459-▲	103,953	103,953	0.0%	3.4%
익산시	용안면	중신리 470-▲	22,128	24,681	11.5%	3.1%
익산시	춘포면	춘포리 621-1▲	52,000	67,600	30.0%	3.1%
익산시	함라면	금성리 13-1▲	34,736	37,810	8.8%	3.1%
익산시	황등면	죽촌리 576-▲	43,593	44,781	2.7%	3.1%
임실군	신덕면	삼길리 1255-▲	30,801	32,098	4.2%	2.8%
임실군	신덕면	삼길리 15▲	5,696	6,141	7.8%	2.8%
임실군	신덕면	삼길리 16▲	8,581	9,251	7.8%	2.8%
임실군	신덕면	삼길리 30▲	7,687	8,000	4.1%	2.8%
임실군	신덕면	삼길리 325-▲	51,402	53,774	4.6%	2.8%
임실군	신덕면	삼길리 34▲	56,729	59,414	4.7%	2.8%
임실군	신덕면	삼길리 986-▲	26,554	27,798	4.7%	2.8%
임실군	신덕면	삼길리 99▲	3,045	3,171	4.1%	2.8%
임실군	신덕면	삼길리 산 127-▲	66,607	71,395	7.2%	2.8%
임실군	신덕면	삼길리 산 14▲	1,761	1,880	6.8%	2.8%

소재지			공시 지가 (단위: 천 원)		최근 1년 수익률	부동산원 지가 지수 변동률*
시·군·구	읍·면·동	지번	2018년 (A)	2019년 (B)	(B-A)/A	
임실군	신덕면	삼길리 산 14▲	13,200	14,290	8.3%	2.8%
임실군	신덕면	삼길리 산 15▲	20,609	22,195	7.7%	2.8%
임실군	신덕면	오궁리 산 1▲	38,390	44,242	15.2%	2.8%
임실군	신덕면	호암리 1458-▲	10,110	33,374	230.1%	2.8%
전주시	서서학동	산 25▲	15,471	15,986	3.3%	3.1%
전주시	전미동1가	1091-▲	239,500	198,061	-17.3%	3.1%
전주시	중화산동	1가 19▲	881,172	925,056	5.0%	3.1%
전주시	호성동2가	756-▲	164,320	254,012	54.6%	3.1%
정읍시	산내면	능교리 산 3▲	12,757	13,252	3.9%	2.8%
정읍시	산내면	장금리 16-2▲	5,096	5,278	3.6%	2.8%
정읍시	산외면	정량리 산 24-▲	7,950	8,545	7.5%	2.8%
정읍시	신태인읍	백산리 118▲	47,509	50,313	5.9%	2.8%
정읍시	정우면	장순리 946-▲	13,078	13,857	6.0%	2.8%
정읍시	정우면	초강리 1120-▲	37,773	40,185	6.4%	2.8%
정읍시	칠보면	반곡리 산 2▲	1,930	2,023	4.8%	2.8%
정읍시	칠보면	와우리 110▲	18,800	20,200	7.4%	2.8%
진안군	동향면	1835-▲	14,339	15,654	9.2%	3.0%
진안군	동향면	2450-▲ 번지	32,961	33,981	3.1%	3.0%
진안군	동향면	능금리 140▲	11,745	12,894	9.8%	3.0%
진안군	상전면	192-1▲	17,136	18,504	8.0%	3.0%

〈제주특별자치도〉

소재지			공시 지가 (단위: 천 원)		최근 1년 수익률	부동산원 지가 지수 변동률*
시·군·구	읍·면·동	지번	2018년 (A)	2019년 (B)	(B-A)/A	
북제주군	한경면	낙천리 89▲	4,622	4,879	5.6%	-1.8%
서귀포시	남원읍	신흥리 104▲	133,936	156,776	17.1%	-1.8%
서귀포시	대정읍	동일리 1720-▲	35,348	36,330	2.8%	-1.8%
서귀포시	대정읍	일과리 40▲	32,633	36,446	11.7%	-1.8%
서귀포시	서홍동	127▲	245,214	255,292	4.1%	-1.8%
서귀포시	안덕면	감산리 689-▲	52,855	61,828	17.0%	-1.8%
서귀포시	중문동	84▲	323,310	355,641	10.0%	-1.8%
서귀포시	중문동	86▲	50,450	52,113	3.3%	-1.8%
서귀포시	중문동	1711-▲	232,841	266,104	14.3%	-1.8%
서귀포시	표선면	가시리 301▲	204,802	222,100	8.4%	-1.8%
서귀포시	표선면	표선리 72-▲	67,890	71,037	4.6%	-1.8%
서귀포시	회수동	11▲	29,221	32,016	9.6%	-1.8%
제주시	구좌읍	한동리 289▲	4,979	5,383	8.1%	-1.7%
제주시	애월읍	곽지리 1476-▲	96,600	115,920	20.0%	-1.7%
제주시	애월읍	광령리 산 49-▲	25,679	27,693	7.8%	-1.7%
제주시	애월읍	유수암리 6▲	31,960	39,022	22.1%	-1.7%
제주시	오라삼동	262▲	477,000	496,875	4.2%	-1.7%
제주시	외도일동	93▲	55,278	61,254	10.8%	-1.7%
제주시	한경면	조수리 260▲	13,710	14,362	4.8%	-1.7%
제주시	한경면	조수리 261▲	31,309	35,657	13.9%	-1.7%
제주시	한경면	조수리 297▲	28,814	32,816	13.9%	-1.7%

⑥ 부산, 경남(*한국부동산원 지가 지수 변동률: 2018~2019년 해당 지역 평균 변동값임)

〈부산광역시〉

소재지			공시 지가 (단위: 천 원)		최근 1년 수익률	부동산원 지가 지수 변동률*
시·군·구	읍·면·동	지번	2018년 (A)	2019년 (B)	(B-A)/A	
강서구	강동동	159-▲	237,456	252,156	6.2%	2.9%
강서구	녹산동	124▲	43,618	44,075	1.0%	2.9%
강서구	녹산동	1241-1▲	50,342	53,434	6.1%	2.9%
금정구	두구동	29▲	410,000	410,000	0.0%	4.0%
금정구	두구동	1267-▲	781,506	820,581	5.0%	4.0%
금정구	선동	산 4▲	223,132	238,008	6.7%	4.0%
기장군	기장읍	청강리 65▲	101,956	114,310	12.1%	3.0%
남구	문현동	산 57-▲	19,774	19,774	0.0%	4.2%
동래구	사직동	58▲	335,563	371,331	10.7%	5.1%
동래구	수안동	108-▲	2,680,000	2,680,000	0.0%	5.1%
부산진구	당감동	62-1▲	55,384	58,240	5.2%	3.7%
북구	만덕동	산 16▲	153,988	167,575	8.8%	3.4%
사상구	주례동	221-▲	38,159	43,496	14.0%	3.2%
사상구	주례동	60-4▲	134,676	151,635	12.6%	3.2%
사하구	구평동	산 37-▲	27,520	30,865	12.2%	2.7%
해운대구	반송동	745-▲	2,967,815	3,283,540	10.6%	5.6%
해운대구	반송동	산 68-▲	33,046	35,604	7.7%	5.6%
해운대구	석대동	15▲	537,880	569,520	5.9%	5.6%
해운대구	중동	1394-5▲	774,925	877,728	13.3%	5.6%

〈경상남도〉

소재지			공시 지가 (단위: 천 원)		최근 1년 수익률	부동산원 지가 지수 변동률*
시·군·구	읍·면·동	지번	2018년 (A)	2019년 (B)	(B-A)/A	
거창군	가조면	사병리 10▲	9,102	9,509	4.5%	2.1%
거창군	가조면	사병리 61-▲	13,777	14,377	4.4%	2.1%
고성군	대가면	금산리 산 190-▲	11,860	12,729	7.3%	1.3%
고성군	마암면	신리 산 12▲	2,753	2,767	0.5%	1.3%
고성군	마암면	장산리 149-▲	13,680	15,356	12.3%	1.3%
고성군	마암면	장산리 155-1▲	7,448	8,192	10.0%	1.3%
고성군	삼산면	병산리 116-▲	28,173	28,173	0.0%	1.3%
고성군	삼산면	병산리 123-▲	30,465	30,465	0.0%	1.3%
고성군	삼산면	병산리 2▲	10,997	12,582	14.4%	1.3%
남해군	고현면	이어리 541-1▲	15,594	15,735	0.9%	2.8%
남해군	서면	노구리 653-▲	17,350	19,206	10.7%	2.8%
남해군	서면	중현리 1165-▲	13,225	22,907	73.2%	2.8%
남해군	서면	중현리 150▲	27,408	29,692	8.3%	2.8%
남해군	서면	중현리 산 169-▲	1,612	1,749	8.5%	2.8%
남해군	서면	중현리 산 191-▲	4,963	5,389	8.6%	2.8%
밀양시	무안면	내진리 46▲	81,374	86,986	6.9%	3.4%
밀양시	무안면	동산리 17▲	21,879	21,978	0.5%	3.4%
밀양시	무안면	성덕리 664-▲	912	1,076	18.0%	3.4%
밀양시	무안면	웅동리 산 395-▲	2,207	2,598	17.7%	3.4%
밀양시	산내면	용전리 산 45-▲	4,343	4,343	0.0%	3.4%
밀양시	삼랑진읍	검세리 575-1▲	34,140	34,140	0.0%	3.4%
밀양시	삼랑진읍	검세리 산 1▲	9,322	9,521	2.1%	3.4%
밀양시	삼랑진읍	안태리 99▲	40,367	42,549	5.4%	3.4%
밀양시	삼문동	714-1▲	117,955	126,448	7.2%	3.4%
밀양시	삼문동	715-▲	126,920	136,058	7.2%	3.4%

소재지			공시 지가 (단위: 천 원)		최근 1년 수익률	부동산원 지가 지수 변동률*
시·군·구	읍·면·동	지번	2018년 (A)	2019년 (B)	(B-A)/A	
밀양시	청도면	고법리 23▲	33,959	65,455	92.7%	3.4%
밀양시	초동면	오방리 43▲	34,869	36,622	5.0%	3.4%
밀양시	하남읍	파서리 106▲	59,472	63,720	7.1%	3.4%
산청군	생초면	이서리 29▲	145,121	155,136	6.9%	1.9%
산청군	생초면	향양리 산 1▲	4,812	4,964	3.2%	1.9%
산청군	생초면	향양리 산 5▲	925	939	1.5%	1.9%
양산시	동면	가산리 837-▲	359,199	359,199	0.0%	2.1%
양산시	매곡동	4▲	115,200	119,808	4.0%	2.1%
양산시	명동	▲	26,712	59,954	124.4%	2.1%
양산시	명동	산 5▲	2,591	3,024	16.7%	2.1%
양산시	상북면	석계리 산 10-▲	6,819	6,988	2.5%	2.1%
양산시	어곡동	163▲	22,912	24,612	7.4%	2.1%
양산시	어곡동	산 315-▲	178,515	207,077	16.0%	2.1%
양산시	어곡동	용연리 1175-▲	1,290,187	1,431,112	10.9%	2.1%
양산시	하북면	용연리 66▲	286,842	308,457	7.5%	2.1%
양산시	하북면	용연리 676-▲	1,329,882	1,443,191	8.5%	2.1%
양산시	하북면	용연리 70▲	62,663	68,002	8.5%	2.1%
양산시	하북면	용연리 911-▲	45,523	48,094	5.6%	2.1%
양산시	하북면	용연리 산 4▲	557,393	564,290	1.2%	2.1%
의령군	용덕면	용소리 산 11▲	2,088	2,279	9.1%	0.9%
의령군	정곡면	죽전리 50▲번지	7,463	7,814	4.7%	0.9%
진주시	내동면	삼계리 산 116-▲	29,291	29,291	0.0%	1.5%
진주시	명석면	오미리 512-▲	40,620	41,620	2.5%	1.5%
진주시	명석면	외율리 87▲	3,240	3,823	18.0%	1.5%
진주시	명석면	외율리 산 23▲	19,215	19,482	1.4%	1.5%
진주시	명석면	외율리 산 549-▲	3,967	3,643	-8.2%	1.5%

소재지			공시 지가 (단위: 천 원)		최근 1년 수익률	부동산원 지가 지수 변동률*
시·군·구	읍·면·동	지번	2018년 (A)	2019년 (B)	(B-A)/A	
진주시	호탄동	644-▲	509,996	544,666	6.8%	1.5%
창녕군	대지면	본초리 88▲	8,542	11,401	33.5%	2.1%
창녕군	이방면	초곡리 494-▲	22,168	22,168	0.0%	2.1%
창원시	계덕동	15▲	33,883	52,653	55.4%	-1.5%
창원시	동읍	노연리 산 97-▲	200,067	213,584	6.8%	-1.5%
창원시	동읍	덕산리 28▲	377,642	407,433	7.9%	-1.5%
창원시	동읍	덕산리 29▲	92,323	99,517	7.8%	-1.5%
창원시	서상동	707-1▲	480,186	504,162	5.0%	-1.5%
창원시	진전면	1380-1▲	10,946	11,233	2.6%	-1.5%
창원시	진전면	오서리 97-▲	243,968	252,354	3.4%	-1.5%
통영시	도산면	원산리 119▲	41,923	48,470	15.6%	-0.4%
통영시	사량면	양지리 28▲	5,940	6,534	10.0%	-0.4%
하동군	북천면	서황리 37▲	1,309	1,421	8.6%	1.1%
하동군	북천면	서황리 377-▲	2,800	3,040	8.6%	1.1%
하동군	북천면	서황리 491-▲	11,187	12,099	8.2%	1.1%
하동군	북천면	서황리 547-▲	37,478	38,942	3.9%	1.1%
하동군	북천면	서황리 548-▲	17,329	19,007	9.7%	1.1%
하동군	북천면	서황리 61▲	20,275	21,067	3.9%	1.1%
하동군	북천면	서황리 61▲	535	560	4.7%	1.1%
하동군	북천면	서황리 622-▲	2,910	3,187	9.5%	1.1%
하동군	북천면	서황리 산 2▲	10,690	11,103	3.9%	1.1%
하동군	악양면	매계리 89▲	4,006	4,447	11.0%	1.1%
하동군	악양면	정서리 21▲	3,505	4,440	26.7%	1.1%
하동군	양보면	박달리 347-▲	14,050	14,050	0.0%	1.1%
하동군	양보면	박달리 산 8-▲	17,739	19,240	8.5%	1.1%
하동군	양보면	운암리 38▲	11,041	12,124	9.8%	1.1%

소재지			공시 지가 (단위: 천 원)		최근 1년 수익률	부동산원 지가 지수 변동률*
시·군·구	읍·면·동	지번	2018년 (A)	2019년 (B)	(B-A)/A	
하동군	청암면	묵계리 1509-▲	22,667	24,273	7.1%	1.1%
하동군	청암면	묵계리 155▲	88,825	95,000	7.0%	1.1%
하동군	청암면	묵계리 573-▲	34,754	37,507	7.9%	1.1%
함안군	가야읍	검암리 108▲	199,260	199,260	0.0%	1.8%
함안군	내산면	부목리 161-▲	15,140	17,134	13.2%	1.8%
함안군	대산면	장암리 산 2▲	9,516	9,516	0.0%	1.8%
함안군	산인면	내인리 36▲	39,251	39,251	0.0%	1.8%
함안군	칠북면	봉촌리 978-▲	8,182	8,183	0.0%	1.8%
함안군	칠북면	봉촌리 산 363-▲	6,873	7,531	9.6%	1.8%
합천군	덕곡면	포두리 132▲	1,276	1,383	8.4%	2.0%
합천군	봉산면	노곡리 493-▲	2,670	2,834	6.1%	2.0%
합천군	봉산면	노곡리 49▲	9,540	10,124	6.1%	2.0%
합천군	봉산면	노곡리 49▲	2,704	2,870	6.1%	2.0%
합천군	야로면	묵촌리 17▲	7,806	8,647	10.8%	2.0%
합천군	율곡면	임북리 94-▲	28,156	35,196	25.0%	2.0%
합천군	율곡면	항곡리 55▲	4,655	5,363	15.2%	2.0%
합천군	율곡면	항곡리 71▲	9,016	9,751	8.2%	2.0%
합천군	율곡면	항곡리 82-1▲	39,000	43,500	11.5%	2.0%

⑦ 대구, 경북(*한국부동산원 지가 지수 변동률: 2018~2019년 해당 지역 평균 변동값임)

〈대구광역시〉

소재지			공시 지가 (단위: 천 원)		최근 1년 수익률	부동산원 지가 지수 변동률*
시·군·구	읍·면·동	지번	2018년 (A)	2019년 (B)	(B-A)/A	
남구	대명동	1691-▲	323,872	345,464	6.7%	5.2%
달성군	가창면	오리 산 33▲	2,559	2,633	2.9%	3.1%
달성군	가창면	행정리 산 1▲	2,254	2,327	3.2%	3.1%
달성군	다사읍	부곡리 323-▲	112,700	119,560	6.1%	3.1%
달성군	다사읍	부곡리 33▲	236,670	251,076	6.1%	3.1%
달성군	다사읍	부곡리 41▲	70,178	78,440	11.8%	3.1%
달성군	다사읍	부곡리 56▲	189,968	202,224	6.5%	3.1%
달성군	현풍면	대리 603-1▲	81,592	103,881	27.3%	3.1%
수성구	상동	70▲	21,095	246,500	1068.5%	6.5%
중구	남성로	6▲	139,656	158,530	13.5%	5.5%
중구	남성로	6▲	165,792	188,198	13.5%	5.5%
중구	남성로	남성로 66-▲	165,757	179,621	8.4%	5.5%

〈경상북도〉

소재지			공시 지가 (단위: 천 원)		최근 1년 수익률	부동산원 지가 지수 변동률*
시·군·구	읍·면·동	지번	2018년 (A)	2019년 (B)	(B-A)/A	
경산시	압량면	신촌리 305-▲	105,318	108,809	3.3%	3.6%
경산시	와촌면	음양리 산 94-▲	1,687	1,804	6.9%	3.6%
경산시	임당동	341-▲	243,585	287,035	17.8%	3.6%

소재지			공시 지가 (단위: 천 원)		최근 1년 수익률	부동산원 지가 지수 변동률*
시·군·구	읍·면·동	지번	2018년 (A)	2019년 (B)	(B-A)/A	
경주시	내남면	망성리 1023-10▲	79,591	81,345	2.2%	2.5%
경주시	안강읍	강교리 산 65-▲	7,344	7,708	5.0%	2.5%
경주시	외동읍	개곡리 11▲	32,726	31,417	-4.0%	2.5%
경주시	외동읍	괘릉리 723-▲	176,377	202,508	14.8%	2.5%
경주시	외동읍	냉천리 산 4▲	1,137	1,173	3.2%	2.5%
경주시	율동	298-▲	59,125	71,153	20.3%	2.5%
고령군	성산면	고탄리 산 105-▲	1,656	2,073	25.2%	2.7%
고령군	성산면	고탄리 산 47-▲	2,291	2,400	4.8%	2.7%
고령군	우곡면	속리 397-▲	5,410	6,272	15.9%	2.7%
구미시	고아읍	항곡리 47▲	41,481	42,316	2.0%	0.5%
구미시	도개면	월림리 100▲	37,840	39,320	3.9%	0.5%
구미시	장천면	금산리 383-▲	32,755	33,748	3.0%	0.5%
구미시	장천면	오로리 73▲	32,881	34,980	6.4%	0.5%
구미시	장천면	오로리 74▲	56,481	61,258	8.5%	0.5%
군위군	고로면	화북리 산 29▲	26,676	30,974	16.1%	3.5%
군위군	군위읍	외량리 11▲	9,426	10,553	12.0%	3.5%
김천시	구성면	구미리 95-2▲	14,331	14,830	3.5%	1.1%
김천시	구성면	미평리 65▲	35,240	37,671	6.9%	1.1%
김천시	구성면	미평리 66▲	14,456	14,803	2.4%	1.1%
김천시	구성면	작내리 276-1▲	7,363	7,504	1.9%	1.1%
김천시	김천면	금송리 산 136-▲	9,996	10,710	7.1%	1.1%
김천시	농소면	노곡리 산 7▲	4,245	4,355	2.6%	1.1%
김천시	농소면	봉곡리 1512-20▲	38,124	39,677	4.1%	1.1%
김천시	농소면	봉곡리 24▲	26,290	27,515	4.7%	1.1%
김천시	농소면	연명리 산 50-▲	58,713	59,214	0.9%	1.1%
김천시	아포읍	지리 263-▲	33,498	34,428	2.8%	1.1%

소재지			공시 지가 (단위: 천 원)		최근 1년 수익률	부동산원 지가 지수 변동률*
시·군·구	읍·면·동	지번	2018년 (A)	2019년 (B)	(B-A)/A	
김천시	응명동	235-▲	104,580	109,242	4.5%	1.1%
문경시	영순면	율곡리 84▲	5,670	6,556	15.6%	2.7%
문경시	점촌동	128-▲	155,790	160,177	2.8%	2.7%
봉화군	명호면	고계리 675-▲	2,761	2,931	6.2%	2.7%
봉화군	봉성면	동양리 산 1▲	19,585	19,971	2.0%	2.7%
봉화군	봉성면	동양리 산 2▲	42,514	43,332	1.9%	2.7%
봉화군	봉성면	동양리 산 6▲	82,734	84,480	2.1%	2.7%
봉화군	봉성면	산 134-▲	2,214	2,430	9.8%	2.7%
봉화군	봉성면	우곡리 20▲	4,890	5,587	14.3%	2.7%
봉화군	봉성면	우곡리 22▲	12,640	13,410	6.1%	2.7%
봉화군	봉성면	창평리 55-▲	19,966	20,963	5.0%	2.7%
봉화군	소천면	임기리 1423-▲	5,233	5,838	11.6%	2.7%
상주시	낙동면	성동리 산 2▲	2,773	2,773	0.0%	2.8%
상주시	모서면	호음리 61▲	3,978	4,274	7.4%	2.8%
성주군	선남면	신부리 16▲	62,130	68,343	10.0%	3.2%
안동시	도산면	단천리 68▲	6,900	8,039	16.5%	2.3%
안동시	도산면	태자리 산 332-▲	2,739	3,015	10.1%	2.3%
영덕군	강구면	금진리 55▲	22,465	23,104	2.8%	2.7%
영덕군	병곡면	영리 산 191-▲	27,695	26,625	-3.9%	2.7%
영덕군	영덕읍	우곡리 산 27-▲	34,615	36,745	6.2%	2.7%
영주시	봉현면	오현리 21-▲	7,726	7,726	0.0%	3.0%
영주시	봉현면	유전리 산 2▲	17,136	18,565	8.3%	3.0%
영주시	봉현면	한천리 321-▲	73,923	73,923	0.0%	3.0%
영주시	평은면	강동리 산 ▲	58,335	61,744	5.8%	3.0%
영주시	풍기읍	백리 산 5▲	56,230	58,104	3.3%	3.0%
영천시	고경면	대성리 15▲	42,218	46,662	10.5%	2.9%

소재지			공시 지가 (단위: 천 원)		최근 1년 수익률	부동산원 지가 지수 변동률*
시·군·구	읍·면·동	지번	2018년 (A)	2019년 (B)	(B-A)/A	
영천시	고경면	오류리 산 19-▲	15,821	17,404	10.0%	2.9%
영천시	화남면	산 90-▲	348	358	2.9%	2.9%
예천군	보문면	기곡리 16▲	10,507	11,347	8.0%	2.3%
예천군	용궁면	대은리 78▲	9,162	10,400	13.5%	2.3%
예천군	용궁면	무지리 145-▲	38,137	39,550	3.7%	2.3%
예천군	용궁면	무지리 236-▲	22,592	23,751	5.1%	2.3%
예천군	용궁면	산택리 107-▲	22,801	23,646	3.7%	2.3%
예천군	은풍면	탑리 10▲	9,063	11,055	22.0%	2.3%
예천군	은풍면	탑리 23▲	12,990	14,372	10.6%	2.3%
예천군	은풍면	탑리 41▲	27,587	28,691	4.0%	2.3%
예천군	은풍면	탑리 45▲	49,562	51,545	4.0%	2.3%
예천군	은풍면	탑리 54▲	14,411	16,484	14.4%	2.3%
예천군	지보면	대죽리 63▲	35,665	36,816	3.2%	2.3%
예천군	호명면	종산리 4-▲	13,317	14,069	5.6%	2.3%
울진군	매화면	매화리 706-1▲	3,466	3,531	1.9%	2.5%
의성군	구천면	미천리 52▲	13,663	15,039	10.1%	3.3%
의성군	구천면	청산리 4▲	13,285	13,933	4.9%	3.3%
의성군	봉양면	문흥리 16▲	33,115	34,119	3.0%	3.3%
의성군	봉양면	문흥리 218-▲	7,855	8,095	3.1%	3.3%
의성군	봉양면	문흥리 232-▲	10,101	10,377	2.7%	3.3%
의성군	봉양면	문흥리 241-▲	18,640	19,433	4.3%	3.3%
의성군	봉양면	분토리 산 13▲	38,108	37,983	-0.3%	3.3%
청도군	매전면	온막리 94▲	9,730	9,980	2.6%	2.4%
청도군	이서면	구라리 60▲	172,000	172,000	0.0%	2.4%
칠곡군	동명면	기성리 1058-▲	83,861	92,335	10.1%	3.1%
포항시	오천읍	구정리 311-▲	214,183	215,501	0.6%	2.4%

소재지			공시 지가 (단위: 천 원)		최근 1년 수익률	부동산원 지가 지수 변동률*
시·군·구	읍·면·동	지번	2018년 (A)	2019년 (B)	(B-A)/A	
포항시	오천읍	구정리 52▲	117,425	119,438	1.7%	2.4%
포항시	장기면	금곡리 96▲	25,924	27,305	5.3%	2.4%
포항시	장기면	산서리 산 26▲	32,011	33,234	3.8%	2.4%
포항시	장기면	읍내리 30▲	8,397	8,553	1.9%	2.4%
포항시	장기면	읍내리 90-▲	53,855	56,414	4.8%	2.4%
포항시	장기면	읍내리 산 17-▲	15,803	16,087	1.8%	2.4%
포항시	장기면	읍내리 산 ▲	5,923	6,135	3.6%	2.4%
포항시	장기면	창지리 43▲	9,141	9,691	6.0%	2.4%
포항시	장기면	창지리 산 73-▲	5,804	5,991	3.2%	2.4%
포항시	장성동	148-▲	5,544	5,658	2.1%	2.4%
포항시	장성동	148-▲	276,623	282,508	2.1%	2.4%
포항시	장성동	산 23▲	3,142,315	3,200,626	1.9%	2.4%
포항시	죽도동	607-2~▲	549,463	566,308	3.1%	2.4%
포항시	호미곶면	강사리 589-▲	142,850	153,708	7.6%	2.4%
포항시	흥해읍	성곡리 769-▲	98,159	99,150	1.0%	2.4%
포항시	흥해읍	용전리 31▲	628,625	635,242	1.1%	2.4%

03장
주식(상장 종목)

종목명	주식 가격		최근 1년 수익률 (B-A)/A	최근 1년 종합주가지수 변동률	비고
	2019년 말 (A)	2020년 12월 6일 기준 (B)			
CJ ENM	159,600	79,600	-50.1%	24.3%	
KB금융	47,650	47,200	-0.9%	24.3%	2명 보유
KNN	1,215	2,340	92.6%	24.3%	
KSS해운	7,730	10,300	33.2%	24.3%	
KT	93,800	24,400	-74.0%	24.3%	2명 보유
KT&G	93,800	84,600	-9.8%	24.3%	
LG생활건강	1,261,000	1,522,000	20.7%	24.3%	
LG이노텍	72,100	90,500	25.5%	24.3%	2명 보유
POSCO	236,500	265,500	12.3%	24.3%	3명 보유
SFA반도체	4,305	5,420	25.9%	24.3%	
SK이노베이션	150,000	177,500	18.3%	24.3%	2명 보유
SK증권	607	831	36.9%	24.3%	
SK하이닉스	94,100	115,000	22.2%	24.3%	4명 보유
경농	11,350	12,000	5.7%	24.3%	
글로본	3,145	3,510	11.6%	24.3%	
금호산업	11,500	9,150	-20.4%	24.3%	
나노스	4,150	3,395	-18.2%	24.3%	
남선알미늄	3,230	4,225	30.8%	24.3%	
네패스	24,050	31,650	31.6%	24.3%	
넷마블	92,400	132,000	42.9%	24.3%	

종목명	주식 가격		최근 1년 수익률 (B-A)/A	최근 1년 종합주가지수 변동률	비고
	2019년 말 (A)	2020년 12월 6일 기준 (B)			
대아티아이	5,240	5,890	12.4%	24.3%	
미래에셋대우	7,550	10,350	37.1%	24.3%	
더존비즈온	81,000	100,500	24.1%	24.3%	
동국제강	5,950	7,770	30.6%	24.3%	
동성화인텍	10,550	11,700	10.9%	24.3%	
동일고무벨트	5,510	9,680	75.7%	24.3%	
두산인프라코어	5,550	8,280	49.2%	24.3%	
두산중공업	5,720	14,900	160.5%	24.3%	
레고켐바이오	52,800	61,000	15.5%	24.3%	
리노스	1,370	1,180	-13.9%	24.3%	
만도	35,200	54,600	55.1%	24.3%	
메리츠증권	3,790	3,765	-0.7%	24.3%	
모헨즈	5,150	4,810	-6.6%	24.3%	
미래에셋대우	7,550	10,350	37.1%	24.3%	
헬릭스미스	92,700	28,000	-69.8%	24.3%	2명 보유
삼성물산	108,500	123,500	13.8%	24.3%	2명 보유
삼성바이오로직	433,000	825,000	90.5%	24.3%	
삼성생명	74,500	72,800	-2.3%	24.3%	2명 보유
삼성전기	125,000	162,500	30.0%	24.3%	
삼성전자	55,800	71,500	28.1%	24.3%	7명 보유
삼성중공업	7,270	7,110	-2.2%	24.3%	
삼성증권	38,600	42,050	8.9%	24.3%	2명 보유
삼성카드	38,600	34,350	-11.0%	24.3%	
삼천리	84,500	81,400	-3.7%	24.3%	
삼화콘덴서	52,300	57,500	9.9%	24.3%	
서부T&D	8,700	6,800	-21.8%	24.3%	
서울반도체	16,250	19,100	17.5%	24.3%	

종목명	주식 가격		최근 1년 수익률 (B-A)/A	최근 1년 종합주가지수 변동률	비고
	2019년 말 (A)	2020년 12월 6일 기준 (B)			
선광	16,600	26,600	60.2%	24.3%	
세방	11,500	9,890	-14.0%	24.3%	
셀트리온	181,000	380,000	109.9%	24.3%	4명 보유
셀트리온헬스케	53,000	149,700	182.5%	24.3%	2명 보유
신일제약	7,150	24,150	237.8%	24.3%	
신한지주	43,350	34,600	-20.2%	24.3%	
아난티	10,400	8,260	-20.6%	24.3%	
알서포트	2,660	15,300	475.2%	24.3%	
알에프텍	7,960	10,650	33.8%	24.3%	
에스엠코어	11,000	7,410	-32.6%	24.3%	
에스피지	7,080	7,170	1.3%	24.3%	
에쎈테크	992	1,155	16.4%	24.3%	
에이치엘비	114,900	95,300	-17.1%	24.3%	
에이프로젠 KIC	2,725	2,220	-18.5%	24.3%	
예스티	13,800	9,750	-29.3%	24.3%	
오리엔탈정공	800	2,590	223.8%	24.3%	
오션브릿지	10,300	16,950	64.6%	24.3%	
우리금융지주	11,600	10,050	-13.4%	24.3%	
우성사료	2,940	3,060	4.1%	24.3%	
웹젠	16,300	34,950	114.4%	24.3%	
인선이엔티	8,320	10,050	20.8%	24.3%	
제넥신	62,500	151,200	141.9%	24.3%	
제노포커스	5,700	9,760	71.2%	24.3%	
제이스텍	13,850	7,640	-44.8%	24.3%	
하림지주	8,570	7,120	-16.9%	24.3%	
종근당홀딩스	101,000	110,000	8.9%	24.3%	
주성엔지니어링	8,100	8,640	6.7%	24.3%	

종목명	주식 가격		최근 1년 수익률 (B-A)/A	최근 1년 종합주가지수 변동률	비고
	2019년 말 (A)	2020년 12월 6일 기준 (B)			
지역난방공사	47,300	40,000	-15.4%	24.3%	2명 보유
카카오	153,500	389,500	153.7%	24.3%	
코센	1,050	905	-13.8%	24.3%	
태평양물산	2,645	1,920	-27.4%	24.3%	
파라다이스	19,750	15,750	-20.3%	24.3%	
팬오션	4,545	4,185	-7.9%	24.3%	
포스코ICT	5,290	7,120	34.6%	24.3%	
풍산	23,800	28,800	21.0%	24.3%	
하나제약	22,550	24,550	8.9%	24.3%	
한국가스공사	37,850	29,150	-23.0%	24.3%	
한국전력	27,800	22,100	-20.5%	24.3%	2명 보유
한국정보통신	6,870	9,350	36.1%	24.3%	
한국조선해양	126,500	104,500	-17.4%	24.3%	
한국패러랠	2,230	1,905	-14.6%	24.3%	
한국항공우주	34,050	24,150	-29.1%	24.3%	
한솔홈데코	1,095	2,085	90.4%	24.3%	
한일현대시멘트	30,450	27,500	-9.7%	24.3%	
한전산업	3,500	4,000	14.3%	24.3%	
한화솔루션	18,850	45,100	139.3%	24.3%	
현대건설기계	29,900	33,550	12.2%	24.3%	
현대글로비스	143,000	186,000	30.1%	24.3%	
현대중공업지주	338,000	277,000	-18.0%	24.3%	
현대모비스	256,000	246,500	-3.7%	24.3%	2명 보유
HMM	3,550	12,750	259.2%	24.3%	
현대엘리베이터	68,300	40,350	-40.9%	24.3%	3명 보유
현대일렉트릭	11,550	15,600	35.1%	24.3%	
현대중공업	338,000	277,000	-18.0%	24.3%	2명 보유

종목명	주식 가격		최근 1년 수익률 (B-A)/A	최근 1년 종합주가지수 변동률	비고
	2019년 말 (A)	2020년 12월 6일 기준 (B)			
현대차	120,500	196,500	63.1%	24.3%	4명 보유
호텔신라	90,800	81,700	-10.0%	24.3%	
휴비츠	6,090	8,220	35.0%	24.3%	

별지 2

행복한 동행,
온 국민 부자 만들기

01장
온 국민 부자연구소

　주택이나 토지를 공인중개사를 통해 구입하는 대부분의 국민들은 적게는 '수십만 원'에서 많게는 '수백만 원'의 중개수수료를 지불한다. 어딘지 그들이 수고한 노력에 비해 대가가 너무 후한 것이 아닌가 하는 생각이 든다. 최근 부동산 가격 상승과 함께 자동으로 연동되는 수수료 부담으로 인해 공인중개사 서비스를 이용하는 사람들 사이에 불만이 비등(飛騰)해지고 있는 게 현실이다.

　그들의 노력을 폄하하고자 하는 것은 절대 아니다. 다만, 안전한 중개 이외에 부동산 분야 최일선의 전문가로서 그들의 전문성을 고객의 자산 가치 증대에도 기여를 하면 좋겠다는 바람을 가져본다.

　본인이 거주할 주택을 마련하는 일 또는 토지에 투자하는 일이 대부분의 사람들에게는 평생 몇 번 안 되는 일이다. 그 몇 번의 결정으로 삶의 궤적이 달라지는 현실을 우리는 수없이 목도(目睹)해왔다. 그래서 우리는 다른 어떤 것보다도 그 몇 번 안 되는 일에 심혈을 기울여야 하는 것이다.

　미래는 아무도 모른다. 어떤 기회가 찾아올지, 어떤 위기가 찾아올지, 그럼에도 우리에게 주어진 현실, 가용한 정보, 혹은 누군가의 조력을 통해 최선의 선택을 해야 한다. 본 저를 통해 축적된 노하우를 토대로 온 국민이 부자가 되었으면 한다.

'온 국민 부자연구소'는 정부의 주택 보급 현황 및 계획 그리고 도시개발계획, 교육, 향후 인구 전망, 현지 공인중개사 인터뷰 등을 토대로 '부의 미래'를 예측하여 온 국민이 각자의 '부의 지도'를 그려나가는 데 미력하나마 도움을 주고자 설립한 연구소이다. 특히, 온 국민의 실생활과 직접적 연관성이 있는 '아파트', '토지' 분야를 중심으로 독자들에게 '컨설팅' 서비스를 제공할 계획이다. 도움이 필요한 독자들은 아래 기재된 이메일을 통해 연락 주시기 바란다.

컨설팅 서비스 의뢰하실 곳: onkookmin9888@gmail.com

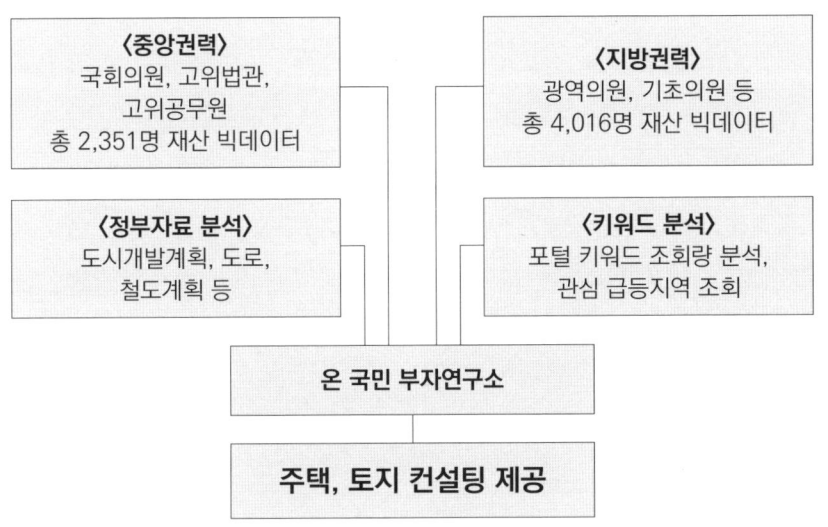